新・MINERVA社会福祉士養成テキストブック

18

岩崎晋也・白澤政和・和気純子 監修

社会学と社会システム

武川正吾・高野和良・田渕六郎 編著

ミネルヴァ書房

はじめに

　本書は『新・MINERVA 社会福祉士養成テキストブック』の第18巻として刊行される。社会福祉士の養成カリキュラムの改正が2020（令和 2）年に行われ，新カリキュラムに基づく国家試験が2024（令和 6）年度から実施されている。新カリキュラムでは，社会福祉士としての業務を遂行するうえで必須の基礎知識として，社会学が心理学や医学概論と並んで選ばれた（選択科目だった時期もあるが，現在では必修科目となっている）。科目の名称も「社会理論と社会システム」から「社会学と社会システム」に変更された。社会理論だと理論的なことだけを扱い，応用社会学の分野が除外されるような誤解を与えかねないので，喜ばしい名称変更である。

　社会福祉士の試験科目の出題基準が，国家試験の実施機関から公表されている。同基準は大項目・中項目・小項目（例示）という構成となっている。他社の社会学の多くの教科書はこれに依拠して章別構成が編まれているようである。本書もこの出題基準で掲げられている小項目は網羅するよう心がけた。また出題基準に掲載されていないものであっても，ソーシャルワークの仕事をしていくうえで必要と思われる社会学の知見については，編者および著者の判断に従って積極的にとりいれていくことにした。ただし章別構成は出題基準のとおりとはなっていない。その方が社会学の初学者にとって，社会学という学問の全体像をつかむのに都合がよいと考えたからである。

　このような観点から，序章では社会学の出自と方法について解説し，次いで第 1 章と第 2 章では家族や地域（都市と農村）といった，人々が日常生活を送るうえで重要な空間を取り上げる。第 3 章以下では，階級・階層，ジェンダー，エスニシティといった今日の社会学で注目を集めている事象を扱う。一般社会で格差社会，男女共同参画，グローバル化などといったトピックとして論じられる領域と重なる。第 6 章と第 7 章で臨床の場としてのケアについて，ヘルスケアやソーシャルケアといった視点で取り上げる。さらに社会問題と社会政策の社会学については第 8 章，自我の社会学については第 9 章，NPO をはじめとする社会集団については第10章，環境と災害については第11章，リスク社会化などの社会変動については第12章で取り上げる。終章ではソーシャルワーカーにとっての社会学の役割について論じる。

　本書は直接には国家資格としての社会福祉士を目指す人々を読者として想定している。しかし本書で取り上げる内容は，今日の社会学における基礎的な部分に属しているので，必ずしも社会福祉士を目指していないひとにとっても社会学の入門書の役割を果たすことができると思われる。また本書は，社会学を専攻しない学生にとっての教養科目の授業でも用いることができる。もちろん社会学を専攻する学生にとっても，最初の入門書としての役割を担うことができる。

i

本書がより多くの人々にとって利用され，そして社会学的な物の見方を理解する人々の数が増えることを編者たちは望む。

2025年2月

編者を代表して

武 川 正 吾

目　次

はじめに

■ 序　章 ■　社会学とは何か

① 社会福祉の学際性　2

② 社会学の誕生と発展　3

③ 社会学の対象と方法　5

④ 社会学的想像力　7

⑤ 社会調査法　9

■ 第1章 ■　家族・ライフコース・世代

① 社会の中の家族と福祉　12

　　社会福祉と家族… 12　家族とは何か… 12　世帯と家族… 13　社会学の視点——社会の中の家族…

　　13

② 家族周期と生活構造　14

　　近代化と核家族化… 14　家族周期論と生活構造論… 15　家族周期論の展開… 16

③ 家族とライフコースの変動　16

　　家族変動と脱制度化… 16　ライフコースへの関心… 17　家族変動の実態… 18　世代という視点…

　　19

④ 家族と社会政策　20

　　家族政策という概念… 20　福祉社会の中の家族… 21

■ 第2章 ■　人口の変化と地域社会

① 人口構造の変化　26

　　人口の変動… 26　日本の高齢化… 27　近代化と人口転換… 28　人口転換と高齢化… 29　従属人口

　　の増大… 30　高齢化の地域性… 31　少子高齢化の進行… 32

② 人口減少と地域社会　33

　　地域での福祉課題解決への期待… 33　日本の地域と地域社会… 33　地域への帰属意識… 34　農村

　　の変化と移動… 36

③ コミュニティ政策の展開　37

　　日本におけるコミュニティ政策… 37　新たなコミュニティ政策の展開… 38　町内会・自治会の現

　　状… 39　町内会・自治会とソーシャル・キャピタル… 40　都市におけるコミュニティの解体と存

iii

続… 41

④ 過疎化の進行と市町村合併　43

過疎化の現状… 43　過疎化の進行と限界集落… 44　市町村合併の影響… 44　市町村合併と地方分権… 46

■ 第3章 ■　格差社会と階級・階層

① 社会における不平等　52

不平等を生み出す社会的資源… 52　不平等の種類… 53

② 社会階級　54

マルクスの社会階級概念… 54　新しい社会と階級意識… 55

③ 社会階層　56

近代社会の流動性… 56　2種類の社会移動の分析──世代内移動と世代間移動… 57　文化資本による差異化と再生産の議論… 59　中流神話と中流幻想… 59

④ 社会格差の問題　61

格差社会論の論点… 61　新しい貧困の問題… 62　貧困は誰の責任か… 63

⑤ 社会指標　65

■ 第4章 ■　男女共同参画社会とジェンダー

① ジェンダーという視点　70

ジェンダーという概念… 70　社会的，文化的に形成された性差としてのジェンダー… 71　セックスを規定するジェンダー… 71　ジェンダーと社会規範… 72

② 男女共同参画社会の実現に向けた取り組み　73

フェミニズム運動の歩み… 73　女性差別撤廃条約批准と国内法の整備… 74　男女共同参画社会基本法の制定… 75

③ 男女平等にかかる指標　76

ジェンダー開発指数（GDI）とジェンダー不平等指数（GII）… 76　ジェンダーギャップ指数（GGI）… 77

④ 経済分野における男女格差と「男性稼ぎ主」モデル　78

賃金をめぐる男女格差… 78　「男性稼ぎ主」型生活保障モデル… 80

⑤ ジェンダーとセクシュアリティ　80

ダイバーシティ・エクイティ＆インクルージョンの考え方… 80　SOGIの視点… 81　ジェンダー統計と性的マイノリティ… 82

目 次

■第5章■　グローバル化とエスニシティ

① グローバル化の諸相　86

モノ・資本・情報の大量移動… 86　人の大量移動… 90

② グローバル化の主な政治的背景とその影響　92

経済のグローバル化… 92　社会主義の誕生・苦闘・崩壊… 93　新しいグローバル化の可能性… 94

国民国家の相対化か強固化か… 95

③ ナショナリズムへの回帰　96

国民国家の形成とナショナリズム… 96　グローバル化のなかのナショナリズム… 96　東アジアの

ナショナリズム… 97

④ 人種・エスニシティ・移民　98

■第6章■　健康と医療

① 寿命と健康観　102

平均寿命と健康寿命… 102　WHO の健康の定義… 103　ＱＯＬ… 103

② ライフスタイルと健康行動　104

ライフスタイルと健康… 104　健康行動… 105　病気行動と病いの経験… 105

③ 健康増進（ヘルスプロモーション）と行政の対策　106

WHO のアルマ・アタ宣言とオタワ憲章… 106　健康増進対策… 107　仕事と治療の両立… 107　健

康主義への反省と医療化論… 108

④ 医療社会学と社会学理論　109

ヴェーバー… 109　パーソンズ… 109　ストラウスとフリードソン… 110　身体の社会学… 111

⑤ 心身の障害と依存症　112

心身の障害… 112　依 存 症… 113

■第7章■　ケアの社会学

① 新しい価値としてのケア　118

② ケアの社会学の領域　119

高齢化と介護… 119　障害者の自立生活運動… 120　子育てや育児というケアの発見… 121

③ ケア行為の特性　122

愛の労働… 122　感情労働としてのケア… 122　感覚的活動としてのケア… 123

④ ケアを介した関係の非対称性　124

ジェンダー間の非対称性… 124　ケアの授受関係の中の非対称性… 125

v

⑤ 新たなケア行為の発見　125

⑥ ケアの社会化をめぐる問題　126

　　ケアの社会化の達成度と分担の形… 126　公私の接点での葛藤や調整… 128

⑦ ケアの社会学の現代的課題　128

　　認知症ケアと地域包括ケア… 128　グローバルな関係の中でのケア… 129

■ 第8章 ■　社会問題と社会政策

① 何が社会問題とされてきたか　134

　　社会問題としての自殺… 134　変化する社会問題… 136

② 社会問題への社会学的アプローチ　138

　　規範主義アプローチ… 138　機能主義アプローチ… 139　構築主義アプローチ… 139　リスク社会論
　　アプローチ… 140　政策志向の社会問題研究へ… 140

③ リスク社会における社会問題　142

　　高齢者の健康格差… 142　子どもの貧困… 143　ホームレスの社会的排除… 143
　　優れた社会問題研究の特徴… 144

④ 社会政策に何ができるか　145

■ 第9章 ■　自我と社会

① 自我の社会性　150

　　近代的自我… 150　「私は誰ですか」… 150　アイデンティティの喪失… 151　自我は「タマネギ」で
　　ある… 151

② 鏡に映った自我　152

　　「鏡に映った自我」… 152　第一次集団… 153　「ワレワレ思う，故にワレあり」… 153

③ 「役割取得」による自我形成　154

　　自我の社会説… 154　「プレイ」段階と「ゲーム」段階… 154　「他者」の拡大… 155

④ 現代人の自我の様相　156

　　多面的・流動的自我… 156　印象操作… 156　感情操作… 157　感情労働… 157　うits自分… 158
　　親密な関係における自我… 158　SNSにおける自我… 159

⑤ 自我の主体的形成　159

　　役割距離と役割形成… 159　主我と客我… 160　創発的内省… 160　内的コミュニケーション… 161
　　自分自身との相互作用… 162

■ 第10章 ■ 社会集団と組織（NPO）

❶ 社会集団と組織 166

日本社会に広がる NPO … 166　社会集団とは何か… 166　多様な社会集団… 167　組織とは何か… 168

❷ 日本社会における NPO の登場 169

NPO における非営利の意味… 169　日本における NPO 前史と市民活動… 170　市民活動の組織化・事業化としての NPO … 170　特定非営利活動促進法（NPO 法）の意義… 171　NPO 固有の社会的機能… 172

❸ NPO の組織特性 173

ボランタリー・アソシエーション… 173　ボランティアとは何か——自発性と無償性… 174　NPO における事業化と公式組織化… 175　アソシエーションと官僚制の相克… 175

❹ NPO セクターの発展にとって必要な基盤条件は何か 176

組織の外部環境に資源を依存せざるを得ない NPO … 176　NPO と行政の協働… 177　NPO を支える中間支援組織… 178

■ 第11章 ■ 環境と災害

❶ 問題の生じる仕組みを理解する 182

❷ 気候変動の問題とは 183

若者たちの訴え… 183　環境破壊としての気候変動問題… 183　対策の沿革… 184　環境とライフスタイル… 186　日常生活のなかの気候変動問題… 186

❸ 災害——生き延びることと生活再建 188

生き延びること… 188　暮らしを続けること… 189　災害の克服から減災へ… 190　災害ボランティアの役割… 191

❹ 環境・災害と向きあうライフスタイル 192

■ 第12章 ■ 社会変動と社会福祉

❶ 社会変動とその担い手 196

社会福祉の起原… 196　福祉の戦争起源論… 196　日本の社会福祉… 197　ショック・ドクトリン… 198　福祉国家の危機… 198　社会システム論… 198　システムと機能要件… 199　社会変動はなぜ起こる… 200　社会変動の２タイプ… 200　「福祉国家」の要因分析——エスピン‐アンデルセンの方法… 201　「福祉国家」の３つの世界… 203　社会変動・社会福祉そしてソーシャルワーカー… 204

❷ リスク社会化　205

　　ベックのリスク社会論… 205　ルーマンのリスク社会論… 206　セカンド・オーダーの観察… 207

❸ 監視社会化　207

　　監視社会化と監視的想像… 207　規律訓練型の権力と管理社会… 208　液状化した監視… 209

■終　章■　ソーシャルワーカーと社会学

❶ ソーシャルワーカーとは　214

　　ソーシャルワーカーの仕事… 214　社会福祉専門職の資格… 215　社会福祉専門職のアイデンティ
ティ… 215

❷ 資格と専門職　216

❸ ソーシャルワーカーの定義と専門性　216

　　定義とソーシャルワーカー像… 216　ソーシャルワークの守備範囲… 218

❹ ソーシャルワーク実践と社会学　218

　　課題解決を求められるソーシャルワーク実践… 218　ソーシャルワークを支える社会学… 219

さくいん… 222

■序　章■
社会学とは何か

① 社会福祉の学際性

→ 学際的

一国だけでなく多数の国に関係していることを国際的 (international) というが，それと同様に，一つの学問だけでなく多数の学問が関係していることを学際的 (interdisciplinary) という。

社会福祉の現場では，それが実践の場であれ政策の場であれ，**学際的**なアプローチが必要となる。

社会福祉の実践は人間の生活の総体を扱うものであるから，対象となる人々のことを正しく理解するためには，さまざまな分野の学問の助けが必要となる。身体との関係でいえば，医学や看護学などの知識がソーシャルワークを遂行するうえで不可欠である。また人間は，他の動物と比べて高度な精神生活を送っているから，その心的なメカニズムは心理学によって明らかにされる必要がある。人間は社会集団に属して生活しているから，個人も社会からの影響を受けている。この側面の探求は社会学の仕事である。社会福祉士はソーシャルワークの仕事をするうえで，心理学や社会学の知見が欠かせない。

社会福祉の政策についても同様である。社会福祉に関する政策も公共政策の一環として，国や自治体などの**政府**によって立案・実行される。したがって社会福祉政策が決定される政治過程は政治学が研究の対象としており，その実施 (implementation) の過程については行政学が研究の対象としている。公共政策の多くは公共支出をともなうものであるため財政学の知識を欠いて社会福祉政策を立案することはできない。さらに公共政策は社会構造や社会変動とも深く関連していて，この面では社会学との関係が深い。

日本や欧州の場合，政府の社会政策を抜きにして，ソーシャルワークについて語ることはできない。そもそも社会福祉士の国家資格自体が，政府の社会政策の結果として生まれたものである。またソーシャルワークの仕事の中には福祉サービスの利用に関するものもある。社会福祉士は主として実践の場で働いているが，その仕事をうまくこなすためには，社会福祉政策や社会政策に関する素養も必要となる。したがって社会科学の知見も欠かせない。

このような学際的な場としての社会福祉の世界の中で，とりわけ社会学が社会福祉と関係してくるところを案内していくのが，本書の役目である。

→ 政府

日常語では政府というと国のことを指す場合が多いが，社会科学の世界では，国は中央政府，地方公共団体は地方政府と呼ばれることが多い。

序　章　社会学とは何か

② 社会学の誕生と発展

　社会学という学問は19世紀のフランスで生まれた。正確にいうと，社会学という言葉が最初に使われたのが，19世紀のフランスだったということである[1]。社会学は英語でいうと sociology であり，フランス語でいうと sociologie である。この言葉は，コント（Comte, A.）という社会学者が，ラテン語の socius という言葉と logie という接尾語を合成してつくったものである（と言われてきたが，近年の研究では，この言葉の初出はシィエス〔Sieyès, E. J.〕とされる）。socius というのは仲間や交際のことを意味し，logie はギリシャ語の logos（理性）から来ており，○○学というときの"学"をあらわす。つまり人間と人間の相互行為に関する研究を行う学問というのが，社会学という言葉の元々の意味である。

　コントは，最初は数学や物理学を研究していたが，次第に，数学や物理学だけでなくすべての学問を実証主義という科学的な方法によって体系化しようと考えるようになり，『実証哲学講義』（全6巻，1830-42）という大著をまとめた。社会学という言葉はこの本の第4巻の中で登場する。彼は，社会学が，社会における不変の法則を明らかにする社会静学と，社会の歴史的な発展の法則を明らかにする社会動学から成り立っていると考え，後者に関して「三状態の法則」（「三段階の法則」ともいう）を提唱したことで有名である。人間の精神が，想像に基づく神学的段階から，理性や論理に基づく形而上学的段階を経て，実験や観察に基づく実証的段階へと発展するというのが彼のいう「三状態の法則」である。なお，FIFA ワールドカップの試合でよく見かけるブラジル国旗に記されている「秩序と進歩」という標語は，コントの晩年の思想に由来するものである。

　コントは社会学の創始者であるが，彼の著作は今日それほど読まれているわけではない。これは経済学の祖といわれるアダム・スミス（Smith, A.）が現在でも多くの読者を獲得しているのと大きな違いである。これに対して，社会学の古典として今日でも読まれ続けているのは，社会学第二世代のデュルケム（Durkheim, É.）やヴェーバー（Weber, M.）などの著作である[2]。なおヴェーバーは英語読みにするとウェーバーである。

　デュルケムは，社会現象をモノのように扱って観察することを提唱

し，そうした方法論に基づいて『自殺論』（1897）という研究書をまとめた。彼は同書の中で，個人の自殺の理由はさまざまであるが，それぞれの社会の自殺率には規則性があること，また各社会の間の自殺率の相違はそれぞれの社会の統合のありかたから説明できることを明らかにした。デュルケムの『自殺論』は社会学の研究のお手本（パラダイム）のようになっており，現在でも，社会学を専攻する学生の必読文献のひとつである。

ヴェーバーの『プロテスタンティズムの倫理と資本主義の精神』（1905）も，デュルケムの『自殺論』と同様に，今日でもよく読まれる文献である。ヴェーバーは，人間の社会的行為は意味を含んでいるので，これを理解することによって客観的に把握することができると考えた。彼は同書の中で，資本主義の精神を，単に利得を拡大しようとするものではなくて，資本の増加を義務と見なす禁欲的な態度であるとしたうえで，これがプロテスタントの中のとりわけカルバン派の教説と親和性を持っていることを論証した。

デュルケムやヴェーバーの社会学は19世紀末から20世紀初頭のヨーロッパで発展したものであり，理論志向が強かった。これに対して20世紀の前半のアメリカでも，社会学という学問が実際的な理由から発展した。当時のアメリカは多数の移民を海外から受け入れ，大都市ではさまざまな社会問題が発生していた。それらの社会問題を解決するための学問として，社会学が研究されたのである。とくに大都市シカゴで社会問題を研究した社会学者たちはシカゴ学派と呼ばれ，のちの経験社会学の発展に大きな影響を与えた。

20世紀後半になると，デュルケムやヴェーバーなどの社会学第二世代の社会学理論と，産業社会における社会問題を解決するための経験的研究とを結びつけた形で，社会学の体系化がはかられるようになる。そのような形で，第二次世界大戦後の社会学の方向性を定めた社会学者として，パーソンズ（Parsons, T.）やマートン（Merton, R. K.）の功績が大きい。現在の社会学は，デュルケム＝ヴェーバー以来の理論的研究の伝統と，シカゴ学派に代表される経験的研究[3]の伝統のうえに成立している。

日本の社会学は，明治期にコントやスペンサー（Spencer, H.）の学説が紹介されたことによってはじまる。その意味で輸入学問であった。しばらくはヨーロッパの社会学者の学説が紹介することをもって社会学の研究とされた時期が続く。このため一時は「社会学とは何か」という問いに答えることが社会学の研究のすべてであるかのような錯覚が生まれたりもした。しかしそうした社会学学[4]から脱するために，家

族や農村や産業などを対象とした経験的研究も少しずつ行われるようになった。日本の社会学を経験科学として確立するうえでは，戸田貞三，尾高邦雄，福武直などの社会学者の役割が大きかった。

③ 社会学の対象と方法

学問（ディシプリン）には，それぞれに固有の対象と方法がある。逆にいえば，固有の対象と方法を主張することができてはじめてひとつの学問とみなすことができる。前節で述べたような形で発達してきた社会学ではあるが，今日の社会学はどのような対象について，どのような方法で研究しているのだろうか。言い換えると，社会学とは何か。

社会学の研究対象は「人間と人間の相互行為の中から生まれる現象」である。人間が二人ないし三人以上集まれば必ず何らかの相互行為が生まれるから，社会学の研究対象は非常に広い。友人関係，恋人関係，家族，企業，地域，自治体，政府……これらはいずれも社会学の研究の対象である。このため一般には社会学の研究対象は茫漠としていると思われがちである。

しかし研究対象が広いという点は社会学に限ったことではない。法律学も政治学も経済学もみな同じである。近代社会では，社会のあらゆる領域に法律が関係してくる。私たちは法律と無関係に生活することができない。このため法学の研究分野も家族法から国際法にいたるまで非常に幅広いものとなっている。社会の全領域に及ぶといっても差し支えない。政治学も同様である。権力に関係する社会現象が政治学の研究対象であると考えるならば，それは国家権力から日常生活にまで及ぶ。人間が集まれば何らかの権力関係が発生するから，政治学の研究対象も社会の全域に及ぶ。経済現象もまた然りである。私たちの生活のあらゆる分野に経済現象が見られる。最近では，恋愛や結婚や家族に関する経済学もある。

このような研究対象の広さは，ある意味で，文科系の学問の宿命である。この点に関連して統計学者の林周二は，次のように述べている。[5]

　　「自然諸科学では，例えば物理学の場合ならば『物理現象』，生物学の場合ならば『生物現象』のように，個別ごと自然科学の研究対象物は，それぞれ互いに相異なっていて，交わったり重なったりすることが，そこでは決してないのに対して，社会諸科学の

場合には，それらの終局的な研究対象物が，すべて『人間現象』という単一の同一現象に帰着収束している……。

　すなわち，例えば経済学の世界では経済人（homo economics）の行動を学問研究の対象とする。また経営学では，論者ごとに意見相違はあるにしても，ノーベル賞学者のサイモン（Simon, H.）の場合ならば，経営人（administrative man）の行動が，そこでの研究対象にされる。さらに法律学が取り扱う人間とは，『権利，義務の主体である一個の人間』像を想定し，彼の行動をもって斯学研究の対象とする。この場合の人間とは，自然人と法人とを多くの場合，併せ含める」。

　林の言い方を借りれば，社会学は社会学的人間（homo sociologics）の行動をもって研究対象としている，ということになるだろう。この社会学的人間という概念は，ダーレンドルフ（Dahrendorf, R.）という社会学者も用いている。彼によれば，社会の中には一定の役割期待（たとえば，父親なら父親としての役割，学生なら学生としての役割，犯罪者なら犯罪者としての役割，等々）が存在していて，これらの期待に応える人間が社会学的人間である。

　社会学は，このように研究の対象が多様であるだけでなく，研究の方法も多様である。

　社会学の理論的な研究では，人文学のように古典的なテクストの読解や，他の社会科学と同様，データに基づいた推論などが行われる。たとえば，社会構造に関する理論的な研究を行おうと思えば，古典的な先行研究を渉猟して，批判的な評価を下すことが必要となる。また『自殺論』のデュルケムが行ったように，現実に存在するデータを一般的な理論から仮説演繹的に説明するという方法が用いられることもある。社会学の経験的な研究の場合も，データの種類やその収集方法が多岐に及んでいる。個人的な記録から公文書に及ぶ種々の既存資料は，経験研究のデータの宝庫である。また，観察・調査・実験などといった方法を用いて，これまでに存在しなかった各種データを新しく収集することもある。観察は多くの学問で採用されている方法であり，その技法は社会福祉士の実践にも役立つだろう。社会調査も，質問紙（最近はタブレットを用いることが多い）を用いた量的調査だけでなく，インタビューなどの方法を用いた質的調査などがある。社会学では実験の方法が用いられることは多くないが，それでも小集団の研究などでは実験的方法が用いられる。

　データの収集はこのような形でさまざまな方法が用いられるが，収

集したデータの分析方法も，人文学的なテキスト・クリティークから数理解析にいたるまでさまざまである。

こうした多様な研究方法を用いるため，社会学には固有のディシプリンが存在しないのではないか，といった懐疑的な眼差しが社会学者に向けられることがある。しかしこの点は社会学のディシプリン性が弱いということではなくて，その研究方法が多様であるといった方が正確である。研究方法の多様性や複数性ということも社会学の特徴の一つである。

4　社会学的想像力

研究対象が広範囲に及び研究方法が多様であるというと，社会学を学んだといえるためには博覧強記になる必要があるかと思われるかもしれないが，そんなことはない。大体そのようなことは不可能である。職業的な社会学者でも，社会学の全分野に通暁し，あらゆる研究方法を駆使することができるというわけではない。とはいえ，社会学を学んだといえるためには，最小限身につけておくべきことが少なくとも2つはあるように思われる。社会学的想像力と社会調査法である。この2つは，社会学という学問(ディシプリン)にとって固有の特徴であって，現在の社会学を社会学たらしめているものである。経済学や法律学ではなく，また，哲学や歴史学ではなく，社会学を学んだといえるために最低限身につけておくべきことがらである。

社会学的想像力という概念はアメリカの社会学者ミルズ（Mills, C. W.）に由来する。彼は『社会学的想像力』(原著, 1959) という本の中で，「自分たちが耐えている苦難を，歴史的変化や制度的矛盾という文脈の中で把握してはいない普通の人びと」について触れ，次のように述べている。

> 「かれらに必要なものは，そしてかれらが必要だと感じているものは，情報を駆使し理性を発展させることによって，かれら自身の内部や世界におこることがらを，明晰に総括できる精神の資質にほかならない。この資質こそ，いま私がここで論じようとするものであるが，それはまたジャーナリストや学者，芸術家や公衆，科学者や編集者が，社会学的想像力というものに期待している精神の資質なのである。

社会学的想像力を所有している者は巨大な歴史的状況が，多様な諸個人の内面的生活や外面的生涯にとって，どんな意味をもっているかを理解することができる。社会学的想像力をもつことによって，いかにして諸個人がその混乱した日常経験のなかで，自分たちの社会的な位置をしばしば誤って意識するかに，考慮を払うことができるようになる。日常生活のこの混乱の内部でのみ近代社会の構造を探求することができ，またその構造の内部でさまざまな人間の心理が解明される。このような方法によって，人それぞれの個人的な不安が明確な問題として認識され，また公衆の無関心も公共的な問題との関連のなかに設定されるようになるのである。」

　要するに，ミルズにとっての社会学的想像力とは，一見個人的に見える問題がじつは社会構造や社会変動とつながっていることに想像を働かせる資質のことを意味している。これは言い換えると，「自明視されている現象に疑いの目を向けて，それが自明ではないということを明らかにする能力」でもある。ギデンズ（Giddens, A.）という社会学者は，「一杯のコーヒーを飲むという単純な行為」に社会学的想像力を働かすと次のようなことがわかると例示している。[8]

- 象徴的価値…単に飲み物を飲むだけではなくて，社会的儀礼である。
- 薬　　物…コーヒーは社会的に容認される薬物だが，社会的に容認されない薬物もある。またコーヒーを社会的に容認しない文化もある。
- 社会的，経済的関係…コーヒーの取引の背後にはグローバルな関係が存在している。
- 過去の社会的，経済的発展…コーヒーの世界的な普及は植民地主義の遺産である。
- ライフスタイルの選択…どのようなコーヒー（有機栽培？　カフェインレス？　フェアトレード？）を飲むかということによって，その人の国際貿易，人権，環境問題などに対する態度の表明となってしまう。

　私たちが何気なく手に取る一杯のコーヒーの中に社会構造と社会変動が凝縮されているのである。
　法律学を勉強するということは，『六法全書』を暗記することでは

なくて，法学的思考法（リーガルマインド）を身につけることだといわれる。これと同じ言い方をすれば，社会学を学ぶということは，連字符社会学の個別的な知識を詰め込むことではなくて，社会学的想像力を養うことだということになる。その意味で，社会福祉士は，社会学的想像力をもってソーシャルワークの現場に臨んでほしい。そうすることによって一般には個人的な問題と思われがちな事例（たとえば，ニート，引きこもり，ホームレス等々）が，いかに社会的な問題であるかということを知ることができ，対象者に対する支援の方法も変わってくるはずである。

⑤ 社会調査法

　社会学を学んだといえるために，もう一つ身につけておくべきことは社会調査法である。社会学的想像力は何の材料もなしに働かせることはできない。社会学的想像力を喚起させるためには各種のデータが必要である。そうしたデータの多くは社会調査によって入手される。また社会学的想像力を働かせた結果明らかになったと思われることが空理空論であっては困る。経験的なデータによって裏づけられていなければならない。根拠（エビデンス）に基づいたもの（evidence-based）でなければならない。社会学的想像力が根拠に基づいたものとなるためにも社会調査が必要となってくる。社会福祉士の国家試験では社会福祉調査と呼ばれる。

　社会学的想像力は生来の資質によるところも大きく，いまのところ，これを鍛えるための方法論が確立されているわけではない。これに対して，社会調査の技法は具体的であり，その習得のためのカリキュラムも明確である。このため日本では，社会調査士，専門社会調査士といった資格が生まれている。

　社会福祉士の仕事を行っていくうえでも，社会（福祉）調査の技法を身につけておくことは有益である。扱っている事例に関する情報を収集するうえで，社会調査のさまざまな技法が役立つと思われる。また今日，地方自治体が多くの調査を実施している。しかしそれらの中には社会調査の方法論からみて信憑性に欠けるものも少なくない。根拠となっている調査が信頼するに足るものであるか否かを見破ることは，政策や実践の現場における社会福祉士の判断を誤らないようにするためにも必要である。

　社会福祉士が社会調査士や専門社会調査士の資格をあわせ持つこと

> ➡ 連字符社会学
>
> 家族社会学，地域社会学，福祉社会学などのように，社会学では個別社会学のことを〇〇社会学といういい方をすることが多い。対象領域と社会学を連字符（ハイフン）で結びつけているところから，連字符社会学（hyphenated-sociology）という言葉がマンハイムによって作られた。

ができれば，それに越したことはない。しかし現実にはなかなか難しいだろう。とはいえ，社会調査に関しては，社会福祉士のカリキュラムの中でもひとつの独立した科目として重視されている。本シリーズの中でも第5巻が，社会福祉調査を扱っている。有能な社会福祉士として活躍するためには，それらを活用して，社会調査の技法を自家薬籠中のものにしておくのが好ましい。

○注

(1)　事実上の社会学の研究はそれ以前にもはじまっていた。たとえば，カール・マルクスは社会学という言葉は用いていなかったが，彼の仕事はその後の社会学者に大きな影響を与え続けている。

(2)　19世紀前半から半ばにかけて活躍したコントやスペンサーが社会学の第一世代に属するとしたら，19世紀末から20世紀初頭にかけて活躍したデュルケム，ヴェーバー，ジンメルなどが社会学の第二世代に属する。

(3)　じつはシカゴ学派の以前にも，たとえば，産業革命以後のイギリスで青書社会学（ブルーブック・ソシオロジー）と呼ばれる社会問題の研究の伝統があった。また第二次世界大戦前の日本でも，社会学を学んだ学生が社会問題の解決を求めて東京市役所などに就職した。

(4)　日本の経済学が経済現象を研究せずに海外の経済学者の学説の研究に専心していることを揶揄して，日本の経済学を経済学学と評すことがあった。

(5)　林周二（2004）『研究者という職業』東京図書，88-89頁。

(6)　ただし，マルクス（Marx, K.）の「人間の本質とは社会的諸関係の総体である」との指摘（フォイエルバッハ批判の第6テーゼとして知られる）は，ライト・ミルズに先立つ。

(7)　ミルズ，C. W.／鈴木広訳（1965）『社会学的想像力』紀伊國屋書店，6頁。

(8)　ギデンズ，A.／松尾精文・西岡八郎・藤井達也ほか訳（2004）『社会学 第4版』而立書房，22頁以下。

○参考文献

ヴェーバー，M.／大塚久雄訳（1989）『プロテスタンティズムの倫理と資本主義の精神』岩波文庫。

スミス，C. W.／庄司興吉ほか訳（1984）『社会学的理性批判』新曜社。

盛山和夫（2011）『社会学とは何か──意味的世界への探究』ミネルヴァ書房。

デュルケーム，É.／宮島喬訳（2018）『自殺論』中公文庫。

バーガー，P. L., ルックマン，T／山口節郎訳（2003）『現実の社会的構成──知識社会学論考』新曜社。

船津衛編（2001）『アメリカ社会学の潮流』恒星社厚生閣。

マートン，R. K.／森東吾ほか訳（2024）『社会理論と社会構造新装版』みすず書房。

ミルズ，C. W.／伊奈正人ほか訳（2017）『社会学的想像力』ちくま学芸文庫。

■第1章■
家族・ライフコース・世代

① 社会の中の家族と福祉

☐ 社会福祉と家族

社会福祉が対象とする人間は，互いに切り離された個人の集まりではなく，社会に生きる人間である。社会に生きる人間は，集団やネットワークの中でさまざまな関係を取り結んでおり，そうした関係のあり方は個人の**生活の質**を大きく左右する。とりわけ，生活行動や**生活時間**の多くをともにし，相互に日常的な扶養やケアを供給する関係にある家族は，社会に生きる個人の福祉（well-being）にとってきわめて重要な存在である。

家族は，社会福祉の制度あるいは実践に多様なかかわりを持つ。たとえば，社会福祉が対象とする多くの生活問題は，問題を抱える個人と家族の関係の中で生じている。また，家族福祉という視点が示すとおり，家族そのものがソーシャルワークの対象となることも少なくない。このように，社会福祉と家族は切り離せない関係にある。

☐ 家族とは何か

それでは，社会福祉と密接な関係にある家族とは，そもそも何であるのか。「家族とは何か」という問いは，簡単に見えて，答えるのが難しい問いである。なぜならこの問いは，社会との関係で家族をどう位置づけるかについての論者の立場にかかわる問いであるからだ。

一般的用語として広く用いられる「家族問題」という概念を取り上げてみよう。家族問題として人々が取り上げる現象はさまざまである。マスメディアは，虐待やDV，ひきこもりや不登校などを頻繁に家族問題という枠組みのもとに報じる。離婚の増加，少子化，晩婚化，同性カップルの増加などを家族問題としてとらえる向きもある。家族の歴史的な変化にともない，家族問題としてとらえられる問題の内容は大きく変化してきた。何を家族の問題ととらえるかが論者や時代によって異なるということは，普遍的な「家族問題」の定義があるわけではないということを示している。

たとえば虐待が「家族問題」であるという見方には，家族が「果たすはずの」役割を十分に果たしえない結果として虐待が生じているという想定（あるいは，本来，家族では深刻な虐待は生じないものだという想定）が含まれていることが多い。こうした想定は，家族が社会の中

▶生活の質

個人の生活満足度を包括的にとらえる概念。Quality of life の訳語でQOLとも略される。個人や社会の生活の豊かさを，経済指標をはじめとする技術的・一元的な指標で測定することの限界を批判し，生活主体の主観的状態に注目して多面的に評価することをめざして提案された概念。福祉や医療などの分野において，当事者の視点に立ったサービス評価の基準として広く活用されている。

▶生活時間

個人が日常生活におけるさまざまな活動に配分する時間あるいは配分のパターンのこと。生活の実態を定量的に把握する指標の一つ。たとえばわが国の大規模な生活時間調査である「社会生活基本調査」（総務省統計局）では，睡眠や食事などを一次活動，仕事，学業，家事などを二次活動，それ以外の余暇的活動を三次活動と呼び，個人がどの活動をいつ誰と行ったかを調査している。

第1章　家族・ライフコース・世代

で果たすべき役割への期待を含んでおり，論者のイデオロギーを反映しているとみることができる。「家族とは何か」という問いが難しいのは，このように，人々が「家族」という言葉を用いて何かを論じるとき，その問いに対する答え（感情や価値を帯びた判断を含む）が暗黙のうちに想定されやすいことによるのだ。[(2)]

☐ 世帯と家族

「家族とは何か」という問いがこのような特徴を持つことは，そもそも家族という概念が，文化や文脈によって異なる意味で用いられる多義的な概念であることに関係している。このことは家族を世帯概念と対比することで理解することができる。

国勢調査に代表される統計調査では，家族ではなく「世帯」を調査することが多い。世帯は同居と生計を基準とした概念であり，調査や制度的な把握になじみやすい。多くの場合，親族世帯の範囲は家族の範囲に一致するだろうが，家族は必ずしも同居することを要件としないことから，世帯と家族には一定のずれが存在することになる。

家族は親族関係にある成員から成り立つことを基本的要件とする点で世帯と異なるが，たとえば子どものいない同棲しているカップルを家族と呼ぶかどうかは人によって異なるし，結婚して自分の親とは別に暮らす娘が親を依然として家族と認識することがありうるように，親族関係のどの部分が家族とされるかは個人差があり，文脈に依存して異なりうる。[(3)]また，家族は，文化によってその意味が異なる概念でもある（世帯と家族を区別する語彙を持たない文化があることも知られている）。家族という概念が多義的であることは，たとえばソーシャルワークの実践などにおいても，人々が誰を家族とみなしているのかを知ることが重要だということを意味する。

➡世帯
住居と生計の大部分をともにする人々の集合。調査や社会制度の単位として家族の代わりに用いられるが，家族とは異なる概念。わが国の国勢調査では，「一般世帯」を「住居と生計を共にしている人々の集まり又は一戸を構えて住んでいる単身者」とし，「親族世帯」を「二人以上の世帯員から成る世帯のうち，世帯主と親族関係にある世帯員のいる世帯」と定義している。

☐ 社会学の視点——社会の中の家族

家族について理解するためには，家族という言葉に人々がどのような意味を付与するかを知ること，そうした意味がどのようにしてつくりだされているのかを知ることが重要である。家族に付与される意味は，家族が当該社会の中で担うことが期待される役割に関する社会規範を背景に成立している。

20世紀前半の家族研究では，**家族機能喪失論➡**と呼ばれる命題が注目された。[(4)]近代化にともない社会の機能的分化が進む結果として，家族は小規模化し，家族の「機能」が縮小していくという命題である。しかしその後，家族が特定の機能を果たすという想定のイデオロギー的

➡家族機能喪失論
オグバーン（Ogburn, W. F.）らによって1930年代以降展開された学説。近代化以前の家族は，経済，保護，娯楽，教育，宗教，地位付与，愛情という7つの機能を果たしていたが，工業化の進展にともない，愛情以外の機能は家族から失われ，他の専門機関によって担われるようになるとする。

13

性格が批判され，この命題は疑問視されるにいたった。家族が何を遂行するかは，家族に「固有の」機能によって決まるのではなく，社会の中で進む諸専門機関の機能的分化（たとえば社会福祉制度の発達）に左右されるところが大きい。

　福祉と家族の関係を理解するうえでは，家族が社会の中に埋め込まれているということを強調するこのような視点が必要である。社会学では，家族を閉鎖したシステムや普遍的な生物学的事実などとしてはとらえない。そうではなく，家族が歴史的に変化すること，社会によってさまざまなあり方を示すこと，多様な意味や価値を与えられているということを重視する。家族に対する社会学的な視点は，「家族とは何か」は家族と社会の関係の中で決定される（したがって，社会が変化すれば家族も変化する）とみなす立場に立つことになる。

 家族周期と生活構造

□ 近代化と核家族化

　社会学が対象とする近代社会では，工業化（industrialization）と都市化の進展にともない，いわゆる核家族化が進展した。近代以前の社会では生産と消費の単位として地域共同体や親族のつながりの中に埋め込まれていた家族は，核家族化によって大きく変化する。都市では，夫婦とその子どもからなる核家族が典型になるとともに，職場と家庭の分離が進む。同時に家族は地域や親族とのつながりを弱めることによって，家族成員の福祉の保障は原則的に核家族の範囲内で行われることになる。

　こうした状況は，理論社会学者のパーソンズ（Parsons, T.）によって1940年代のアメリカ家族の状況をふまえて図式的に描き出された。パーソンズは，近代化にともない諸機関の機能的分化，とりわけ職業体系と親族体系の分化が進む状況に対して適合的な家族形態として，夫婦とその未婚の子からなる核家族を位置づけた。核家族は，夫婦いずれの親族からも居住および生計の面で切り離されており，主たる稼ぎ手たる男性と家事と子育てを主に担う女性という役割の分化を含んだ小集団である。パーソンズは，核家族は成員のパーソナリティの安定化と子どもの基礎的な社会化という2つの社会的機能の遂行に専門特化したシステムであるとし，核家族化によって家族は機能を「喪失」したのではなく，家族以外に遂行不可能な基本的機能に専門化し

第1章　家族・ライフコース・世代

たのだと論じた。

　こうした議論に対して，その直後から，現実の核家族はパーソンズ理論が想定するよりも広範囲のネットワークを核家族の外部に保持することが多いなどの反論が寄せられた。しかし，都市化や工業化にともない居住や生計の独立した単位として核家族という形態が普及し，個人の福祉保障をめぐる責任の範囲も変化したという大きな潮流は，パーソンズの理論によってうまく記述されていたといえるだろう。第二次世界大戦後の先進諸国では，核家族の相対的な安定期が出現するが，こうした歴史的背景のもとで，家族を核家族という集団としてとらえる見方が一般化してきた。(7)

□ 家族周期論と生活構造論

　家族を集団としてとらえる視点の代表的存在が，家族周期論である。これは，夫婦と未婚の子どもからなる核家族を基本的な分析単位として，結婚による家族の誕生から夫または妻の死によって家族が終わりを迎えるまでの家族集団の発達的変化をとらえようとした理論枠組みである（家族発達論とも呼ばれる）。

　家族周期論の着想は，世帯の経済水準があたかもライフサイクルを持つかのように周期的かつ段階的に変化するという知見に端を発する。たとえば，19世紀末の都市労働者家族を調査したラウントリー（Rowntree, B. S.）の貧困研究においては，労働者家族の浮沈は子どもの誕生・成長と稼ぎ手の稼得能力の変化の関数として段階的に変化するものと図式化された。(8) こうしたアイディアは，その後のアメリカの家族研究の中で発展し，家族が「発達段階」➡を経て変化していくという理論にいたる。わが国では，家族社会学研究の第一人者である森岡清美が家族周期論の視点を確立した。(9) 森岡は，パーソンズの社会システム論を発展させて，生活構造➡という視点を導入して家族周期論を独自に体系化した。

　家族周期論あるいは生活構造論の視点は，家族研究や福祉研究において広く用いられてきた。家族が段階的に変化するという視点は，特定のライフステージに固有のニーズや，段階間の移行（transition）にともなう生活問題の発生をとらえることで，家族あるいはその成員が抱える生活課題を予測したり予防したりする機能を持つ。たとえば，子どもの誕生によって若年の夫婦は夫婦関係の調整などの新しい生活上の課題を抱えやすいことが知られるようになれば，そうした変化をスムーズにするような社会的支援が重視されるだろう。段階概念によって多様なニーズを類型的に把握しやすいことも，多くの社会制度に

➡ 家族の発達段階

家族のライフサイクル上の変化の中で，子どもの誕生などの出来事によって区分され，異なる役割の組み合わせなどによって特徴づけられる諸段階を指す。子どもが就学前の育児期，子どもが独立した後の向老期などが段階の具体例として挙げられる。家族の発達段階を継起する順番につなげたものを「家族経歴」（family career）と呼ぶ。

➡ 生活構造

日本の社会学において1970年代前後に展開された，人間生活の生産・再生産過程を総合的に記述する概念。多義的であるが，家族周期論では，目標や役割などの体系における違いによって区分された，家族経歴の一段階として用いられる。生活構造論は，核家族という生活の主体がどのようにしてインプットとアウトプットを処理しつつ生活課題を解決しようとするのか，というプロセスを図式化しようとした理論である。

15

こうした視点が取り入れられている理由だと考えられる。

家族周期論の展開

こうした意義を有する家族周期論は，基本的には男性を稼ぎ主とした核家族において見られる典型的な変化をモデル化したものである（ただし日本の研究では直系家族制バージョンも提案されている）。それは核家族化が進み，家族の安定性が相対的に高い時期の社会にはとくに有用なモデルであったが，その後脱工業化段階の社会が経験した大きな変動のもとで，その射程は狭められることになった（第3節参照）。

こうした限界はあるものの，家族周期論の視点が無効になったわけではない。たとえば，ある段階における状態がその後の変化を予測する要因になるという視点は，後述するライフコース論に受け継がれ，多くの知見をもたらしている。また，移行の著しい遅れなど，社会規範からの逸脱（たとえば，子どもの結婚の著しい遅れなど）はそれ自体が家族にとっての危機をもたらす要因となりうるといった視点は，**家族ストレス論**などに引き継がれている。

3　家族とライフコースの変動

家族変動と脱制度化

20世紀後半の先進諸国で進んだ脱工業化と呼ばれる社会変動は，家族や職業にかかわる大きな変化をともなった。なかでも，女性就労の拡大は，複数の稼ぎ手を持ち，工業化社会における核家族とは異なる役割関係や変化のタイミングを経験する家族を多く出現させた。また，晩婚化・非婚化の進展や離婚の増加（あるいは離婚後に再構成される家族の増加），ひとり親家族や同棲などの家族形態の増加などを通じて，家族経歴が多様化，複雑化することで，典型としての発達段階を用いて記述できる標準的な家族経歴が少なくなる。この結果，家族周期論の説明力は弱まることになった。

こうした家族の変動は一般に，**家族の脱制度化**（deinstitutionalization）と呼ばれる。脱制度化という言葉は，半世紀以上前に「**制度から友愛へ**」というキャッチフレーズで長期的な家族の歴史変動を記述したバージェス（Burgess, E. W.）の命題をふまえたものであり，家族や夫婦関係が，支配的な社会規範に拘束される程度が弱まることを指す。脱制度化の進んだ脱工業化社会と比較すれば，工業化社会の核

➡ 家族ストレス論
家族という集団が危機（ストレス状況）にどのように対処，適応するかを理論化した学説。ヒル（Hill, R.）による「ABC-Xモデル」を嚆矢とする。ABC-Xモデルは，危機の程度（X）は，出来事（A），資源（B），意味づけ（C）の3つの要因の関連で決定されるとした。その後，マッカバン（McCubbin, H.）らによって「二重ABC-Xモデル」が提唱され，今日にいたっている。

➡ 家族の脱制度化
家族や夫婦の行動が特定の社会規範によって拘束される程度が弱まること。あるいはその逆に，家族を規定する規範や価値が多元化し，諸行動の選択可能性が高まること。家族の脱制度化は，家族形態や家族経歴の多様化の進展をともない，特定の家族のあり方がモデルとして通用することを困難にする。類似した概念として，野々山久也などが提唱する「家族のライフスタイル化」がある。

➡ 制度から友愛へ
バージェスが提示した，家族の歴史的な変化傾向に関する命題。家族成員の行動を律する要因が，法や慣習などの外的な権威，すなわち制度（institution）から，家族成員どうしの愛情や合意，すなわち友愛（companionship, 伴侶性とも訳される）へと変化していくとするもの。

家族においては，年齢規範や男女の性別分業規範といった社会規範が相対的に安定していたことになる。

こうした脱制度化の進展を理解するひとつの糸口が，ベック（Beck, U.）らによって提唱された**個人化**の理論である。それによれば，男女共同参画に向けてジェンダー規範の大きな転換を経た脱工業化社会においては，福祉国家化の意図せざる結果として，工業化社会の職業体系と家族体系を支えていた価値規範は効力を失い，個人は自らの責任において家族経歴を含む自らのライフコースをデザインしていく主体であることを強いられることになる。こうした視点からは，家族の脱制度化は，家族を律する規範が個人の選択という次元にまで解体されていく動きを指すものと理解できる。

☐ ライフコースへの関心

こうした現実面での変化にともない，理論面では，パーソンズの核家族論に代表される，性別分業を含んだ小集団としての家族というとらえ方を相対化する動きが進んだ。それを後押ししたのが，歴史的な家族研究とジェンダー視点に立った家族研究である。前者は，家族の普遍的特徴とみなされてきたものが実は近代家族に特有のものであることを示す知見を提供し，核家族を普遍的モデルとみなす議論に対する批判を提示した。後者は，男女の性別分業に立脚した家族に含まれる権力関係に注目し，家族をとらえる視点が有するイデオロギー性を批判する視点を提示した。

とくにジェンダーの視点は，集団としての家族を自明視せず，個人の視点から家族に接近することが必要であるという立場を強調するものである。たとえば，家族の変動を「家族の危機」「家族の機能低下」などと論じることに対して，家族の中の個人（とくに女性と子ども）にとっては同じ変化が肯定的な意味を持つことがあるという批判が可能である。こうした指摘は，ジェンダー視点に立つ論者たちによって展開されてきた。分析の単位を家族から個人へと移動させることによって，家族をめぐる事実には異なった評価が可能になる。これは社会学的な家族研究に対してひとつのパラダイム転換ともいえる意味を持った。

脱制度化の進む家族の実態と，理論的な変化の結果として，おおむね1970年代以降，家族研究では，家族周期論の視点などを取り込みながら，**ライフコース論**という新しいアプローチが登場する。ライフコース論は，個人の視点を前面に押し出した家族研究の理論であり，家族を集団としてとらえるのではなく，複数の個人たちが織りなす家族

➡ 個人化（indivi-dualization）

多義的であるが，近代化の深まりとともに個人と社会の関係が質的に変化することをとらえようとする概念。主たる提唱者であるベックによれば，福祉国家化が進んだ脱工業社会において，工業化社会で個人を規定していた階級および家族という拘束から個人が解き放たれることが個人化である。それによって人々は，自分自身の生活歴や生活様式を自ら選択する責任を負うようになるとされる。

➡ ライフコース論

個人が歩む人生の軌跡を，家族経歴，職業経歴といった複数の経歴の束としてとらえ，それを説明しようとする社会学的なアプローチ。年齢，コーホート，時代という変数を区別し，その相互関係に着目しながら，人生の軌跡の多様性が歴史的および社会的文脈，個人の主体的行為能力，個人を取り巻く社会関係という要素の相互作用から生まれるものとしてとらえる点に特徴を持つ。

キャリアの重なりとして家族をとらえるという特徴を持つ。家族周期論と対比すると，ライフコース論は，集団としての家族の発達ではなく個人の経験する家族経歴の集合に照準を合わせていること，歴史的変動と個人の発達としての変化の関連を積極的に理論化しようとすることが主要な違いである[14]。ライフコース論の視点は，個人が主体的に職業経歴や家族経歴を築き上げていくことが求められる，個人化した社会における家族のあり方に対して適合的な理論枠組みであるといえるだろう。

☐ 家族変動の実態

　家族変動は，長らく社会学的な家族研究の重要な研究対象であった。たとえば20世紀前半から半ばにかけて，オグバーンやパーソンズのように，産業化にともない家族はどのように変動するのかに対する関心が高まった。わが国では，日本の伝統的家族を特徴づけた「家」制度から現代家族への変化がどのように進んでいくのかに対する関心が支配的であった[15]。こうした伝統的な研究関心が「近代化」と「家族変動」の全体的な関連に注目しているのに対して，脱制度化という概念は，脱工業化段階の近代社会に特徴的な家族変動に注目している。

　家族の脱制度化を測る指標としては，主要な家族制度としての結婚に注目して，離婚や同棲の増加，非嫡出子の出生の増加が取り上げられることが多い。これらの指標からみるかぎり，脱制度化のあり方は国によって異なる点が多い。たとえば同棲や非嫡出子については，目立った増加を見せていない日本と，著しい増加を見せる欧米諸国との差が大きいこと，欧米諸国でも国による違いが目立つことが知られている[16]。

　家族変動を解釈するときには，どの歴史的時期と比較するのかなどによって，変化と連続性のどちらを強調するかが異なってくるが，上記の指標以外にまで目を向けてみると，戦後日本の家族に大きな変化が生じてきたことに疑いの余地はない。ここでは高齢者福祉に関連の深いデータを取り上げてみよう。

　戦後日本の家族変動は，直系家族制から夫婦家族制へという変化として記述されてきた。図1-1は，高齢者からみた子どもとの同別居の推移を示したものだが，過去40年ほどの間にも，直系家族制を特徴づける結婚した子どもと親との同居は，継続的かつ大幅に減少していることがわかる。結婚した子どもと親との同居が優先的に行われるという特徴はもはや観察できず，高齢者の中では，単身あるいは夫婦のみで暮らすことが一般的になっている。同居の減少がただちに世代間

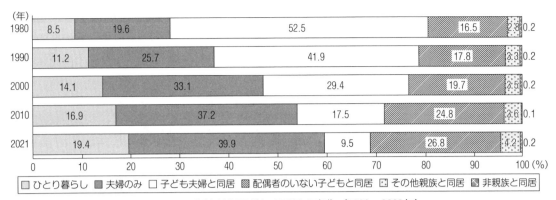

図1-1 高齢者と子どもの同居の変化（1980〜2021年）

出所：『国民生活基礎調査』から筆者作成。2020年は調査が実施されていない。データは国立社会保障・人口問題研究所『人口統計資料集（2024）』を用いた（https://www.ipss.go.jp/syoushika/tohkei/Popular/P_Detail2024.asp?fname=T07-16.htm）。

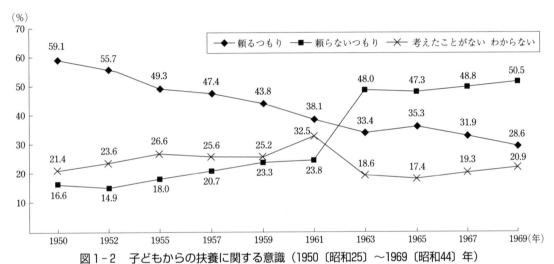

図1-2 子どもからの扶養に関する意識（1950〔昭和25〕〜1969〔昭和44〕年）

出所：筆者作成。データの出典は、毎日新聞社人口問題調査会編（1970）『日本の人口革命』毎日新聞社、234頁。有配偶女性のみの集計。

のつながりの弱まりを意味するわけではないが、形態面での変化は着実に進行している。

図1-2は、1950年から約20年間の意識調査において、「老後の暮らしを子どもに頼るか」という設問に対する有配偶女性の回答の変化を示したものである。1960年代前半（昭和30年代後半）に「頼らないつもり」が急上昇しその他が急減するという、非連続的な変化が生じていることが見て取れる。こうした急激な変化の背景として、1961（昭和36）年から実現した国民皆年金制の成立という制度的変化を挙げることができるだろう。

□ 世代という視点

図1-1・2は、現代社会の家族変動が、脱工業化などの社会変動

を背景としながら，年金制度なども含む社会政策の変化との相互関係の中で進んできたことを示している。このような現代の家族変動をライフコース論の視点から捉えるときに重要になるのが，「世代」の視点である。ライフコース論では，同一の時期に出生などのイベントを経験した人々を指して「コーホート」という概念を用いるため，ここで「世代」は，親-子，祖父母-孫などの親族関係上のつながりにおける位置を指す概念として用いよう。「世代間関係」という概念に含まれる「世代」は，この意味である。

コーホートの概念を用いることで，家族に関わる個人の経験がコーホート間でどのように異なるかを明らかにし，そうした変化の要因に焦点を当てることができる。たとえば，第一子の出産前後に継続して就業する割合は，1980年代生まれコーホート以降の大卒女性で顕著に高くなったが，これは育児休業制度の充実といった政策の変化に関連付けて捉えられる。あるいは，認知症ケアに関する政策や医療実践の変化は，家族介護における親子などのコミュニケーションの過程に変化を及ぼす要因となり得る。世代とコーホートの視点は，ジェンダーや世代に関わる社会規範が変化するなかで，私たちの家族をめぐる経験のどのような側面が変化しているのか/いないのかを読み解く手掛かりを提供してくれる。

> **➡ 世代**
> 多義的な概念であるが，社会学では，「同一の時期に生まれ，歴史的・社会的経験を共有することで，意識や行動の面で類似した特性をもつようになった人々の集合体」という意味で使われることが多い。「団塊世代」「Z世代」などは，この意味での用例である。

4 家族と社会政策

□ 家族政策という概念

近代以降の家族変動は，国家と家族との密接なかかわりあいのもとで進んできた。国家と家族とのかかわりを理解するキーワードが家族政策（family policy）である。家族政策の概念について，広く共有された定義は見られないようであるが，一般に，中央政府や地方政府によって講じられる，家族や家族生活に変化を生じさせることを積極的な目的とした施策や立法を家族政策と呼ぶ。家族政策は，憲法上の規定から諸給付にいたるまで多様な形態をとりうるが，出産や子育てにかかわる政策に限定して家族政策という用語を用いることも多い（児童手当，扶養控除，育児休業制度，保育サービスなど）。

国家の実施する家族政策は，国や時代による多様性が顕著である。積極的な家族政策をとる国もあれば，そうでない国もある。日本を含め，家族政策という用語が普及していない国も少なくない。こうした

多様性を理解するために，家族政策についてはさまざまな分類が提案されてきたが，代表的なものを2つ紹介する。第1に，親族間の扶養にかかわる法に代表されるような，家族に対する「規制」としての政策と，安定的な家族生活を可能にするための手当に代表されるような，さまざまな「支援」にかかわる政策とを区分することができる[21]。

　第2の分類として，家族政策の目的や国家の関心に基づく類型化にかかわるものがある。たとえば，「出生促進的」「伝統主義的」「平等主義的」「不介入主義的」などといった区分が知られている[22]。こうした把握は，家族政策には国家の人口に対する関心や家族に関する価値がかかわっているという事実をふまえつつ，家族政策の背後にある政治文化などを視野に入れて，レジーム論的な類型化を行っている点が特徴的である。

　こうした分類からは，家族政策が多面的であること，家族政策は家族の変化に応じて変化するといった受動的な存在ではないことが示唆される。たとえば，家族機能の低下にともない家族から失われた機能を福祉国家が補完するといった説明は，家族政策が家族に対して「規制」「統制」を加える側面があることや，類似した家族政策の背後に異なる政策的意図がありうることなどを見落とすことになるだろう。

☐ 福祉社会の中の家族

　およそ1980年代以降，多くの先進諸国では，少子高齢化という人口問題が政策課題として浮上してきた。それらの国々では，家族政策，児童政策，ジェンダー政策，少子化対策などの名称のもとに，少子化状況の改善を意図したさまざまな社会政策が講じられている。家族政策への関心が高まってきた背景としては，家族変動以上に，人口変動のインパクトが大きい。

　こうした変化に並行して，グローバル化の深まりの中で，福祉国家の限界に直面した諸国では，福祉社会への変化が進んできた。そうした変化は先進諸国にとどまらず，遅れて近代化を開始した国々においても進んでいる。その中で，社会におけるケアの供給において，政府，市場，非営利組織やコミュニティ，家族・親族の役割分担が新たな視点からとらえ直されている[23]。

　日本や東アジア諸国は，欧州諸国と比較すると相対的に家族政策の水準が低く，福祉の供給において家族に対する規範的期待が強い，家族主義的あるいは家族中心的社会であることが指摘される[24]。ただし，家族や市場による福祉供給の水準の高さは，家族政策が家族への支援に積極的でないことの結果としてそうなっている側面もある，と考え

るべきだろう。

　少子化の進展は，ワーク・ライフ・バランスなどの関心のもとで支援型の家族政策のニーズを高めていくだろうが，その一方で，福祉社会化の流れは，福祉の供給に関して国家が家族に向ける期待が高まることを予想させる。家族の脱制度化，ライフコースの多様化という潮流は，家族の抱えるニーズの多様化，家族のケア供給能力の不安定化を促進すると考えられる。21世紀の家族政策がこうした家族のあり方に対してどのように対応していくかを注視していく必要がある。

◯注

(1)　黒川昭登（1986）『家族福祉の理論と方法』誠信書房。
(2)　グブリアム，J. F.・ホルスタイン，J. A.／中河伸俊・湯川純幸・鮎川潤訳（1997）『家族とは何か──その言説と現実』新曜社。田渕六郎「家族らしさとは」（2009）神原文子・杉井潤子・竹田美和編『よくわかる現代家族』ミネルヴァ書房，10-11頁。
(3)　田渕六郎（2009）「客観的家族・主観的家族」神原文子・杉井潤子・竹田美和編，前掲書，14-15頁。
(4)　正岡寛司（1996）「家族機能」比較家族史学会編『事典家族』170-172頁。
(5)　核家族化は，家族形態や家族理念の変化によって定義される。ここでは一般的定義に従い，親族世帯総数に占める核家族世帯数の割合の増大を核家族化と呼ぶ。
(6)　パーソンズ，T.・ベールズ，R. F.／橋爪貞雄・溝口謙三・高木正太郎ほか訳（1981）『家族』黎明書房（原著1956年）。
(7)　落合恵美子（1994）『21世紀家族へ』有斐閣。
(8)　ラウントリー，B. S.／長沼弘毅訳（1959）『貧乏研究』ダイヤモンド社（原著1901年）。
(9)　森岡清美（1973）『家族周期論』培風館。
(10)　石原邦雄編（1985）『家族生活とストレス』垣内出版。
(11)　ベック，U.／東廉・伊藤美登里訳（1998）『危険社会──新しい近代への道』法政大学出版局。
(12)　落合恵美子（2023）『親密圏と公共圏の社会学──ケアの20世紀体制を超えて』有斐閣。
(13)　目黒依子（2007）『家族社会学のパラダイム』勁草書房。
(14)　嶋崎尚子（2008）『ライフコースの社会学』学文社。
(15)　森岡清美（1993）『現代家族変動論』ミネルヴァ書房。
(16)　岩澤美帆（2004）「男女関係の変容と少子化」大淵寛・高橋重郷編著『少子化の人口学』原書房，111-132頁。Kiernan, K. (2004) "Unmarried Cohabitaion and Parenthood in Britain and Europe," *Law & Policy* 26(1), pp. 33-55.
(17)　樋口美雄・中山真緒（2024）「日本女性にとって高学歴化の意味は変わったのか──世代間・学歴観のライフキャリア比較」樋口美雄・田中慶子・中山真緒編『日本女性のライフコース──平成・令和期の「変化」と「不変」』慶應義塾大学出版会，27-57頁。
(18)　井口高志（2007）『認知症家族介護を生きる──新しい認知症ケア時代の臨床社会学』東信堂。

⒆　田渕六郎（2012）「少子高齢化の中の家族と世代間関係――家族戦略論の視点から」『家族社会学研究』24(1)，37-49頁。

⒇　下夷美幸（2001）「家族政策研究の現状と課題」『社会政策研究』2，東信堂，8-27頁。

㉑　コマーユ，J.／稲本洋之助訳（1989）「福祉国家と家族」東京大学社会科学研究所『社会科学研究』41(1)，243-266頁。

㉒　阿藤誠（2000）『現代人口学』日本評論社，196-197頁。

㉓　落合恵美子，前掲⑿。

㉔　宮本太郎・イト・ペング・埋橋孝文（2003）「日本型福祉国家の位置と動態」エスピン‐アンデルセン，G.／埋橋孝文訳『転換期の福祉国家』早稲田大学出版部，295-336頁。

○参考文献 ————

インゴルド，T.／奥野克巳・鹿野マティアス訳（2024）『世代とは何か』亜紀書房。

稲葉昭英ほか編（2016）『日本の家族1999-2009――全国家族調査「NFRJ」による計量社会学』東京大学出版会。

落合恵美子（2023）『親密圏と公共圏の社会学――ケアの20世紀体制を超えて』有斐閣。

中西啓喜・萩原久美子・村上あかね編（2024）『大学生からみるライフコースの社会学』ミネルヴァ書房。

西野理子・米村千代編（2019）『よくわかる家族社会学』ミネルヴァ書房。

樋口美雄・田中慶子・中山真緒編（2023）『日本女性のライフコース――平成・令和期の「変化」と「不変」』慶應義塾大学出版会。

藤村正之編（2011）『いのちとライフコースの社会学』弘文堂。

■第2章■
人口の変化と地域社会

① 人口構造の変化

☐ 人口の変動

　日本の総人口は何人かと問われれば，多くの人は，１億人ぐらいだと即座に答えられるのではないか。では，自分が暮らしている都道府県や市区町村，さらに身近な小学校区や**町内会・自治会**の範囲にどれほどの人が暮らしているのかと問われたらどうだろうか。すぐには答えられずに戸惑う人も多いのではないかと思う。

　現在，日本では人口減少が進んでおり，多くの人はそのことを理解している。しかし，身近な地域の人口や，その増減はあまり意識せずに暮らしている。こうしたなかで，人口減少という言葉だけが一人歩きしているようにもみえる。ただ，人口の増減を意識せずに暮らせるのは主に都市部の人々であり，後述する過疎地域の人々にとっては，人口減少は切実な問題となっている。

　確かに，日本の総人口は減少している。2020年国勢調査時点で１億2,614万6,000人となり，前回調査（2015年）から引き続き減少し，減少数は94万9,000人（0.7％減）であった。日本は人口減少局面に入ったが，これには，低出生率による少子化の影響も大きい。

　ある地域の人口は，出生，死亡，地域間や国際間の人口移動（転入と転出）などの要因の総合的効果によって増減する。これらによる人口の変化を人口動態といい，出生数から死亡数を引いた人口の動きを自然増加，転入数から転出数を引いたものを社会増加という。

　単純に考えれば，ある国や地域で人口が増加するためには，生まれる子どもの数が亡くなる人の数を上回ればよいはずである。しかし，転入や転出の影響が，出生による増減の効果を相殺する場合もある。日本の大都市圏は，**合計特殊出生率**が地方よりも低く，加えて出生数よりも死亡数が上回る場合があるにもかかわらず，大都市圏への転入超過によって人口が増え続けるという事態などは，その一例である。一方で，地方では合計特殊出生率が高くとも，その世代の女性数が少ないために出生数自体は少数にとどまることや，高齢者の死亡数が多いこと，さらに都市部への転出超過の影響などによって，人口を維持できず，減少し続けている場合も少なくない。このように，人口の増減は，出生と死亡だけではなく，移動（転入と転出）の動向によっても影響をうける。地方ではかなり以前から転出超過による社会減とな

➡ 町内会・自治会
日本の地縁組織としての町内会は，各地でその名称は異なる。現在は自治会という名称の方が普及しているが，町会，区会，区などとも呼ばれている。本章では，代表的な名称を用いて町内会・自治会と表記する。その現状等については後述する。

➡ 合計特殊出生率
出生率の水準を示す指標。再生産年齢（15〜49歳）の女性の各年齢階級別の出産率（各年齢階級別合計出生数／各年齢階級別女子人口）を算出し，それらを合計したもの。一人の女性が再生産年齢期間に産むと考えられる平均子ども数を意味している。

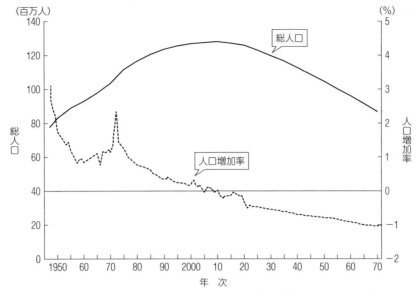

図2-1　総人口，人口増加率の現状および将来推計　1947〜2070年
資料：総務省統計局『国勢調査』および国立社会保障・人口問題研究所『日本の将来推計人口』（令和5年推計）による。
出所：国立社会保障・人口問題研究所（2023）『人口統計資料集2023改訂版』

り，さらに自然減に陥っていた地域も広がっていた。

　それでは，将来の日本の総人口は，どのように推移していくのであろうか（図2-1）。2040年の**将来推計人口**（中位推計）は1億1,092万人，2065年には8,808万人とされている。2020年人口との差を平均してみると，2040年までに毎年70万人程度の人口減少が見込まれることになる。仮に70万人がまとまって一つの都市を形成すれば，かなり大きな都市規模となるが，そうした都市が，毎年一つずつ消滅していくことを想像すると，人口減少の規模の大きさがわかるのではないか。

▶**将来推計人口**
将来推計人口は，今後の合計特殊出生率を高位，中位，下位の3つに仮定し，移動の影響なども加味して，それぞれ推計されている。

日本の高齢化

　人口減少とならんで，日本の高齢化も様々な場で指摘されている。この高齢化を示す指標として，ある社会の総人口に占める高齢者（65歳以上）人口の割合を示した高齢化率がある。日本では65歳以上を高齢者としているが，何歳からを高齢者とするかは社会的に決定されるものであって，明確な根拠があるわけではない。このため，現代の高齢者の身体状況や社会状況を考慮して，65〜74歳を**准高齢者**とし，75歳以上を高齢者とするべきではないかとの意見もある。仮にそうなれば，高齢化率は一見減少し，就労をはじめとして，様々な社会活動の担い手をより幅広く募ることもできるかもしれない。しかし，こうした議論は，労働者不足解消のために，高齢になっても就労継続ができるよう高齢者の年齢切り上げが望ましいといった，ともすれば経済的

▶**准高齢者**
日本老年学会，日本老年医学会では，近年の高齢者が，過去と比較して，その身体的，心理的機能が5〜10歳若返っていることから，65歳以上を高齢者とする現在の定義が現状に合わない状況を指摘している。そのうえで，65〜74歳を准高齢者，75〜89歳を高齢者，90歳以上を超高齢者と区分するよう2017年に提言している。

利点を強調する形で行われる場合もあり，注意も必要である。

　日本の高齢化率の推移を他国と比較すると，1980年代までは高齢化率は下位に属し，1990年代は中位であったが，2000年代には上位に位置している。この変化からも，日本の高齢化の進行速度が早いことに気づかされるが，多くの国における高齢化の進行をみると，高齢化率が7％前後を超えると，高齢化率の上昇が加速化する傾向が認められる。そこで，高齢化率が7％を超えた社会を高齢化社会，倍の14％を超えた社会を高齢社会と呼んでいる。さらに高齢化率が高くなった状態を超高齢社会と呼ぶ場合もある。

　高齢化の進行の速度を比較する際に用いられるのは，高齢化率が7％から14％に達するまでの所要年数を表す倍加年数である。日本の倍加年数は24年（1970～1994年）であったが，フランス115年，スウェーデン85年，アメリカ72年，イギリス46年，ドイツ40年である。日本の高齢化は類例のない速度で進行しており，高齢化率30％に達するのも目前である（表2-1）。このため，日本の高齢化対策は，欧米とは異なり，より短期間での対応を迫られるという難しさが続いている。また，急速な経済発展を遂げたシンガポール，韓国などのアジア諸国の倍加年数は，日本よりもさらに短期間であったことがわかる。

□ 近代化と人口転換

　高齢化は日本だけではなく，経済発展を経験した多くの国に共通する現象であることを**人口学**は明らかにした。近代化以前の社会では産業構造が第一次産業中心であり，大家族の方が労働力の確保につながり，また社会保障制度が未整備ななかで老後の保障につながることもあって，子どもを多く産み育てる傾向にあった。一方で，栄養状態や衛生状態が不十分であったため，感染症などで乳幼児期から青年期の死亡率は高くなり，出生と死亡がともに多い「多産多死」の社会であった。しかし，この状況は近代化の進行によって変化する。生活水準の向上にともなう栄養状態の改善，公衆衛生の改良，医療の普及などにより若年層の死亡率が低下する。この結果，子どもを多く産むという出生水準は維持されたまま死亡が減少する「多産少死」の社会となり，人口は急激に増加し，人口爆発と呼ばれる状態となる。その後，工業化や都市化の進行，避妊技術の向上などもあって，子どもを多く産まず，また死亡も少ない「少産少死」の社会となる。つまり，近代化にともなって，多産多死→多産少死→少産少死という出生と死亡に関する変化が生じるのである。そして，この変化を人口転換という。

➡人口学
　（demography）
出生，死亡，移動の関係といった人口現象を対象とする形式人口学と，人口現象と社会経済現象などとの相互関連を対象とする人口研究から構成される学問分野をいう。

第2章　人口の変化と地域社会

表2-1　主要国の65歳以上人口割合別到達年次とその倍加年数

国	65歳以上人口割合（到達年次）								倍加年数（年間）	
	7%	10%	14%	15%	20%	21%	25%	30%	7%→14%	10%→20%
シンガポール	2006	2017	2021	2022	2027	2028	2033	2041	15	10
韓　　　国	2000	2008	2018	2019	2025	2026	2031	2036	18	17
中　　　国	2001	2015	2023	2026	2033	2034	2039	2050	22	18
日　　　本	1970	1985	1994	1996	2005	2007	2013	2028	24	20
フィンランド	1957	1974	1994	2001	2015	2017	2028	2060	37	41
ド　イ　ツ	1932	1953	1972	1976	2008	2016	2028	2046	40	55
ポルトガル	1950	1972	1992	1995	2014	2017	2027	2038	42	42
ス　ペ　イ　ン	1947	1973	1992	1995	2022	2024	2031	2039	45	49
ポーランド	1966	1978	2012	2014	2025	2028	2042	2050	46	47
イ　ギ　リ　ス	1929	1946	1975	1981	2025	2028	2044	2073	46	79
ロ　シ　ア	1967	1979	2017	2020	2036	2040	2052	—	50	57
デンマーク	1925	1957	1978	1985	2020	2025	2057	2096	53	63
イ　タ　リ　ア	1927	1964	1988	1991	2007	2013	2025	2033	61	43
カ　ナ　ダ	1945	1984	2010	2013	2024	2026	2047	2076	65	40
ア　メ　リ　カ	1942	1973	2014	2017	2029	2032	2058	2093	72	56
オーストラリア	1939	1984	2012	2016	2033	2036	2055	2081	73	49
スウェーデン	1887	1948	1972	1975	2020	2027	2052	2078	85	72
フ　ラ　ン　ス	1864	1943	1979	1994	2018	2020	2032	2063	115	75

注：1950年以前は UN, *The Aging of Population and Its Economic and Social Implications* (Population Studies, No. 26, 1956) および *Demographic Yearbook*, 1950年以降は UN, *World Population Prospects: The 2022*（中位推計）による。ただし，日本は総務省統計局『国勢調査報告』および国立社会保障・人口問題研究所『日本の将来推計人口』（令和5年推計）による（［出生中位（死亡中位）］推計値）。1950年以前は既知年次のデータを基に補間推計したものによる。それぞれの人口割合を超えた最初の年次を示す。"—"は2100年までその割合に到達しないことを示す。倍加年数は，7％から14％へ，あるいは10％から20％へそれぞれ要した期間。国の配列は，倍加年数7％→14％の短い順。

出所：国立社会保障・人口問題研究所（2023）『人口統計資料集2023改訂版』。一部の国を除外する改変を行った。

☐ 人口転換と高齢化

　人口転換によってなぜ高齢化が進むのであろうか。多産多死の時代から多産少死への移行期は，その社会の中高年世代の人口よりも，幼少期の子どもの人口が相対的に多くなるため，総人口に占める高齢人口の割合は低下する。しかしその後の少産少死への移行によって，子ども世代の生残率が高くなり，子どもが成人期まで育ち上がる可能性が高くなる一方で，出生数は減少する。このため青壮年や高齢世代の人口が子どもの人口よりも増え，総人口に占める高齢世代の人々の割合が大きくなり，高齢化率が高くなる。一般的に，近代化を経験した社会では人口転換が起こり，人口の高齢化が進むと考えられている。

　日本における人口転換は，明治維新期である1870年頃までの多産多死の時代，**団塊の世代**が生まれた戦後のベビーブームが落ち着いてき

➡ 団塊の世代

日本では第二次世界大戦後の1947〜1949年の第一次ベビーブーム期に生まれた世代で，日本人口の1割弱を占めている。堺屋太一の小説『団塊の世代』(1976) で名付けられた。2007年前後からの一斉退職による労働力の減少，その後の高齢層の急増など社会に大きな影響を与えることとなった。定年退職後の地域移動によって農村への還流も期待された。

29

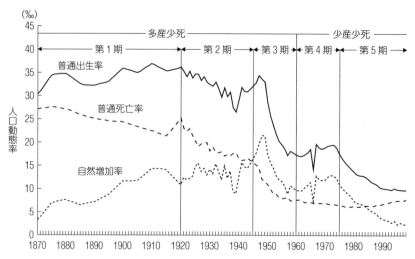

図2-2 日本の人口転換（普通出生率，普通死亡率，自然増加率の推移）
資料：1870～1920年は，岡崎陽一（1986），1920～97年は厚生省大臣官房統計情報部（1998a；1998b）。
出所：阿藤誠（2000）『現代人口学』日本評論社，90頁。

た1960年頃までの多産少死の時代，1960年以降の少産少死の時代に認められる（図2-2）。

□ 従属人口の増大

日本では高齢化と少子化が進行し，子世代との同居率の減少もあって高齢者のひとり暮らし世帯，夫婦のみ世帯が増加し，世帯の小規模化が進み，高齢者の生活を社会的に支援する必要性が高まってきた。高齢者の生活を支えるためのサービスや費用を，誰がどのように負担するのかを考えるにあたって，支援を受ける世代と，支援を提供する世代を区別して検討する場合がある。ある社会の年齢別人口を，65歳以上を老年人口，15～64歳を生産年齢人口，0～14歳を年少人口と区分し，老年人口と年少人口を社会全体で支えなければならない人口として従属人口と呼ぶ。そして，生産年齢人口と従属人口との比を従属人口指数（従属人口指数＝（年少人口＋老年人口）／生産年齢人口×100）として，支援する側がどの程度の負担となるかを測る指標としている。もちろん，高齢者のすべてが青壮年の人々に依存して生活しているわけではないが，生産年齢人口にかかる扶養負担の程度を示す指標である。日本の従属人口指数は，1950年に67.5であったが，1970年には44.9となった。**高度経済成長**期末期には，高齢者や子どもの数と比較して青壮年層が多かったことを示しており，こうした状態は人口ボーナスと呼ばれている。人口ボーナスは，働き手が多いことも意味しており，当時の日本の高度経済成長を支える要因の一つにもなった。と

■➡ **高度経済成長**
投資額や国民所得などが飛躍的に増大することを中心に，経済の規模が拡大する状況をいう。日本では，1950年代半ばから1970年代前半の石油危機までが高度経済成長期とされる。石炭から石油へのエネルギー構造の転換によって工業生産が拡大し，輸出産業を中心に経済成長が持続した。一方で，環境破壊による公害病などが拡大した時期でもある。

ころが，2020年には68.0となり，2039年に80.1，2070年には91.8に達すると推計されている。[(2)] 生産年齢人口数の減少と，従属人口数の増加によるもので，人口オーナスと呼ばれている。この従属人口指数の上昇は，年少人口の増加によるものではなく，老年人口の増加によるものである。また，要介護状態になる可能性は加齢とともに大きくなるため日本の従属人口の増加は，要介護状態となる可能性が高い人々の増加も意味している。

☐ 高齢化の地域性

　高齢化は日本全体で同じ速度で進んでいるわけではない。高齢化には地域差があり，地方でより進行している。地域的な差は，1960年代以降の高度経済成長期に大規模に起こった農村から都市への**地域移動**の影響からももたらされた。日本の産業構造が，農業を中心とする第一次産業から，工業や商業，サービス業といった第二次，第三次産業に急激に変化する過程で，労働力確保のために農村から都市に向けて若年層の大規模な地域移動が起こったのである。

　その結果，後述するように農村地域では急激な人口流出によって過疎化が進行し，都市では過密化が起こった。その後，1980年代前後には，経済成長の停滞とともに，地方からの人口移動が緩やかになり，過疎化が落ち着くかに思われていた。しかし，この時期には，移動せず地方に残った残存層の高齢化が進行していた。地方の高齢化率の上昇は，高齢者の実数増というよりも，むしろ青壮年層の流出による人口構成バランスの変化によるものであった。

　都道府県別に高齢化の差異をみると（**表2-2**），2035年時点での推測値で高齢化率がもっとも高くなると予測されているのは秋田県（43.5％）であり，次いで青森県（40.9％），高知県（39.7％），岩手県（39.3％）などが続いている。おおまかにみれば東北地方と中国，四国地方で高齢化率の高い県が多い。一方で，東京都（24.2％），沖縄県（28.3％），愛知県（29.2％），神奈川県（30.2％）などでは高齢化率は低い。

　また，2020年を100とした2035年の人口指数をみると，人口減少が進むことが予測されている県と高齢化率上位の県とがほぼ重なっていることがわかる。これらの県では，出生数の減少と人口流出が進むことで，高齢化率が高くなることをうかがわせている。

　高齢化率を市町村別でみると，その差はさらに開いてくる。高齢者に対する福祉サービスの提供が，都道府県単位ではなく，より小規模な市町村単位で実施されるのは，高齢化率の地域的な差異が大きいた

➡ 地域移動

地域間の地理的な人口の移動現象。過疎の原因である農村から都市への移動はもちろん，出稼ぎなどの一時的なもの，通勤なども地域移動の一形態である。

表 2 - 2　高齢化と人口減少の地域性

	高齢化率（2035年）(%)		2020年の総人口を100としたときの指数（2035年）	
順位	全国	32.3	全国	92.5
1	秋田県	43.5	東京都	102.9
2	青森県	40.9	沖縄県	98.9
3	高知県	39.7	神奈川県	97.6
4	岩手県	39.3	千葉県	96.7
5	徳島県	39.1	埼玉県	96.7
	（中略）		（中略）	
43	埼玉県	30.7	長崎県	82.7
44	神奈川県	30.2	岩手県	82.2
45	愛知県	29.2	高知県	82.1
46	沖縄県	28.3	青森県	80.4
47	東京都	24.2	秋田県	78.3

出所：国立社会保障・人口問題研究所（2023）『日本の地域別将来推計人口令和5（2023）年推計』より作表。

め，各市町村の実態に即した対応が必要であるからともいえる。

☐ 少子高齢化の進行

　高齢化率は総人口に占める高齢者の割合であるから，高齢化率を押し上げる要因として，老年人口の増加と並んで，少子化による年少人口減少の影響も大きい。少子化は，近代化にともなう人口転換によって多くの国で認められる現象である。日本でも合計特殊出生率は低下し続け，2005年に1.26と最低となった。その後徐々に上昇し1.4台を維持していたが，2023年は1.20にまで低下した。人口を安定的に維持するための**人口置換水準**は2.07前後を推移しているが，近年の合計特殊出生率はそれをかなり下回っている。

　こうした出生動向に関しては，先に述べた人口転換が広く知られているが，少子化現象は，それぞれの国の持つ社会的な背景によっても強く影響を受けている。日本の少子化は，性別役割分業意識といった規範的要因や，長時間労働といった構造的要因によって，男性の家事，育児参加が阻害されていることが原因との指摘もある。また，晩婚化，未婚化の進行は，長期的な経済不況によって非正規雇用の増大や就職難による青年層の経済的自立が困難になることなどと関係している可能性もある。

　女性の就業が一般化するなかで，子どもを産み育てるために女性が退職を余儀なくされた場合，養育期間に得られるはずであった所得等を失い，さらに育児にあたってパートナーの協力がなければ多くの時間を失う結果になる。こうした問題を機会費用として単なる金銭や時間の損失から説明することには問題もあるが，少なくとも出産，育児

➡人口置換水準

人口増減は，出生と死亡，人口移動（転入，転出）によって影響される。ある国で人口移動がないと仮定すると，人口の増減は，自然増減によって起こることになる。こうしたなかで，人口が一定数となる出生水準が人口置換水準である。

期間に十分な社会的支援がなければ、子どもをもつことをためらう可能性が高まるとはいえよう。

2 人口減少と地域社会

☐ 地域での福祉課題解決への期待

　人口減少と少子高齢化の進行する日本では、今後増大が見込まれる高齢者の介護ニーズに地域で対応していくことが、地域福祉の課題とされている。政策をみても、厚生労働省は、地域包括ケアシステムの構築を目指している。そして、地域包括ケアシステムという政策的対応を支える基礎として、「制度・分野ごとの『縦割り』や『支え手』『受け手』という関係を超えて、地域住民や地域の多様な主体が参画し、人と人、人と資源が世代や分野を超えつながることで、住民一人ひとりの暮らしと生きがい、地域をともに創っていく社会」である地域共生社会の形成も目指されている。(3)

　地域に対する政策的な期待は大きいが、地域といってもその状況は全国一律ではない。したがって、地域共生社会として「地域をともに創っていく」といった場合に、「地域の多様な主体」とは何であるのか、また、その範囲はどの程度が望ましいのか、などといった点は各地の状況にあわせて検討する必要がある。そのためにも、まず、地域に関する概念やその実態を確認しておこう。

☐ 日本の地域と地域社会

　地域とは、ある一定の地理的範囲を意味している。そして、地域に対する愛着や一体感といった帰属意識を持つ人々が、共同して生活を営んでいる状態を強調すると地域社会と呼ばれることになる。このため、本来ならば地域と地域社会とは区別して用いるべきであるが、実際には厳密な使い分けは難しい場合も多い。

　都市では、道路や河川などを境として一定の地理的な区域は形づくられているが、例えば町内会・自治会の範囲といっても住宅地のなかに一目でわかる境界がある場合は少ない。また、それらの範囲は行政によって定められたものでもある。一方農村では、20～30戸程度の家々がまとまった集落があり、そこから隣の集落までは、家のない場所を挟んでかなり離れている場合も少なくない。

　住民を中心として同心円的に広がる地域の範囲を考えてみよう。農

➡班・組

名称は各地で異なるが，少数世帯で構成される地域社会の範囲である。都市部では少なくなったが，回覧板がやり取りされる範囲と重なることも多く，より狭い地域単位である。

➡地域集団

個別の地域集団の名称や活動実態は各地で様々である。自身の暮らす地域社会での活動実態などは，ぜひ確認してもらいたい。

➡道普請

集落の成員によって共同して行われる，集落周辺の道路維持活動。人口減少や高齢化によって道普請などの共同労働の維持が難しくなった集落も増えている。

➡結

生産力の低かったかつての農村において，田植えなどの農繁期の労働力不足を複数の家の間で同じ量の労働を提供し合って手伝うことをいう。地域福祉領域において相互支援的なサービスを検討する際に，日本社会の相互扶助の一つの原型として取り上げられることもある。

➡頼母子講

講とは，もともとは人々が信仰などのために結成した集団であり，念仏講や日待講などがあった。頼母子講は信仰ではなく，金融制度が未発達な時代に互いに金銭を融通し合うことによる相互支援が目的とされた。

村では，もっとも身近な範囲は，各地で様々な名称を持つ**班・組**などである。そして，町内会・自治会，次いで小学校区，さらに中学校区と広がっていき，市区町村全域となる。一方，都市では，マンション等で生活する人々が増えるにつれて，班・組などは設けられておらず，また，町内会・自治会との接点もほとんど意識されない場合も増えている。子どものいる世帯であれば，小学校区，中学校区で何らかの活動を行う機会はあるかもしれないが，生活の中で地域社会を意識する機会は，とりわけ都市で少なくなっている。このように，都市と農村では地理的範囲の実態は異なっている。

◻ 地域への帰属意識

「自分たちの地域」といった一定の地理的範囲への帰属意識を持つためには，どのような条件が必要であろうか。一つには，こうした範囲を活動の基盤とする様々な**地域集団**に参加し，参加者同士の関係が深まることで，そうした帰属意識は醸成されると考えられる。しかし，地域社会への関わりが減少するなかで，地域社会に活動の基礎を持つ地域集団の活動にも変化が起こっている。ここでは農村の地域集団を例に確認したい。

九州の過疎地域で1990年代から約10年間隔で実施した社会調査において，参加している地域集団や組織を挙げてもらった[4]（図2-3）。代表的な地域集団は，町内会・自治会，子供会，婦人会，老人クラブなどである。神社の氏子組織や祭りを担う祭礼集団の構成員は，町内会・自治会の参加者と重なっていることが少なくない。また，地域集団と関係を持ちながら特定の目的を達成するためにつくられた組織として，消火，防火活動を行う消防団などが存在する。さらに，商工会といった協同組合，スポーツや学習研究のサークル活動，地区社会福祉協議会なども地域社会に活動の基礎を持っている。都市部では，婦人会や青年団などの活動は停滞し，廃止されている場合もあるが，町内会・自治会をはじめ，多くの地域集団は農村と同様に存在している。

さらに，農村では，こうした地域集団に加え，農業などの生業や生活を支えるための共同労働が，生活に身近な班や組単位で行われている。主な活動としては，寄り合い，**道普請**，神社等の掃除・修繕，葬式の手伝い，地域の祭りなどである。また，農業を共同で支える**結**などと呼ばれる労働力交換としての共同労働も存在した。加えて，**頼母子講**などの講も存在する。こうした共同労働や祭礼への参加は，地域集団より多い場合もある。

農村では，地域集団，共同労働などが，かつてほどではないにせよ

34

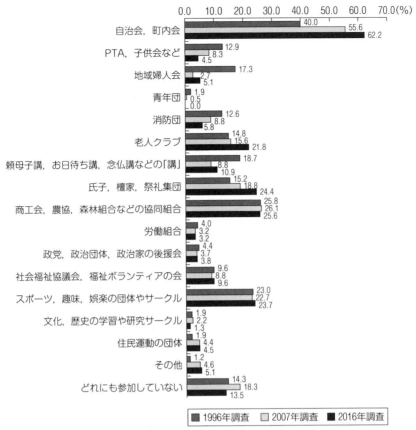

図2-3 中津江村の地域集団への参加率の推移（1996年調査：2007年調査：2016年調査）
出所：高野和良編（2022）『新・現代農山村の社会分析』学文社、11頁。

生活を支える活動として現在でも機能しており、都市住民の地域集団への参加実態とはかなり異なっている。また、農村では、都市と比較して、生活の各場面での自給自足性が高い。農業によって食べる物を得ることができ、水が必要であれば井戸を掘ることで対応できる農村と、食べる物や飲み水を購入しなくてはならない都市とは大きく異なる。とはいえ、農村でも個人や自家で処理できない農業用水や山の管理は、共同して行う必要がある。こうした共同労働は、「非専門家ないし住民による相互扶助的な共通・共同問題の共同処理」であり、様々な生活課題を自ら解決する程度が高い。一方、都市では生活課題処理を外部の専門家や専門機関に依存する程度が高く、「専門家・専門機関による共通・共同問題の専門的な共同処理」が都市における共同の原則であり、倉沢進はこれを都市的生活様式と呼んだ[5]。これらへの移行が生活様式における都市化過程である。しかし、現在は農村でも様々な生活課題の処理は、外部の専門機関に依存する傾向が高まっており、農村であっても都市的生活様式は浸透している。つまり、日

本全体が都市化しているのである。

☐ 農村の変化と移動

　日本の農村は，第二次世界大戦後に至るまで，比較的安定した構造を保ってきた。しかし，高度経済成長期以降に，日本の農村は変化し，農家戸数，耕地面積，農業従事者数は大きく減少した。高度経済成長期以降の農村の変化をみると，1960〜70年は農家の兼業化，1970〜80年は農村における非農家の増加（混住化），1980〜90年は農家の減少，1990年以降は農業集落の減少として捉えられる。[(6)]

　兼業化とは，都市での労働力需要に農村の過剰な人口が吸収されていく過程であった。当初は次男，三男などが中心だったが，高度経済成長期には世帯主や後継者として期待されていた長男にまで兼業化が拡大した。また，兼業化は農業所得に依存しない農家の増加であった。この結果，農業によって生活を維持してきたはずの農村で，農業の存在が相対的に縮小する事態となった。農外収入の方がむしろ大きくなった人々の増加は，農村の階層構造はもちろん，政治構造にも変化をもたらした。

　また，過密化した都市から都市近郊農村に住民が流入する混住化も起こった。都市近郊農村などに農業との接点を持たない住民が流入し，農家が少数派となる事態が起こったのである。農地のスプロール的転用といった土地利用や環境面での課題をはじめ，両者の地域に対する意識が異なることも問題となった。

　兼業化と混住化の拡大のなかで，農家そのものの数が減少し，さらには**農業集落**が減少し続けている。こうしたなかで，農業の役割を食糧生産に限定せず，多面的な機能を有するものとして位置づけ，その維持を図ることが目指されている。農業の多面的機能には，「国土の保全，水源の涵養，自然環境の保全，良好な景観の形成，文化の伝承等農村で農業生産活動が行われることにより生ずる食料その他の農産物の供給の機能以外の多面にわたる機能」（食料・農業・農村基本法第4条）が想定されている。

　また，過疎地域と重なることも多い離島地域，半島地域，豪雪地帯といった地理的・自然的制約のため生活条件等が不利な地域にある農村に暮らす人々も，農業の多面的機能を維持していることから，地理的条件と農業の生産条件の不利な地域を中山間地域（食料・農業・農村基本法第47条）と規定し，こうした地域の農家に対しては国による**直接支払制度**などが行われている。

　現代の農村は，農村内部だけで生活が完結しているわけではなく，

➡ 農業集落

農林業センサスで「市区町村の区域の一部において，農業上形成されている地域社会のことである」とされ，「もともと自然発生的な地域社会であって，家と家とが地縁的，血縁的に結びつき，各種の集団や社会関係を形成してきた社会生活の基礎的な単位」とされている。農林業センサスは農村を対象とした基本統計であり，農林水産省が5年ごとに実施している。

➡ 直接支払制度

中山間地域等の条件不利地域における農業生産の維持を図り，地域の多面的機能を確保するために，2000年度から導入された制度である。集落の将来像を示した集落協定等を締結することを条件に，継続的な農業生産活動を行う農業者等に対して交付金が交付される制度である。

外部への移動を繰り返すことで生活が維持されている。兼業化によって，青壮年層は自家用車による広域の通勤を日々繰り返し，高齢層も通院や福祉サービスの利用で移動している。また，一人暮らしの高齢者世帯であっても，別居している他出子が通いながら，買い物を手伝うなどの生活支援を行っている。現代の農村は自動車を利用した日常的な移動によって支えられている実態がある。

③ コミュニティ政策の展開

☐ 日本におけるコミュニティ政策

　1960年代から始まる高度経済成長期には，地方や農村から都市への大規模な人口移動が起こり，農村と都市の双方に大きな変化をもたらした。金の卵とも呼ばれた地方の青少年層が，集団就職などによって大都市圏の労働需要を満たした。この結果，都市では人口急増による過密問題が，地方では急激な人口減少による過疎問題が起こった。過疎問題については後述するが，都市での人口急増は，住宅の不足，通勤混雑の深刻化，公園などの整備の遅れといった生活環境の悪化をもたらした。加えて，都市への移住者の間では，農村とは異なり共同労働などを行う機会も少ないこともあって，互いの接触も少なく，地域社会への帰属意識も弱い状態にあった。また，高度経済成長の負の遺産ともいえる公害問題などによって生活環境の悪化が各地で起こり，不安も広がっていた。さらに，前節で述べたように1970年には高齢化率が7％を超えて高齢化社会に移行した。様々な社会環境の変化をうけて，生活の諸課題への対応を求めて住民運動も起こり，生活の場における住民同士の関係を見直すことに関心を持つ人々も増えてきた。

　コミュニティという概念が日本で政策的に用いられ始めたのは，高度経済成長期末期であった。当時の経済企画庁に設置された国民生活審議会調査部会のコミュニティ問題小委員会が，『コミュニティ——生活の場における人間性の回復』（1969年）という報告書をまとめた。そこでは，コミュニティを「生活の場において，市民としての自主性と責任を自覚した個人および家庭を構成主体として，地域性と各種の共通目標をもった，開放的でしかも構成員相互に信頼感のある集団」としている。生活の場であることを前提としつつ，「地域性と各種の共通目標」という一定の範囲と帰属意識をもつ存在としてコミュニティを捉えている。そして，コミュニティは「従来の古い地域共同体と

は異なり，住民の自主性と責任制にもとづいて，多様化する各種の住民要求と創意を実現する集団である。それは生活の場において他の方法ではみたすことのできない固有の役割を果すもの」とされた。

コミュニティを形成するために行政が行った政策は各地で様々であったが，共通点もあった。まず，コミュニティ地区，住区などと呼ばれるコミュニティの範囲を地区として設定した。そして，設定された地区単位で，コミュニティ形成の主体となる地域住民を組織化し，コミュニティ協議会などを設けた。これらの組織は既存の町内会・自治会から派生する場合もあり，構成員が重なり合うなど両者の関係が曖昧な場合もあった。さらに，コミュニティ地区単位でコミュニティ活動の拠点となるコミュニティ・センターなどと呼ばれる施設が設置され，コミュニティ協議会などの住民組織に管理運営が委託される場合もあった。管理運営を行うためには住民組織内での協議などが必要となるため，こうした機会を利用して地域住民同士の関係を深めていくことなどが期待された。[7]

主に都市において，地域社会をコミュニティとして捉えなおす動きが広がるなかで，**奥田道大**➡のコミュニティモデルに関する研究なども行われた。コミュニティに対しては，住民の要求（ニーズ）を満たすために，住民の「自主性と責任制」に基づく対応が政策的には期待されていたが，コミュニティに様々な生活課題の解決を求めることは，行政責任の放棄につながるとの批判もあった。

☐ 新たなコミュニティ政策の展開

その後，1980年代後半から，国の権限を地方に移譲する地方分権の拡大，一方で人口減少などによる地方自治体の財政悪化などが起こった。さらに阪神・淡路大震災などの大規模災害が起こるなかで，災害ボランティアといった住民自身によるボランティア活動への関心も高まった。1998年には特定非営利活動促進法（NPO法）も成立し，法人格を取得できるようになったNPO（Nonprofit Organization）の活動が広がっていった。

2000年代になると後述する市町村合併（平成の合併）が進められた。合併によって地方自治体の範囲が広域化したため，役所や各種施設への移動時間が増えるなどの問題も起こった。さらに東日本大震災に続く原子力発電所事故，2020年に始まった新型コロナウイルス感染症によるパンデミックなどによって，都市から地方への移動を選択する人々も増えるなかで，あらためて地域社会やコミュニティに注目が集まることとなった。

➡**奥田道大**（1932-2014）
都市社会学者。高度経済成長期の都市地域において，住民の行動体系の主体化・客体化という軸と，意識体系の普遍化・特殊化という軸を交差させることで，地域社会の4類型を設定し地域分析を行った。主体化・普遍化とが交わる類型として「コミュニティモデル」を理念型的に示した。

第2章　人口の変化と地域社会

　しかし，地域社会に活動の基礎を置く既存の地域集団は，住民の高齢化や近隣関係が薄くなるなかで，活動の弱体化に直面し，課題解決に取り組むことが難しくなる場合も増えてきた。そうしたなか，2005年の国民生活審議会総合企画部会報告「コミュニティ再興と市民活動の展開」では，こうした事態に対応するために新たなコミュニティのあり方を提言している。コミュニティを「地域の様々なニーズや課題に対応するため，自主性と責任を自覚した人々が，問題意識を共有するもの同士で構築する自発的なつながりの総体」と捉えたうえで，地域を生活圏域レベルの広がりとし，コミュニティは必ずしも生活圏域に限られないとした。現状をみると地域集団としての町内会・自治会などのエリア型コミュニティは，参加者が高齢者・退職者，専業主婦に偏り，特に若い年齢層の関心が薄く，地域社会での生活課題に対応できなくなりつつある一方で，特定のテーマに対して共通の問題意識を持つ人々が集う形での市民活動が行われており，テーマ型コミュニティを中心とした関係形成が進んでいるとする。個人の自発的な参加によって，子どもの居場所形成としての**子ども食堂**などが運営されることも増えてきたが，こうしたテーマ型コミュニティは，町内会・自治会などの地域集団との連携を十分意識してきたわけではなかった。そこで，コミュニティの持つ自己解決能力を重視し，エリア型コミュニティとテーマ型コミュニティとが補完しつつ融合し，多様な個人の参加や多くの団体の協働を促す多元参加型コミュニティの形成の必要性が指摘されている。

□ 町内会・自治会の現状

　エリア型コミュニティとしての町内会・自治会は，加入率が低下し，弱体化しているとされる。実際に都市ではマンション全体で一括加入方式が取られることもあり，個々の住民自身が町内会・自治会に加入しているという意識を持っていない場合も増えてきたが，各種の地域集団のなかで，町内会・自治会の存在感は依然として大きい。

　町内会・自治会の特徴として，①一定の地域区画を持ち，その区画が相互に重なり合わない，②世帯を単位として構成される，③原則として全世帯（戸）加入の考え方に立つ，④地域の諸課題に包括的に関与する，⑤それらの結果として，行政や外部の第三者に対して地域を代表する組織となる，といった5点が挙げられる。[8] 加えて，自治体広報紙の配付，行政が実施する防災訓練，ゴミ回収などへの協力などといった行政協力的な側面も持っている。

　町内会・自治会の起源としては，明治期以前にまで遡るとの研究も

➡ 子ども食堂

ボランティア，NPO，自治会・町内会などが担い手となり，子どもが一人でも安心して通え，低額もしくは無料で食事を提供する場として，近年全国的に開設数が増えている。当初は子どもの貧困対策と位置づけられていたが，現在では多世代交流を目的とするなど，子どもに限らず幅広い世代が参加する地域食堂とも呼ばれる場としても広がっている。

あるが[9]、地域社会で生活するには、住民自身によって様々な問題に対応しなければならず、合意形成のためにも話し合いの場が不可欠であった。寄り合いなどの住民組織は町内会の一つの起源ともいえる。第二次世界大戦期の1940年に、内務省は各地の住民組織を国策推進のために管理し、名称を部落会、町内会などとした。戦時の翼賛体制のなかで、常会という連絡会を設けることや、物資や労働力の徴発、配給、相互監視などの役割を担わせた。

戦後、連合国軍最高司令官総司令部（GHQ）は、部落会、町内会を戦争協力組織として解散を命じたが、戦後の混乱のなか、地域で起こる様々な問題への対応には協議を行う組織が必要であったこともあり、完全に解散されたわけではなかった。その後、サンフランシスコ講和条約締結後に各地で任意団体として復活し、現在に至っている。

こうした経緯もあり町内会・自治会には近代化に逆行する封建遺制との批判もあった。一方で、町内会という形式が必要とされ継続してきたことをもって、一つの文化型であるとして反論する立場もあった[10]。町内会・自治会に対しては様々な評価はあるが、阪神・淡路大震災や東日本大震災が起こり、大規模な自然災害が頻発するにつれて、災害時に町内会・自治会で避難対応などが求められるようになり、町内会・自治会の必要性が強調されるようになってきたことは事実である。

また、地域福祉活動との関係をみても、民生委員・児童委員の推薦を行うこと、福祉部などと呼ばれる組織を町内会・自治会内に設けて、見守り活動やふれあい・いきいきサロン活動を実施すること、社会福祉協議会の会費や共同募金への募金を集めることなどが、町内会・自治会によって行われている場合が多い。これらの活動は、社会福祉協議会と連携して行われていることが多く、町内会・自治会と地域福祉活動とは密接なつながりを持っている。

とはいえ、町内会・自治会の活動が弱体化するなかで、地方自治体主導で地域づくり協議会、まちづくり協議会などと呼ばれる新たな地域組織の設置も進められている。連合自治会などを一つの単位として、民生委員・児童委員、地区社会福祉協議会、老人クラブ、子ども会、婦人会などの地域集団が参画し、活動計画等を作成することで、様々な地域課題の解決に取り組む協議体である。

❑ 町内会・自治会とソーシャル・キャピタル

大規模な自然災害発生という緊急時に、町内会・自治会などが地域社会で適切に対応するためには、普段から住民同士がお互いを知り、つながりを持っておくことが大切だといわれている。このことは、災

害時には，住民相互の信頼関係や社会的ネットワークが重要な支えとなることが経験的に理解されてきたことを意味している。

　災害時の対応も含めて，社会の効率性を高めていくためにソーシャル・キャピタル（社会関係資本）という概念がある。パットナム（Putnam, R.）は，ソーシャル・キャピタルを「調整された諸活動を活発にすることによって社会の効率性を改善できる，信頼，規範，ネットワークといった社会組織の特徴」とする。そして，人々の自発的な協力が得られやすくなるには，互酬性の規範が浸透し，住民が積極的に参加するなど，ソーシャル・キャピタルを相当に蓄積してきた共同体である必要性を指摘している[11]。このことは，住民が地域集団などに参加することで，参加者同士の交流が広がり，また，相互に理解することで信頼感が高まること，同時に，相互に信頼しなければ地域集団への参加継続が難しくなることを意味している。

　ソーシャル・キャピタルは，「橋渡し型（ブリッジング）」と「結束型（ボンディング）」とに区別される。結束型は，特定の互酬性を安定させ，連帯を動かしていくのに都合がよく，橋渡し型によって形成されるネットワークは，外部資源との連携や，情報伝播において優れている[12]。

　町内会・自治会は，同じ地域社会に暮らすことで成立する共同性維持のために結束型の機能が優位に立っているが，先の子ども食堂のようにテーマ型コミュニティとの関係を持つことを通して様々な課題解決を図るためには，橋渡し型の機能によって多様な社会的ネットワークを形成していくことも大切である。

◻ 都市におけるコミュニティの解体と存続

　日本に1970年代に導入されたコミュニティ概念は，アメリカ合衆国ではすでに研究が蓄積されていた。しかし，コミュニティは日常語としても使われており，様々な立場で多様に用いられているため，定義が難しい概念でもあった。そこで，ヒラリー（Hillery, G.）は，1950年代にコミュニティ概念の94用例を検討したうえで，コミュニティ概念は，一般的定義と農村的定義に大きく二分されていること，すべての用例に共通する要素は存在しないが，何らかの「領域」を持ち，「共通の絆」が存在し，成員間の「社会的相互作用」を持つことが多く認められることを明らかにした[13]。

　その後の研究でも，領域としての「地域性」と，共通の絆と社会的相互作用としての「共同性」といった2つの要素からコミュニティが構成されるということは，ほぼ共通理解となっている。このように，地域社会とコミュニティは近似する概念であるが，地域社会が地域で

➡ **互酬性**

何らかの贈与に対して，それに見合う返礼が行われることが社会的な規範とされた状態をいう。

の生活に基づいた概念として町内会・自治会の範囲などといった地理的な範囲の存在を前提とする一方で，コミュニティは，ネットコミュニティのように，地理的範囲を必要としない場合があるという違いはある。

　都市化にともなう問題は，アメリカ合衆国では20世紀初頭から経験されていた。20世紀初頭の合衆国では，産業化が進行し，工場労働者の移動が起こり，移民が増加するなど急速に人口が増加し，都市が形成されていった。そのなかで1920年代にかけて五大湖沿岸の工業地帯の中心都市となったシカゴなどを対象に，シカゴ大学の社会学者を中心としたシカゴ学派による**モノグラフ**が蓄積されていった。シカゴ学派のひとりであるワース（Wirth, L.）は，人口規模，密度，異質性の特徴から都市を捉え，「社会的に異質的な諸個人の，相対的に大きい・密度のある・永続的な集落」とした。そして，都市という環境に基礎づけられた生活様式を，アーバニズムと呼んだ。その特徴は，分業化，階層的な分化などにある。また，農村とは異なり職住分離が起こり，移動も頻繁となる。これらによって，人々の付き合い方も変化し，親族関係や近隣関係などの親密性のある第一次的関係が弱体化し，利害に基づいた関係である第二次的接触が優位となり，コミュニティは形成されにくくなるとして，コミュニティ解体論を主張した。

　コミュニティ解体論に対して，アクセルロッド（Axelrod, R.）らは，1950年前後のデトロイトでの社会調査結果に基づいて，都市であっても家族や親族集団などの第一次的な関係は維持されていることをもとに，都市にも人々に統合的な共通価値をもたらすコミュニティが存在するとした。また，フィッシャー（Fischer, C. S.）は，都市では下位文化（サブカルチャー）が成立しており，都市住民は選択的に下位文化集団に参加しており，必ずしも孤立状況にあるわけではないことを示した。

　こうしたコミュニティの解体と存続をめぐって，ウェルマン（Wellman, B.）は，1970年代までのコミュニティ研究を，コミュニティは「喪失された」，「存続している」，そして「解放された」という立場に分けて整理する。そのうえで，空間的な場と一体となった親密な第一次的関係だけではなく，空間的な場を必ずしも要しない個々人の取り結ぶパーソナルネットワークに基づいたコミュニティが成立しているとし，コミュニティ解放論の立場を示した。

　以上のような，地理的範囲と帰属意識に注目したコミュニティ把握とともに，コミュニティの持つ包括的な機能を重視した見方もある。マッキーヴァー（MacIver, R.）は，社会，コミュニティ，アソシエー

➡️ モノグラフ
個人，家族，集団，地域などを対象として，それらの生活の全体像を，社会調査などによって総合的に把握したうえでまとめられた調査報告や論文をいう。

ション，国家を対比させながら，コミュニティは「社会生活の，つまり社会的存在の共同生活の焦点」であり，アソシエーションは「ある共同の関心または諸関心の追求のために明確に設立された社会生活の組織体(17)」と捉える。コミュニティを「共同生活」の単位とし，アソシエーションと対比させながら，その包括的機能を重視した。やや強引ではあるが，日本の町内会・自治会はその包括的な機能からコミュニティとしての性格が強く，町内会・自治会が，例えば高齢者の見守り活動を行う福祉部を組織した場合は，これをアソシエーションと呼んでもよいだろう。

4　過疎化の進行と市町村合併

☐ 過疎化の現状

　日本は人口減少期に入った。人口減少を先駆けて経験してきたのは過疎地域であり，今後の日本の状況を見通すための手がかりを得るためにも，過疎地域の現状と課題を確認しておこう。

　日本では，高度経済成長期以降の大都市圏への人口移動の結果として，地方では過疎化が進行した。過疎化の問題は単なる人口減少だけではなく，人口減少が大規模に短期間で起こり，地域の生活や生産活動が維持できなくなる点にある。

　過疎地域とは「人口の著しい減少等に伴って地域社会における活力が低下し，生産機能及び生活環境の整備等が他の地域に比較して低位にある地域」（過疎地域の持続的発展の支援に関する特別措置法第1条）とされる。この定義による2023年時点での過疎地域は，885（311市449町125村）であり全市町村の約半数（51.5％）に達する。国土面積は6割強（63.2％）を占めているが，過疎地域の人口は全人口のわずか9.3％に過ぎない。

　過疎地域に対する支援施策は，これまで産業基盤整備（道路整備や企業誘致など）と生活基盤整備（上下水道の敷設など）といったハード整備事業を中心に展開されてきた。しかし，これらの対策が必ずしも十分に効果を挙げるに至らなかったことから，過疎地域の自然環境と多様な地域文化，生活文化の継承や創出，高齢者福祉も重視した対策へと転換されつつある。地域おこし協力隊，集落支援員などの人材を活かした支援も行われるようになり，一定の成果を挙げているが，過疎地域での生活を安定的に維持し得るまでには至っていない。

**➡交流人口,
　関係人口**
‥‥‥‥‥‥‥‥‥‥‥‥‥
人口流出の続く地域を
維持するために定住人
口の増大が目指されて
きたが,十分な成果を
挙げるには至らなかっ
た。そのなかで,交流
による地域活性化が模
索されている。交流人
口とは,観光客や通勤
通学者をはじめ,当該
地域を訪問せずとも寄
付や物品購入などによ
って地域に影響を与え
ることも含む広い概念
である。また,関係人
口とは,定住人口,交
流人口ではない,地域
と多様に関わる人々の
ことである。

こうした行政による支援の一方で,住民自身が地域のあり方を見直
し,自らの地域の問題は自らで解決していこうと新たな組織をつくり
取り組むことも増えてきた。**交流人口,関係人口**の増加を目指した交
流事業,都市の消費者と直結した農産物の産直活動といった過疎地域
の農業の強みを活かした取り組み,商店や公共交通機関の廃止で不便
となった買い物や移動手段を確保するための移動支援サービス,高齢
者の見守りやふれあい・いきいきサロン活動の実施といった福祉サー
ビスなどに住民自身が取り組む場合も増えつつある。しかし,一方で
は,これらの活動を支える地域集団自体の維持も難しくなっていると
いった現実もある。

☐ 過疎化の進行と限界集落

過疎化は様々な水準で進行した。地方から大都市圏への大規模な地
域移動という全国レベルから,地方レベルでは地方中心都市への周辺
地域からの移動,自治体レベルではより山間地域から平地地域への移
動などが並行して起こってきた。

大まかにみると(**図2-4**),高度経済成長期以降続いていた大規模
な移動は,1980年代になるとすでに移動できる人は移動し尽くしたと
いった形で落ち着くかにみえた。1990年代以降になると過疎自治体内
で,より生活条件の悪い山間地域から平地地域への移動や,人口減少
と高齢化の進行によって集落自体の極小化が起こった。その後,再び
人口減少率は大きくなり,直近の2015年から2020年の減少率は,過疎
化が急激に進行した1960年代と同程度になった。

こうしたなかで,限界集落と呼ばれる集落が増えているとされる。
限界集落とは「65歳以上の高齢者が集落人口の半数を超え,冠婚葬祭
をはじめとする田役,道役などの社会的共同生活の維持が困難な状態
におかれている集落」(18)である。集落の置かれている現状を,集落人口
の年齢構成の量的規定と,集落の社会的共同生活の維持可能性という
実態規定の双方から総体として定義し,存続集落,準限界集落,限界
集落,消滅集落という区分によって,集落の推移を示す概念である。
限界集落論には,高齢化率の高さのみに注目が集まったことから批判
も少なくない。

☐ 市町村合併の影響

過疎地域における近年の大きな変化として市町村合併が挙げられる。
日本ではこれまでにも全国的な規模で合併が行われた時期があった。

まず,明治期(1889年)に市制町村制が施行され,基礎自治体数が

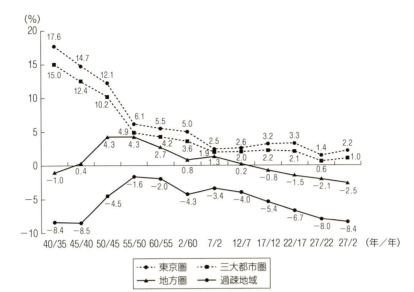

図2-4 過疎地域、三大都市圏、地方圏等の人口増減率の推移

注：(1)国勢調査による。
(2)過疎地域は、令和5年4月1日現在。
(3)三大都市圏とは、東京圏（埼玉県、千葉県、東京都及び神奈川県の区域）、大阪圏（京都府、大阪府及び兵庫県の区域）、名古屋圏（岐阜県、愛知県及び三重県の区域）をいい、地方圏とは三大都市圏以外の区域をいう。
出所：総務省地域力創造グループ過疎対策室（2024）「令和4年度過疎対策の現況」36頁。

1888年の7万1,314から1万5,859に、約5分の1に減少した（明治の合併）。その際、教育や徴税といった行政上の目的を実施し得る規模と、江戸時代からの自然村の範囲を基本としながら、おおよそ300～500戸を一つの町村とする形で合併が進められ、その単位ごとに小学校が配置された。現在の地域社会の典型的な範囲として小学校区が想定されるのは、こうした経緯とも無縁ではない。

次いで第二次世界大戦後には、新制中学校の設置管理、市町村消防や自治体警察、社会福祉、保健衛生関係などが市町村の事務とされたことから、行政単位の拡大と行政事務の効率化が必要とされ、1950年から60年前後にかけて一連の合併が行われた（昭和の合併）。おおむね8,000人以上を町村の単位とし、町村数を約3分の1に減少させることが目指され、1961年9月時点で市町村数は3,975となった。この8,000人という人口は、新制中学校1校の運営管理に必要とされた規模である。

そして、平成の合併と呼ばれる合併が行われた。政府による合併特例債などを用いた財政支援と、三位一体改革による地方交付税の削減もあって、その流れは2005年前後に加速された。「市町村の合併の特例に関する法律」（合併特例法）などによって1999年3月31日時点での3,232市町村は、2010年3月31日時点で半数近くの1,727にまで減少し

▶自然村

農村社会学者の鈴木榮太郎（1894-1966）は、家や家族を対象として実証的に日本の地域社会構造を分析した。『日本農村社会学原理』（1940）では、集団が累積し村の精神を有する村落を自然村として捉えるなど、農村社会の構造を把握する様々な概念を提示した。

た（2024年現在1,718市町村）。

市町村合併によって見かけ上過疎地域は減少したが，合併後自治体の内部で，中心部と周辺部である旧過疎自治体との施設配置の偏在，行政サービスの格差の是正などが問われ，サービス水準の調整が合併問題の中心として議論されてきた。こうした論点に加えて，人口減少や兼業化などによってすでに弱体化していた青年団，婦人会などの生活を支えてきた様々な地域集団が合併を機に統合，再編され，さらに衰退していくことで生活に及ぼされた影響も，過疎地域においては小さくはなかった。

☐ 市町村合併と地方分権

市町村合併の目的は，地方分権の推進，少子高齢化への対応，国・地方の財政再建などにあった。

政治や行政の権力を国家から地方自治体に移管し分散させることを地方分権というが，日本では国に行政権力が集中し，地方自治体独自の判断による行政サービスの実現が制約され，結果的に国によってコントロールされる中央集権の性格が強かった。国―都道府県―市町村という行政間の序列が形成されてきたが，地方自治法をはじめ関連する諸法律の一括改正を総称した「地方分権一括法」（2000年施行）では，**機関委任事務**が廃止され国と地方自治体とは制度的には対等な関係となった。地方分権は，各地方が地方の地域特性に見合った適切な行政サービスを提供できることが最大のメリットであり目標であるが，これを実現するための財源確保の問題などが十分に解決されているとはいえない。

福祉サービスの領域では，1980年代後半以降，急速に進む高齢化への対応として在宅福祉サービスの提供，施設整備を目的とした1989年のゴールドプラン（高齢者保健福祉推進10か年戦略），高齢者保健福祉計画の策定といった流れのなかで，高齢者福祉における地方自治体の役割が重視されるようになってきた。2000年には公的介護保険制度が導入され，福祉サービスの供給主体も公的部門中心から市場や民間非営利サービスへと多元化してきた。

また，自治体では地域福祉計画，社会福祉協議会では地域福祉活動計画の策定が進み，地域包括ケアシステムの構築，地域共生社会の実現も求められてきた。地域社会での課題解決への期待が高まっているといえよう。

対人サービスとしての福祉サービスは，サービスを必要とする人々の生活に身近な地域から提供された方が，画一的にならずに利用者の

➡ 機関委任事務

知事や市町村長などの地方公共団体の執行機関が行うことと法律，政令で定められていた国あるいは他の地方公共団体の事務である。生活保護決定の事務など社会福祉の措置に関する事務の多くは機関委任事務とされていたが，地方分権一括法（地方分権の推進を図るための関係法律の整備等に関する法律）で廃止された。

多様なニーズに応えることができる。市町村合併によって行政単位が広域化するなかで，人口１万人程度の中学校区を地域福祉的な圏域として，福祉施設や社会サービスの配置，地域住民の参加による相互支援システムの構築などが検討されてきたが，福祉サービスの提供にとって適切な範囲設定の検討も必要である[19]。地域での支え合い活動を行う際に思い浮かべる地域の範囲は，町内会・自治会といったより狭域の範囲が支持される傾向にあるとされる[20]。地域住民が支えあい活動を行う時に想起する地域社会の範囲がより狭い一方で，政策的に設定されるサービス提供圏域は，効率性を重視すれば，どうしても広域化する傾向にある。こうした対立する関係をどのように調整するのかといった点は，注意深く検討する必要がある。

　急速な人口減少と少子高齢化傾向のなかで，一人暮らし，夫婦のみ世帯が増加し，世帯，家族の極小化が進んでいる。様々な福祉課題に世帯，家族だけでは対応できなくなるなかで，地域社会での課題解決が求められていた。しかし，地域社会も課題解決機能を十分に持てない場合が増えている。そうしたなかで，その変化の方向性を見極めながら，過剰な期待を持つことなく，安定した地域社会を維持し，課題解決を図るための社会モデルを考える必要がある。難しい課題であることは間違いないが，その手がかりは，大げさなものではなく，地域集団の活動を維持していくことからも得られるのではないか。例えば，子ども食堂のような新たな活動が地域社会で動き出すことで，これまで連携が十分でなかった町内会・自治会とNPOが活動を通じて様々なアイディアを出し合い，子どもたちだけに限らず地域住民の居場所を作り上げて行く事例が増えている。これは地域社会の多様な主体のネットワークによって支えられた具体的な活動であり，既存の様々な地域集団にも影響を与えている。このような取り組みが地域社会で広がっていくために必要な条件を考えることが，安定した地域社会の維持につながっていくのではないだろうか。そして，そこにはもちろんソーシャルワーカーも参画できるし，参画する必要があるといえよう。

○注

(1)　阿藤誠（2000）『現代人口学——少子高齢社会の基礎知識』日本評論社，90頁。岡崎陽一（1986）「明治・大正期における日本人口とその動態」『人口問題研究』172，67-78頁。厚生省大臣官房統計情報部（1998a）「平成９年人口動態統計（上巻ならびに中巻）」。厚生省大臣官房統計情報部（1998b）「平成９年人口動態統計（下巻）」。

(2)　国立社会保障・人口問題研究所（2023）『日本の将来推計人口（令和５年推計）結果の概要』。

⑶　厚生労働省「我が事・丸ごと」地域共生社会実現本部（2017）「『地域共生社会』の実現に向けて（当面の改革工程）」。

⑷　高野和良（2022）『新・現代農山村の社会分析』学文社。

⑸　倉沢進（1977）「都市的生活様式論序説」磯村英一編著『現代都市の社会学』鹿島出版会，19-29頁。

⑹　大内雅利（2007）「都市化とむらの変化」日本村落研究学会編，鳥越皓之責任編集『むらの社会を研究する――フィールドからの発想』農山漁村文化協会，39頁。

⑺　菊池美代志・江上渉（1998）『コミュニティの組織と施設』多賀出版，28頁。

⑻　中田実・山崎丈夫・小木曽洋司（2017）『改訂新版 地域再生と町内会・自治会』自治体研究社，16-17頁。

⑼　岩崎信彦（2013）「歴史のなかの町内会」岩崎信彦・上田惟一・広原盛明ほか編著『増補版 町内会の研究』御茶の水書房，4-8頁。

⑽　吉原直樹（2000）『アジアの住民組織――町内会・街坊会・RT/RW』御茶の水書房。

⑾　R. D. Putnum（2000）*Bowling Alone: The Collapse and Revival of American Community*, Simon & Schuster.（＝2006，柴内康文訳『孤独なボウリング――米国コミュニティの崩壊と再生』柏書房，206-207頁。）

⑿　パットナム，R. D.／柴内康文訳（2006）『孤独なボウリング――米国コミュニティの崩壊と再生』柏書房，19-20頁。

⒀　G. A. Hillery（1955）"Definitions of community: Areas of agreement" *Rural Sociology* 20(2), pp. 111-123.（＝1978，山口弘光訳「コミュニティの定義」鈴木広編『都市化の社会学 増補版』誠信書房。）

⒁　Louis Wirth（1938）"Urbanism as a Way of Life" *American Journal of Sociology* 44（＝1978，高橋勇悦訳「生活様式としてのアーバニズム」鈴木広編『都市化の社会学 増補版』誠信書房。）

⒂　Claude S. Fischer（1982）*To Dwell among Friends: Personal Networks in Town and City*, University of Chicago Press.（＝2002，松本康・前田尚子訳『友人のあいだで暮らす――北カリフォルニアのパーソナル・ネットワーク』未来社。）

⒃　Wellman, B. & Leighton, B.（1979）"Networks, Neighborhoods, and Communities: Approaches to the Study of the Community Question" *Urban Affairs Review* 14(3), pp. 363-390.（＝2012，野沢慎司訳「ネットワーク，近隣，コミュニティ――コミュニティ問題研究へのアプローチ」森岡清志編『都市空間と都市コミュニティ』日本評論社。）

⒄　Maclver, R. M.（1917; 3rd ed., 1924）*Community: A Sociological Study; Being an Attempt to Set Out the Nature and Fundamental Laws of Social Life*, Macmillian.（＝1975，中久郎・松本通晴監訳『コミュニティ――社会学的研究：社会生活の性質と基本法則に関する一試論』ミネルヴァ書房，47頁。）

⒅　大野晃（2007）「限界集落論からみた集落の変動と山村の再生」日本村落研究学会編，鳥越皓之責任編集『むらの社会を研究する――フィールドからの発想』農山漁村文化協会，131-138頁。

⒆　これからの地域福祉のあり方に関する研究会（2008）「これからの地域福祉のあり方に関する研究会報告書」厚生労働省社会援護局。

⒇　高野和良（2024）「地域福祉課題への態度と地域福祉活動参加経験――三鷹市・茅野市・都城市における社会調査結果から」小松理佐子・高野和良編著『人口減少時代の生活支援論』ミネルヴァ書房，108-132頁。

●参考文献

阿藤誠（2000）『現代人口学――少子高齢社会の基礎知識』日本評論社。

大野晃（2005）『山村環境社会学序説――現代山村の限界集落化と流域共同管理』農山漁村文化協会。

奥田道大（1983）『都市コミュニティの理論』東京大学出版会。

厚生労働省「我が事・丸ごと」地域共生社会実現本部（2017）「『地域共生社会』の実現に向けて（当面の改革工程）」。

国立社会保障・人口問題研究所（2023）「日本の地域別将来推計人口（令和5年推計）」。

鈴木榮太郎（1978）『日本農村社会学原理』未來社。

総務省地域力創造グループ過疎対策室（2024）「令和4年度版過疎対策の現況」（https://www.soumu.go.jp/main_content/000944363.pdf，2024年11月18日アクセス）。

鳥越皓之（1985）『家と村の社会学』世界思想社。

鳥越皓之（1994）『地域自治会の研究――部落会・町内会・自治会の展開過程』ミネルヴァ書房。

中田実編著（2000）『世界の住民組織――アジアと欧米の国際比較』自治体研究社。

日本村落研究学会編，鳥越皓之責任編集（2007）『むらの社会を研究する――フィールドからの発想』農山漁村文化協会。

■第3章■
格差社会と階級・階層

① 社会における不平等

☐ 不平等を生み出す社会的資源

　本章では，不平等や格差の問題に対して，社会学がどのように理論化を行ってきたかを説明する。

　私たちは生活上のさまざまなところで，不平等を目にすることがある。そして，それらが，たとえば，学歴社会，持つものと持たざるもの，勝ち組と負け組，貧富の差，格差社会などさまざまな形で表現されることを知っている。

　では，社会的な不平等はなぜ生じるのであろうか。私たちは，自分や自分の家族の属性や自分が持つ物を他の人のそれらと比較することがある。このような属性や物を，社会的資源と呼ぶ。私たちはこの社会的資源によって人間の優劣を決めることがある。すなわち，社会における個人や集団は，社会的資源の量という物差しの上に配置され比較されているのである。

　富永健一は，この社会的資源を，物財，関係財，そして文化財という3つのタイプに分類してる。[(1)] 物財とは所得，貯蓄・金融資産や不動産など物の形で保有することができるもの，関係財とはいわゆるコネや **ソーシャルサポート**➡など人と人の関係に関するもの，そして文化財とは学歴や教養など知識の多寡や資格に関するものを指す。ただし，この優劣を決めうる社会的資源は，それぞれの社会やその時代によって異なる。また，その中には生まれながらに持つことができるものもあれば，生まれてから成長過程で獲得するものもある。

　すべての人が同じ社会的資源を同じ量だけ持っていれば，社会の中に序列は生まれない。社会的資源の問題は，それぞれの社会においてその合計の量が決定しており，それを奪い合う競争のような状態にあることである。たとえば，日本という社会において存在する富の総量はGDP（国内総生産）などという形で表現される。そして，国際比較などにおいて国家間の比較を行う場合は，「一人あたりのGDP」などと人口一人あたりの国家における富の量という形で各国の富の比較を行う。しかし，実際にその富が国民に分配される際には，ある人にはかなり多く，またある人に対しては少なく配分される。

　職業についても同様である。職業には貴賤がないといわれるが，それぞれの個人は，それぞれの個人のさまざまな基準により良い職業と

➡**ソーシャルサポート**
個人や家族が，親族や近隣の人間関係やパーソナルネットワークを通じて受けている援助のこと。通常，傾聴，共感などの情緒的援助と，物質的援助や直接的なケアなどの道具的援助に分けられる。

悪い職業というイメージを持っている。良い職業といわれる職につける人数は決まっている。もちろん，職業の構成はそれぞれの時代の産業構造によっても異なるが，いつの時代にもそのような職は多くない。たとえば，国会議員の数，あるいは専門職の数は事前にほぼ決まっているので，その椅子を争う形で人々がそれをめざすことになる。高い教育を受けるにも，レベルの高い学校の数や定員は決まっているなど他の社会的資源も同様である。ただし，すべての人がより多くの富をめざし，良い職業をめざすわけではないので，すべての人がより高く，より多い社会的資源をめざすというのは，不平等をモデル化する際のひとつの仮定であると考えることもできる。

☐ 不平等の種類

　まず，このさまざまな社会的資源が等しくない状態は，「不平等」の一つである。たとえば，同じ時間を働いたとしても，職業を通して得られる所得は人によって異なる。これは「結果の不平等」と呼ばれるものである。

　個人の能力に差があり，もしくは各個人の努力の仕方に差があれば，社会的資源が等しくない状態も生まれてくるかもしれない。しかし，ある個人に能力があるにもかかわらず，家が貧しかったために高所得を得るための高い学歴を取得できないなどという場合，また，一生懸命努力したにもかかわらず，その個人が地方に居住していたために，希望していた良い職業に就く情報を得られなかった場合はどうであろうか。これらの個人は，競争に参加する権利が得られなかったことになる。これらもまた，不平等の一つの形態である。これは「機会の不平等」と呼ばれるものである。

　社会的資源にかかわる問題はこれだけではない。個人や集団がこの社会的資源を持つ／持たない，あるいは保有する量の多寡に対応した形で，ある社会的な価値を与えられることがしばしばある。たとえば，その資源が少ないことに対して，悪いこと，劣っていることというレッテルやラベルを貼り付けられることがある。その中には偏見や差別を受けることもあり，最悪の場合は，**社会的排除**や人権をも与えられない場合も起こりうるのである。

➡️ **社会的排除**

差別・偏見により社会的な権利を享受できない人々に対して用いられる。とくに，ヨーロッパ諸国においては，それが社会問題化し，それらの人々を社会に包括する政策が採用されている。

② 社会階級

☐ マルクスの社会階級概念

　不平等に関する社会学の理論の一つが社会階級である。社会階級という語は，一般的に，経済的な側面での利害関係を共有する集団という意味で用いられる。また，そこには，政治的な**イデオロギー**などの意味合いも含まれる。これは，この概念を包含した経済学理論を構築した**マルクス**の影響が大きい。

　ただし，マルクスが現れる以前にも社会階級という言葉は存在していた。この語は，伝統的にある種の対立関係や主従関係の中の集団を意味してきたものである。歴史的に考えると，奴隷という身分があったように強制的に支配階級の服従下に置かれる人たちが存在し，また封建制のもとにおいても土地を仲立ちとする主従関係が存在した。しかし，このような中世までの支配―服従関係と，マルクスが生きた19世紀の関係との大きな違いは，**産業化**が大きな影響を及ぼしていたことである。

　それまでの生産の体系は問屋制家内工業や工場制手工業といずれも小規模であり，それほど生産能力が高いものではなかったが，産業革命によって大規模な工場で大量に商品を生産することが可能となった。大量に生産された商品は大量に消費されるようになり，社会全体の富も急増した。しかし，富は一方的に資産を持ち工場を保有する人のものとなり，そのような人々は非常に富む一方，貧困に苦しむ人が現れた。これは，対立関係として，企業家と工場で雇われる労働者という新しい基軸ができたことを意味する。

　マルクスは，このような社会の人々を大きく2つの階級に分けた。一つは「ブルジョアジー（資本家）」，もう一つは「プロレタリアート（労働者階級）」と呼ばれる階級である。これらの階級を分ける規準は，大きな富を生みうる工場などの「生産手段」を所有しているか否かである。マルクスの階級理論は，産業革命による当時の社会の変化が非常に大きかったことを意味している。とくに，伝統的な所得分配が崩れ，社会の序列の基準が変化したことは，当該社会における秩序が崩れたことを意味し，人々にとって重大な出来事だったことを示している。

　マルクスの階級理論には以下のような特徴がある。一つは，階級は

➡イデオロギー

自分の主義・主張を示した思想のこと。とくに政治的な側面を指す場合が多い。

➡マルクス（Marx, K.: 1818-1883)

ドイツの経済学者。マルクスは，経済学を独特の歴史観から分析し，すべての国は共産主義社会になると論じた。彼の著作や，彼の同僚のエンゲルスとの共同の著作は，その後のロシア革命や東欧の革命に大きな影響をもたらした。

➡産業化

近代化のプロセスの一部として現れる社会の変化。Industrialization の訳であるが，工業化とも訳される。工業化とは，農林水産業中心の社会から工業が中心である社会への変化を表す。産業化は，工業化という意味でも用いられるが，産業構造の高度化，あるいは，より高い付加価値を生む産業への変化，すなわち，第一次産業より第二次産業を経て第三次産業が中心となった社会への変化を指す言葉でもある。

固定化されたものであるという概念である。当時の社会においては，労働者階級の個人が大きなビジネスを立ち上げ，大金持ちになるなどということは考えられることではなかった。もう一つは，それぞれの社会階級は対立する存在であるということである。その背景としては，社会の成員の階級意識，すなわち自分がある階級に所属しているという意識が高く，所属する階級により望む社会のあり方が異なることが挙げられる

□ 新しい社会と階級意識

　マルクスは，資本主義社会においては，必然的に革命が起こり，共産主義社会へ移行すると述べた[2]。しかし，その後の社会の変化により，階級が崩れ，階級意識は次第に希薄化し，マルクスの予言どおりにはならなかった。この社会の変化とは，次のようなものである。

　第1に，株式会社という形態が増え，会社の所有と経営の境界が曖昧になってきたことである。会社の社長でさえ，株主という資本家に雇われている人が多くなってきた。第2に，日本でも憲法により労働者の団結権や団体交渉権が認められているように，労働組合が合法化され，一部の会社では会社の経営に労働者がかかわれるようになった。第3に，労働者階級の中から，産業技術の発展により，高い技能や資格を持つ熟練労働者が現れはじめた。これらは労働者階級の均質化が進行するというマルクスの予想とは逆の方向であった。最後に，労働者の中から工場で勤務して製造工程を担当する肉体労働者だけではなく，**ホワイトカラー**➡️と呼ばれる事務職員，すなわち「新中間階級」が現れ，増加してきた。

　では，社会階級は，現代においては消滅してしまったのであろうか。必ずしもそうではない。たとえば，イギリスは現在においても階級社会であるといわれ，生活様式や言葉などにその名残が残っている。たしかにイギリスには伝統的に王室を中心として貴族社会が存在しており，そこには世襲による身分が含まれている。ただし，実際には，かつてのような貴族の土地をすべての貴族が持ち合わせているわけではなく，貴族的な風習なども希薄になっており，必ずしも貴族であるから裕福というわけではない。イギリスは階級社会であるということから，階級が固定されていて，階級間の移動が難しいというイメージを与えるかもしれない。それに対し，森嶋通夫は，日本よりもイギリスの方が社会の流動性が高いと述べている[3]。

　また，インドにおけるカースト制度も階級の一つであった。カーストとはヒンズー教の身分制度であり，バラモン（司祭），クシャトリア

➡️**ホワイトカラー**
肉体労働に従事するブルーカラーに対して，事務労働に従事する人をホワイトカラーと呼ぶ。カラーは，色を表す「color」ではなく，襟を表す「collar」である。1900年代初頭のアメリカにおいて，事務労働者のユニフォームは白色で，肉体労働者のユニフォームは青だったことからこのような名前がついたといわれている。

（王族，武士），バイシャ（平民），スードラ（奴隷）の４つの身分から構成される。カースト制度は1950年には法律により廃止された。それでもなお，カースト制度は，インド国内において長く続いているともいわれている一方，近年，IT産業の発達によりそれが薄れているともいわれている。しかし，ダリットと呼ばれるアンダークラスは，現在においても強く根づいている。

③ 社会階層

☐ 近代社会の流動性

　社会階層は，社会階級のように職業によって分けられたものではなく，第１節で述べたようなさまざまな社会的資源を基準として区分された概念である。社会階層のよく知られた定義として富永は「社会階層というのは，全体社会において社会的資源並びにその獲得機会が，人々の間に不平等に分配されている社会状態を表示する整序概念である」と述べている。[4]

　ある社会にいる個人は，その社会の序列の中での位置，すなわち社会的地位を変えることが可能である。たとえば，高い地位の職業や給料のよい職業に転職することもある。また，一つの会社で働いていても，課長から部長に昇進することもある。このように社会的地位を変えることを「社会移動」と呼ぶ。社会移動の研究では社会階級のような伝統的な社会ではあまり起こらなかった社会的な位置の移動，あるいは全体の中での移動可能性という意味での「流動性」が，社会においては実際にどのくらい起こっているのかを調べるのである。

　このような問題を想定する背景には，近代的な社会，あるいは民主主義的な社会における個人の職業選択の自由をどれだけ行使することができるかという問題がある。伝統的な社会においては，親の職業や身分を子が踏襲しなければならない習慣があった。これは，もちろん，自分の家の職業を継承するという意味もあるし，親の持つ社会的資源を子の上昇移動のために使うことにより，子をより高い地位に押し上げることができるという意味をも含む。たとえば，家が裕福であれば，公教育以外にも塾や予備校などでさらなる教育の機会が得られるが，家が貧しければ，進学をあきらめざるをえない状況が生まれ，家計を助けるために働かざるをえず，勉強の機会をあきらめなければならないこととなる。

このように親の地位が子の社会的地位を決定することは，社会階層が再生産されていくことを意味する。しかし，現代のような民主主義的な世の中においては，基本的人権の一部として職業選択の自由が認められるようになった。親の属性や社会階層にかかわらず，個人の能力次第でどのような職業でも自由に選ぶことができるはずである。職業の選択において，伝統的な慣習がいまだに強い影響を持っているのか，あるいは，個人の裁量が発揮できるような開かれた社会になったのかを検証することは，現在の私たちの社会がどのような発展段階にあるのかを検証することでもある。

社会において，このような出自における社会的資源が上昇移動のための評価基準となることを属性主義と呼び，逆に，生まれた後に獲得した資源が評価基準となる原理を業績主義と呼ぶ。近代社会は，基本的には，後者の原理を持っているとされている。

□ 2種類の社会移動の分析——世代内移動と世代間移動

さて，社会階層研究の一つの興味は，何が個人の上昇移動の要因となるのかである。たとえば，ブラウ（Blau, P. M.）とダンカン（Duncan, O. D.）は，アメリカにおいて1962年に行われた調査データを**パス解析**という因果分析を複合させたモデルにより，地位達成の要因を分析した（図3-1）。彼らは，出自の社会的資源として，父親の教育と職業を，また，獲得的な要因として子供の教育の程度と最初の職業を用い，それらの現在の職業に対する効果を検証した。この研究において，ブラウらは，職業については「**職業威信スコア**」によって，また，教育に関しては教育の段階によって0点から8点までをつけたものによって得点化した。その結果，父親の教育は直接的に子供の現在の職業に対して影響を及ぼさないが，子供の教育を通じて影響を及ぼしていること，また，父親の職業は子供の現在の職業に対して直接的な効果を持っているものの，子供の教育や子供の初職などの獲得的な要因に比較するとその効果は小さいことを図は表している。これらから，ブラ

▶パス解析
因果関係（原因と結果の関係）を検証することのできる重回帰分析を組み合わせた分析手法。この手法を用いることによりどのような経路で影響力が伝わっていくかを理解することができる。

▶職業威信スコア
人々のイメージの中にあるいわゆる「良い職業／悪い職業」を得点化したもの。多くの人にさまざまな職業の一般的な評価や威信などを尋ね，その平均値を算出したもの。

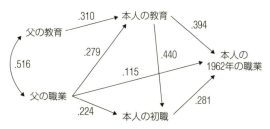

図3-1　ブラウとダンカンのパス解析モデル
出所：Blau, P. M. & Duncan, O. D., (1967) *American Occupational Structure*, Free Press, p.170.

表 3 - 1　世代間移動表（2005年）

父職業	専門・管理	事務・販売	現業職	農　業	計
	子どもの職業				
専門・管理	263	239	129	11	642
事務・販売	183	368	185	13	749
現業職	241	415	635	30	1,321
農　業	121	219	408	164	912
計	808	1,241	1,357	218	3,624

出所：三輪哲・石田浩（2008）「戦後日本の階層構造と社会移動に関する基礎分析」三輪哲・小林大祐編『2005年 SSM 日本調査の基礎分析——構造・趨勢・方法』91頁。ただし，職業カテゴリーを簡略化のために一部改変している。

ウらの行った分析では，当時のアメリカは業績原理がより強く働いていたことがうかがえる。このような研究は，一個人の一生の社会移動を追っているという意味で，「世代内移動」の研究と呼ばれている。

　もう一つの社会移動の研究は，「世代間移動」と呼ばれるものである。これは，親の地位から子供の地位へ，どの程度社会的地位が継承されているかを調べるものである。

　世代間移動を調査する際に，**表 3 - 1**のような世代間移動表と呼ばれる集計表を使って分析を行うことができる。**表 3 - 1**においては，縦の列には父親の職業，そして，その父親に対応する子供の職業は横の行に表されている。そして，ここでは，それぞれの 4 つの職業カテゴリーを想定し，それぞれのマス目の数値は，3,624人の調査対象者の中での各職業カテゴリーの組み合わせに該当する人数を示している。この職業カテゴリーは，働いている会社の産業や会社の規模ではなく，このようにそれぞれの仕事の内容を表したものであるが，しばしば職業をこのように要約してその社会的な序列を示すことがある。

　表 3 - 1をみてみよう。表の対角に示された数値，すなわち，263，368，635，164というマス目は，父親から子供への職業の継承がなされたところである。実際には，まったく同じ職業ということではないかもしれないが，父親の持つ職業，教育，所得，資産などの社会的資源から子供が就くことのできた職業である。この部分は全体の約40％を占めている（（263＋368＋635＋164）/3624）。そして，その対角の左下の部分は，父親の職業から上昇移動した子供である。この部分は，全体の約44％（（183＋241＋415＋121＋219＋408）/3624），また，対角の右上の部分は，逆に下降移動した子供であるが，ここの部分は，全体の約17％（（239＋129＋11＋185＋13＋30）/3624）となっている。この結果からは，同じ地位への滞留の割合は高いものの，上昇移動率もまた相対的に高いことがわかる。したがって，この当時の日本社会は，親の

地位からの社会的地位の上昇が可能であった社会であると考えるべきであろう。ただし，年度別の比較は，産業構造の違いから，就くことができる職業の席数も異なっているので，注意が必要である。

日本においては10年に1度，社会階層と社会移動に関する全国調査（Social Stratification and Mobility 調査：通称 SSM 調査）が行われており，日本における達成の要因分析や流動性の問題が実証的に研究されている。

❑ 文化資本による差異化と再生産の議論

近年においては，社会的資源としてより多様なものが取り上げられるようになった。フランスの社会学者ブルデュー（Bourdieu, P.）は，社会の序列を正当化するための道具として文化が用いられると述べ，そのような社会的資本を文化資本と名づけた。彼が言及する文化資本は，出身家庭にある本や美術品などの「客体化された資本」，親や本人の学歴や取得した資格などの「制度化された資本」，そして，個人に内面化された言葉づかいや慣習などの「身体化された資本」と分類される。これらの文化資本は，当該個人が属する階層を他の階層と区別するために用いられる。この現象は，差別化，卓越化などと呼ばれている。[6]

ブルデューは，文化資本を用いて，階層が固定化している構造を説明した。すなわち，高い階層へ移動するような選抜システムは，その社会を支配している高い階層の人たちがその基準を構築する。すると，高い人たちの文化を持ち合わせていないと上昇移動が困難になるというものである。[7]これは，近代社会においても，なぜ社会の流動性が高くならないのかという理由の一つの説明となっている。

❑ 中流神話と中流幻想

個人の社会的地位を測定するものには，上記の収入や資産のように客観的に測定できるものがあれば，主観的に測定できるものもある。たとえば，以下のような設問によって測定する主観的な社会的地位のことを，階層帰属意識と呼ぶ。[8]

「かりに現在の日本の社会全体を，この表にかいてあるように5つの層に分けるとすれば，お宅はこのどれに入ると思いますか？
　　　　1．上　2．中の上　3．中の中　4．中の下　5．下」

表3-2 階層帰属意識の趨勢

	上	中の上	中の中	中の下	下	その他	DK	計	総数
1983年	2	12	53	26	5	0	2	100	(4,429)
1988年	1	12	52	27	5	0	2	99	(3,682)
1993年	1	12	58	23	3	—	2	99	(3,738)
1998年	1	10	57	26	4	—	2	100	(1,341)
2003年	1	10	57	25	4	—	3	100	(1,158)
2008年	2	10	55	28	4	—	1	100	(1,573)
2013年	1	13	56	24	4	—	2	100	(3,170)

　この階層帰属意識について，ある現象が大きな議論となった。それは，日本人の中で自分を中流であると認識している人の割合が高くなってきたことである。5年に1度行われている統計数理研究所の「日本人の国民性調査」において，上記の選択肢のうち，「中の上」「中の中」「中の下」を足し合わせた人の割合は，1978年の調査以降90％を超える割合を示している（表3-2）。

　この現象は，一時期「一億総中流」などとも呼ばれた。このような現象を生んだ背景のもっとも大きな要因について，原純輔と盛山和夫は，①耐久消費財の普及，②都市─農村の生活格差の縮小，③高校進学率の格差の消滅，④地主─小作関係，旧家・家柄意識の消滅，⑤所得の不平等のある程度の縮小，⑥生活様式のある種の平準化が起こったためと述べている[9]。このような安定，とくに多くの国民が高い教育を享受でき，そして年金が受給される年齢になるまで働けることは，日本は平等な国であるという「中流神話」を生んだ。

　政治的な側面から考えると，この中流意識を持つ人は，特別な政治的なイデオロギーを持ち合わせない層と考えることができる。たとえば，村上泰亮は現代の中間層に対して「新中間大衆」と呼び名をつけ，その集団が労働者や農民を含んでさらに拡大しようとしている様相は階級イデオロギーに基づく政治の衰退を意味し，とくに支持政党を持ち合わせないいわゆる「無党派層」は，このような過程の帰結であるとしている[10]。これは，ベル（Bell, D.）らの「イデオロギーの終焉」仮説を支持するものである[11]。**近代化論**においては，社会が近代化され，豊かになるにつれて，マルクスが考えたような階級闘争は少なくなる。そしてこのような変化はすべての社会においても経験するものであると信じられていたのである。

　しかし，今日ではこのような「総中流化」現象は，単なる「幻想」であったという考え方が支配的である。すなわち，単に国民がそう信じただけで，実際は中流としての生活とはほど遠いと当時から考えられていた。たとえば，岸本重陳は，中流と答えた人々のライフスタイルは，戦前の東京における「中流」の生活とはほど遠いものであり，

➡近代化論

近代化論は，産業化，都市化などの近代化のプロセスを通じて，国家がどのような社会の変化や，また人間の行動や考え方の変化を経験するかについての理論である。とくに，開発途上国を含めたすべての国家が，近代化を通じて発展していく進化を遂げるということも提示された。このような理論に対して，楽観的であるとか，単純すぎるという批判もある。

したがってそのような態度は幻想であると述べている。中流と答えた人の耐久消費財などを比較して，その中には非常に高いばらつきがあることなども示されており，中流という集団が決して一枚岩ではないことなども示された。たとえば，1980年代には「ニューリッチ／ニュープア」「マル金／マルビ」など階層格差を表す言葉が現れている。

4 社会格差の問題

☐ 格差社会論の論点

　原・盛山が述べたとおり，高度経済成長により基礎的な「生活の平準化」が達成されたため，日本においては，格差の問題は存在しないともいわれてきた。しかし，現在では自分が中流であると信じる中流幻想は完全に崩壊したと考えられ，再び貧困や不平等の問題が注目されている。その一つが，「格差社会」という不平等の問題である。

　橘木俊詔は，多くの人が中流意識を持つ時代は終焉を迎え，格差が広がっている現状について警鐘を鳴らした。「格差社会」とは，このように貧富の格差が大きな社会を指す。とくに，この格差社会の問題の一つは，社会の中で新しいタイプの貧困に陥る人が増えた結果，格差が拡大してきたのではないかということである。格差社会に関する問題に対してさまざまな論客が参入し，さまざまな議論が繰り広げられた。その中には複数の論点が存在する。

　第1の問題は，実際に格差は広がっているのかという疑問である。**ジニ係数**でみる限り，格差は広がっているととらえるのが一般的である。たとえば，厚生労働省の「所得再分配調査」によると，所得の再分配後のジニ係数は，1990年が0.3643，1993年が0.3645，1996年が0.3606，1999年が0.3814，2002年が0.3812，そしてその後，2008年が0.3758，2011年が0.3791まで，やや凹凸があるものの次第に大きくなっていったが，2014年が0.3759，2017年が0.3721と，あまり変動を見せていない。

　また，OECDによって提供されたデータにおいて，日本の2015年における貧困率は，15.7％であり，これは，とくに，OECDに加盟する先進国内では，非常に高い数値であった。近年，この貧困率の高さは，わが国における一つの課題となっている。ただし，ここでの貧困率は，中位所得の半分以下の人を貧困と定義している。この指標は，いわゆる「相対的貧困」と呼ばれるものである。**相対的貧困**はたしかに格

▶ **ジニ係数**

イタリアの経済学者ジニが考案した不平等を表す指標。横軸に世帯を所得の低い順序に並べた累積比率を，縦軸に所得の累積比率をとった曲線と原点を通る右肩上がりの45度の直線との間にできる部分の面積。すべての世帯の所得が同じであれば，この曲線は45度の直線と一致するため0となり，不平等であるほど直線から遠ざかりこの面積は大きくなる。

▶ **相対的貧困**

相対的貧困とは，ある一つの社会の中での相対的な資源の分布を勘案し，ある一定基準以下を貧困とみなす考え方である。これに対して絶対的貧困とは，すべての社会で一定の基準を決めた上での貧困の測定をするものである。しかし，絶対的貧困のような指標で貧困を測ると，先進国の中の貧困が問題視されないなどの問題が起こる。

差を表しているが，ある国の総人口のうち所得が低い人の割合を示している
ているために，とくに，日本のように経済発展を遂げ，多くの人が豊
かな生活を送っている国を発展途上国などの国と比較したときに，貧
困といえるか否かは熟慮する必要があるという意見もある。[19]

　第2の問題は，社会の格差が広がっているならば，いつから広がっ
てきているのかという問題である。これに対してはさまざまな意見が
ある。一つは，戦後，日本における経済発展の中で次第に格差が広が
ってきたというもの，もう一つは2005年頃の小泉政権による規制緩和
後にこの格差が広がっていったというものである。

　そして，第3に，格差の拡大は社会の構造が変化したための見せか
けの変化ではないかというものである。たとえば大竹文雄は，ジニ係
数が高くなってきたことの大きな理由は，人口の高齢化にあると述べ
ている。日本においては，年齢を重ねていくごとに年齢階層内の不平
等の度合いが高くなっていく。上記のジニ係数の値が次第に大きくな
っていることは，この高齢化のためであるということである。[20] また，
世帯規模が次第に縮小してきたことがジニ係数の増大に関係している
との意見もある。[21]

☐ 新しい貧困の問題

　格差社会に付随するもう一つの問題は，新しい貧困の問題である。
ここには，**ワーキングプア**➡などと呼ばれる貧困の問題が存在する。資
本主義という経済のシステムは，これまで日本の国民に対して，市場
を通じた莫大な富をもたらしてきた。しかし，その市場のグローバル
な拡大により，そこで生み出される富の配分の様式が変化してきたの
である。

　拡大した市場で競争するために，企業はさまざまな努力を強いられ
ている。その最たるものが，人件費を中心とするコストの削減である。
そのために企業は，高い給料を支払わなければならず，社会保険料を
拠出しなければならない正社員（正規雇用）という形での雇用を削減
し，契約・派遣・パート社員などの非正規雇用を増大させてきた。

　このような非正規雇用の問題点として，第1に，上記のように正社
員に比して給料が少ないことが挙げられる。これまでの日本の社会で
は，日本的経営の特徴の一つである年功序列型賃金制度が採られてき
た。そこでは，長期にわたって次第に増加していく給料が約束されて
きた。しかし，非正規雇用では，給与が増えることは期待できない。
第2に，非正規雇用では労働に付随するセーフティネットが期待でき
ないことが挙げられる。非正規の場合，雇用・医療・介護・労災など

➡**ワーキングプア**

働いても生活するため
の十分な収入が得られ
ない人々のこと。とく
に，生活保護で支給さ
れる金額以下の収入し
かえられない人も存在
する。非正規雇用され
ている人々や母子世帯
が多い。

の保険，また，企業からの福利厚生が受けられないことが多い。非正規社員は短期の契約なので，仕事が継続できない場合，あるいは失業に直面した場合，公的扶助という制度を受けられるかもしれない。しかし，その公的扶助が何らかの理由で受けられなければ，本当に困窮した生活を余儀なくされる。一度足を滑らせると，どん底まで落ちていく。このような社会を湯浅誠は「すべり台社会」と名づけた[22]。日本においては，働いていれば社会保険や年金などの社会保障制度にアクセスできるはずであった。これはワークフェアと呼ばれる仕組みであるが，それが現実には機能不全になりつつある。

　ワーキングプアに関連して言及すると，若者の雇用の問題は，今とくに憂慮すべき問題であろう。就職氷河期に大学を卒業した若者は，ロストジェネレーションと呼ばれることがある（「朝日新聞」2007年1月1日付）。彼らの中には，企業の正社員になれずに，非正規就業を続けることを余儀なくされた者も存在する。

　先進国における若者の就労の問題は，決して新しいものではない。たとえば，イギリスでは1970年代の景気悪化の時期に，労働市場に参入が困難であったために，多くの若者が将来に対する目標を失い労働意欲を失った時期があった。これらは，単なる労働市場や労働市場政策の問題ではない。家族，教育などさまざまな問題が絡み合っているものであり，また，若者に対する**シチズンシップ**[▶]の問題でもあると解釈された。したがって，これに対してイギリスでは，若者に対する社会保障，職業の研修などの政策を充実させ，それらを克服した[23]。

❑ 貧困は誰の責任か

　見逃してはならない格差社会論のポイントは，このような貧困は誰の責任かという点である。

　橘木は，格差を容認する声が次第に高くなっていることを批判する[24]。2006（平成18）年2月の小泉元首相の「格差が出ることは悪いとは思わない」という発言は，政府の代表者が格差を容認しているという意味で非常に大きな反響があった。このような考えは，国民の中にさらに広がっているかもしれないし，貧困などの個人のリスクはその本人の自己責任であるという社会に向かっている可能性があることが考えられる。

　このような自己責任論に対して，湯浅は「貧困とは，選択肢が奪われていき，自由な選択ができなくなる状態」と反論する[25]。すなわち，ネットカフェに住むことを選択する前にアパートを借りるなどの選択を行えば，ネットカフェ難民にならずに済んだのではなく，そのよう

▶ シチズンシップ

一般的に，市民権と訳されている。市民としての地位，すなわち，社会保障や政治参加のほか権利や税金，就労などの義務を指す概念である。

な選択肢がはじめからなかったというものである。

　私たちはしばしば自分たちの手ではなんともしがたい状況に置かれることがある。前述した若者の就職氷河期の問題でも，就職がしたくても就職先がなくて就職できないという状況はこれに該当するであろう。それは，社会の構造，もう少しわかりやすくいえば，社会の仕組みがそうなっているために従わざるを得ないのである。これはこのような新しい問題だけにとどまらない。たとえば，白波瀬佐和子が「見えない格差」という言葉によって言及しているが，ジェンダー規範や長男規範が残っているという点である。これらによって人の行動，とくに選択の自由が制限されている可能性が出てくる。これは，統計などでは決して現れない，人の心の中に残る不平等である。なぜ伝統的な格差がいまだに根強く存在し，現代においてもこのような問題が解決されていないのか，もう一度考える必要があるだろう。

　最後に，社会階層や格差の問題をどのように解決すべきなのであろうかということは，私たちがこれからもっとも考えなければならない問題である。ワーキングプアの根本的な原因の一つが，派遣などの不安定な雇用形態にあるということから，日本政府は**日雇い派遣**の禁止を検討している。しかし，そのワーキングプアなどの貧困に対する効果について疑問視する声も上がっていることも事実である。他方で，新しい労働に関する政策の問題として，「働き方改革」が浮上した。これは，日本における生産性を上げること，働き手を増やすことを主眼としているが，その中で正規労働者と非正規労働者の格差是正の解決がめざされた。その手法としての「同一労働同一賃金」の取り組みは注目された。これに関わって，大企業は2020年4より，中小企業は2021年4月より，①待遇差を解消する規定の明確化，②待遇に関する説明義務の強化などが求められるようになった。

　そして，もっと大きな問題である，日本にある富を国民の中でどのように配分するか，すなわち格差をどの程度に抑えるかについて，そして，貧困に陥ったときのセーフティネットをどの程度構築するかは，わが国の文化やその時代の経済的な環境にも依存する問題であるが，社会の仕組みを勘案し，国民のコンセンサスを作り上げたうえでの社会保障制度の構築が必要であることを示唆しているだろう。

➡日雇い派遣
派遣の中でももっとも不安定である登録型で行われる一日単位の雇用契約の形態。低賃金であり，また危険な仕事も多いともいわれている。企業にとっては，仕事があるときに登録している求人者に働いてもらえるので，都合がよいともいわれている。

第3章　格差社会と階級・階層

⑤ 社会指標

　その国家や社会の総体における状態を評価し，数量として表したものに，社会指標がある。この社会指標が議論されはじめたのは，1960年代である。

　三重野卓は，社会指標を以下のように定義している。①マクロレベルで集計された社会統計で客観要因を数量化したもの，②社会システムの活動のアウトプット，波及効果を表すもの，③広義の「福祉」や「生活の質」の観点から指標項目が選定され，可能なら目標の達成度合いを示す，そして，④報告のみならず，政策や計画に使用可能であるものである[27]。ここでいう，広義の福祉とは，ごく簡単に述べると，個人の効用（満足度）の当該社会における総体である。そして，社会指標がどのように構成されたかというと，たとえば，1975年の『茨城県福祉指標』においては，「社会福祉」「保健医療」「所得消費」「労働」「教育」「余暇」「住宅」「安全」「住宅」「居住環境」「環境保全」などの大分類項目が挙げられ，それらについてぞれぞれ2〜3項目の中分類にテーマを用意している[28]。これらの指標は，単独として当該社会の福祉を表すのに用いられたり，組み合わされてある**尺度**を構築するために用いられた。

　社会学において，社会指標が議論された理由は，社会におけるさまざまな問題の解決に，科学的な解決を求められたから，そして，当時の社会システム論の利用がその解決に適うものであったからである。とくに，当時は，経済はその制御において成功しているが，他の社会に関する問題はそうではない。そのような意味で，社会学に対する要請も増えてきたと考えられていた。パーソンズは，これまでの社会有機体説を発展させて，社会を行為の集まりのシステムとして捉えた**社会システム論**を唱えた。その中で，システムの各要素が，相互連関とその機能の評価を通して，社会の構造が維持されたり，変化をしたりすることを説明した。この理論を適用し，政策と科学を結び付ける努力が行われた。そこでは，当該社会の福祉水準を量的に表示するさまざまな社会指標が開発され，それらに対する目標値と比較することにより，社会の制御，すなわち，社会問題を望ましい状態にすることををめざす社会計画が目論まれた[29]。

　ただし，これまでに客観的な指標だけが構築されたわけではない。

➡ 尺度

一般的には，物差しのことであるが，統計学的には，ある概念を評価するための量的あるいは質的な側面からの程度のことを指す。

➡ 社会システム論

社会全体を一つの有機体として準え，その中の機能の構造と変化について描いた理論。パーソンズの構造機能主義理論，ルーマンのオートポイエーシスの考え方を導入したものなどがある。

重要度，満足度，不安度などの主観的な指標も用いられている。これは，経済的豊かさだけで住民の充足度を測定すべきではない，という理由から用いられつつある。その典型的な例は，近年，その利用が増加してきた幸福感指標である。典型的な例は，近年しばしば用いられている幸福度調査である。ただし，幸福度調査といってもかならずしも主観的な幸福感のみが取り上げられているわけではない。例えば，国連における「世界幸福度報告書」においては，幸福度尺度を構築する下位尺度として，一人当たりのGDP，平均寿命などの客観指標の他に，ソーシャル・サポートの認知，人生選択の裁量に関する意識，昨日楽しく過ごしたかなどの主観指標が用いられている。

　近年，社会指標の重要性が薄れつつあり，それを学術上の問題として議論したり，それを目にする機会が目に見えて減少していることは事実である。これに関しては，社会指標が，単なる行政的な目標として利用されていることが多いためかもしれない。住民がそれに触れることができ，たとえば，その地域の住みやすさ達成のためなどの住民同士の対話に使用できるようになれば意味のあることになるであろう。

◯注

(1) 富永健一（1979）『日本の階層構造』東京大学出版会，3頁。

(2) マルクス，K.／武田隆夫訳（1956）『経済学批判』岩波文庫。

(3) 森嶋通夫（1977）『イギリスと日本——その教育と経済』岩波新書，33頁。

(4) 富永，前掲書，同頁。

(5) Blau, P. M. & Duncan, O. D.（1967）*American Occupational Structure*, Free Press, p. 170.

(6) ブルデュー，P.（1990）『ディスタンクシオン——社会的判断力批判(1)(2)』藤原書店。

(7) ブルデュー，P.（1991）『再生産——教育・社会・文化』藤原書店。

(8) 中村隆・土屋隆裕・前田忠彦（2015）「国民性の研究 第13次全国調査——2013年全国調査」『統計数理研究所 研究リポート』116，21頁。

(9) 原純輔・盛山和夫（1999）『社会階層——豊かさの中の不平等』東京大学出版会，202頁。

(10) 村上泰亮（1997）「新中間大衆の時代」『村上泰亮著作集(5)』中央公論社。

(11) ベル，D.／岡田直之訳（1969）『イデオロギーの終焉——1950年代における政治思想の涸渇について』東京創元新社。

(12) 岸本重陳（1987）「『世間並み』は中流か」『現代のエスプリ』238，76-90頁。

(13) 小沢雅子（1985）『新「階層消費」の時代』日本経済新聞社。

(14) 博報堂生活総合研究所編（1985）『分衆の誕生』日本経済新聞社。

(15) 渡辺和博・タラコプロダクション（1988）『金魂巻』ちくま文庫。

(16) 原純輔・盛山和夫（1999）『社会階層——豊かさの中の不平等』東京大学出版会。

(17) 橘木俊詔（2006）『格差社会——何が問題なのか』岩波新書。

(18) 労働政策研究・研修機構（2023）『データブック国際労働比較2023』労働

政策研究・研修機構, 197頁 (https://www.jil.go.jp/kokunai/statistics/databook/2023/documents/Databook2023.pdf, 2024年11月20日アクセス)。

⒆　大竹文雄 (2006)「『格差はいけない』の不毛——政策として問うべき視点はどこにあるのか」『論座』4月号, 104-109頁。

⒇　大竹文雄 (2005)『日本の不平等』日本経済新聞社。

㉑　白波瀬佐和子 (2006)「不平等化日本の中身——世帯とジェンダーに着目して」『変化する社会の不平等——少子高齢化にひそむ格差』東京大学出版会。

㉒　湯浅誠 (2008)『反貧困——「すべり台社会」からの脱出』岩波新書, 30頁。

㉓　ジョーンズ, G.・ウォーレス, C.／宮本みち子監訳, 鈴木宏訳 (2002)『若者はなぜ大人になれないのか——家族・国家・シティズンシップ 第2版』新評論。

㉔　橘木, 前掲書, 128頁。

㉕　湯浅, 前掲書, 74頁。

㉖　白波瀬佐和子 (2005)『少子高齢社会のみえない格差——ジェンダー・世代・階層のゆくえ』東京大学出版会。

㉗　三重野卓 (1984)『福祉と社会計画の理論——指標・モデル構築の視点から』白桃書房, 64-65頁。

㉘　三重野, 前掲書, 108頁。

㉙　富永健一「社会体系分析と社会計画論」『思想』587, 641-656頁。

○参考文献 ————

ダーレンドルフ, R.／富永健一訳 (1964)『産業社会における階級および階級闘争』ダイヤモンド社。

バウマン, Z.／伊藤茂訳 (2008)『新しい貧困——労働, 消費主義, ニュープア』青土社。

原純輔・盛山和夫 (1999)『社会階層——豊かさの中の不平等』東京大学出版会。

文春新書編集部編 (2006)『論争格差社会』文春新書。

マルクス, K.／武田隆夫訳 (1956)『経済学批判』岩波文庫。

■第4章■
男女共同参画社会とジェンダー

① ジェンダーという視点

☐ ジェンダーという概念

　「ジェンダー」ときいて，どのような事柄を思い浮かべるだろうか。国連が採択した持続可能な開発目標（SDGs：Sustainable Development Goals）の1つである「ジェンダーの平等を達成し，すべての女性と女児のエンパワーメントを図る」を思い浮かべた人もいるだろう。あるいは，出生時の性別と異なる性自認をもつ「トランスジェンダー」の人々を思い浮かべる人もいるだろう。また，ファッションなどに関連して，従来の女性／男性観にとらわれないあり方を指す「ジェンダーレス」という言葉を思い浮かべた人もいるかもしれない。これらのジェンダーの用法は，いずれも人の性別に関連するものであるが，さまざまな文脈で用いられており，ジェンダーが多義的な概念であることをうかがわせる。

　ここでまず，ジェンダーの原義について確認しておこう。*Oxford English Dictionary* のジェンダー（gender）の項には，古くからの用例として，「文法上の性」というような意味での用例があげられている。この説明によれば，ラテン語やフランス語，ドイツ語などのインド・ヨーロッパ語族の言語においては，形容詞などの語形変化のパターンと関連する名詞・代名詞のグループとして，男性名詞，女性名詞，中性名詞などと呼ばれるものがあり，このような分類のことをジェンダーと呼ぶ，というわけである。

　英語では主語が三人称単数のとき，現在形であれば動詞に「s」をつけて語形変化させなくてはいけない，という文法規則は多くの読者にとって身近なものではないだろうか。上記のインド・ヨーロッパ諸語においては，そういった語形変化の規則が，現在の英語より複雑なかたちで存在していて，そのような規則によって区別される名詞の分類がジェンダーなのである。

　こういった意味で使われてきた，いわば言語学・文法学的な用語であったジェンダーが，20世紀に社会学や心理学の用語として用いられるようになり，今日，私たちが用いているような人の性別に関する意味で使われるようになったのである。それでは，そこではどういった使われ方をしているのかをみてみよう。

社会的，文化的に形成された性差としてのジェンダー

　社会科学において，ジェンダーは「社会的，文化的な性差，性別」といった意味が与えられ，生物学的な性別を意味する「セックス」と対置され，セックスとは区別された，いわば，社会や文化が作り出した性別として説明されることとなる。

　社会の人々を見渡したとき，「女性は男性に比べて○○している人が多い」や「男性と女性の△△には違いがある」というような文章に当てはまる○○や△△の部分を考えてみると，多くの人がいくつもの例をあげることができるのではないだろうか。このような男女に観察される差異は，たんに生物学的性別に基づく生得的な違いとして説明される場合もあるが，社会や文化によって作り出された（構築された）ものとして説明される場合もあり，そのための概念としてジェンダーが用いられたのである。前者のような立場を本質主義，後者のような立場を構築主義と呼ぶ。

　つまり，ジェンダーという概念は，「『性差は生物学的必然である』とする科学的ないし日常的な知識に対して，『性差は社会的，文化的，歴史的に作られるものであり，したがって変えられるものである』という観点から知的あるいは思想的な異議申し立てを行うために使用されはじめた[1]」ものである。この思想的な潮流とはすなわち，フェミニズムや女性解放運動と呼ばれたアカデミズム・社会運動のことに他ならない。

　ただし，ここではセックスとジェンダーを対置して，素朴に実在する生物学的性別としてセックス，社会や文化が作り出した性別としてのジェンダーという二項対立的な図式を示しているが，次にみるようにそのような図式に対する問いかけもなされている。

セックスを規定するジェンダー

　はじめにジェンダーの原義が文法上のルールや規則と関連していることを確認したが，社会的，文化的な性別という意味でのジェンダーもルールや規則と深くかかわっている。

　そのことをジェンダーの定義に含めて説明したのがここにあげている，加藤秀一によるジェンダーの定義である。「私たちは，さまざまな実践を通して，人間を女か男か（または，そのどちらでもないか）に〈分類〉している。ジェンダーとは，そうした〈分類〉する実践を支える社会的なルール（規範）のことである[2]」。これは，男女の差異を見つけ出し分類しようとする私たちの営みの基盤に，そのような分類を支える社会規範がある，ということを示したものである。

71

そして，このようなジェンダー定義の背景にあるのは，バトラー（Butler, J.）らポスト構造主義のジェンダー研究であるといえよう。バトラーの研究は，従来のジェンダー概念が前提としていた，社会的な「男らしさ」や「女らしさ」というジェンダーが「男」と「女」という二極分化された生物学的性差（セックス）を反映したものとして構築されるという図式を，構築主義の立場を理論的に徹底することによって問い直すものであった。[3]

　ここでは，セックスは身体や人格に備わった実体ではなく，身体や人格に意味を与える言説の作用として捉えられ，さまざまな身体的差異を，「男」と「女」の二極化された生物学的性差として理解させるセックスという概念こそが，社会的構築物であると考えられる。これは言い換えれば，「セックスがジェンダーを規定している」のではなく「ジェンダーがセックスを規定している」のだという考え方であり，セックスにもジェンダーという概念の言説作用が及ぼされているというのである。

☐ ジェンダーと社会規範

　ここから改めてジェンダーと社会規範について考えていくために，ジェンダー・ステレオタイプという概念を導入しよう。ジェンダー・ステレオタイプとは，性別に基づく固定観念のことをいう。ステレオタイプは人々の認識の枠組みとして機能し，その枠組みに沿った役割や行動のパターンが社会で広く共有されることで，それに従うのが当然であるという規範性をもった期待を生じさせる。このようにしてステレオタイプは個人の行動，ひいては社会全体に影響を及ぼす。

　このようなジェンダーに関する規範は，人々によって生み出されたものでありながら，「女性はこうすべき，男性はこうでなくてはならない」という決まりやルール，望ましさとなって，人々の意識や行動を外部から拘束する，「社会的事実」[4]なのである。

　このような規範は，たんにステレオタイプとして人々を拘束するだけでなく，法律や社会制度として，強制力をもつかたちで人々を拘束する場合もある。フェミニズムや女性解放運動が異議申し立てを行ってきたのは，まさしく，女性と男性を不平等に取り扱う法律や社会制度に対してであった。次節からは，男女間に存在する制度的不平等を是正する取り組みについてみていこう。

第4章　男女共同参画社会とジェンダー

 男女共同参画社会の実現に向けた取り組み

◻ フェミニズム運動の歩み

　先に，男女感に存在する差別を生物学的な必然としてとらえるのではなく，社会的に構築されたものであると考え，そのあり方に異議申し立てをする思想的な潮流について，フェミニズムや女性解放運動と呼ぶことを述べた。

　フェミニズムは社会に存在する女性に対する差別や抑圧を告発し平等や自由を求めてきた。フェミニズムは時代によって異なる主題を問題として告発してきたため，第一波，第二波というように時代や主題によって呼び分けられる。そのうち，19世紀後半からはじまった女性参政権獲得運動を中心とするものは第一波フェミニズムと呼ばれ，そこでは男性と同等の政治的権利や財産権，相続権などの法律上の権利を獲得することが目指された。

　1893年に，ニュージーランドにおいて世界で初めて女性参政権が実現されて以降，20世紀に入ると世界の多くの国々で女性参政権が次々と承認された。日本においては，第二次世界大戦終戦後の1945年12月に衆議院議員選挙法が改正，公布され女性参政権が実現した。翌年4月の戦後第1回衆議院議員総選挙において女性の選挙権，被選挙権が初めて行使され，女性有権者の67％が投票に参加し，39名の女性議員が誕生した。[5]

　これに対して，1960年代後半からの第二波フェミニズムでは，「個人的なことは政治的なことである」というスローガンの下に公的な領域における不平等だけでなく，家庭などの私的領域における男女間の権力関係についても批判が向けられるようになった。ここでは，中絶の権利や避妊の自由など性に関する女性の自己決定権も主張されるようになった。また，公的な領域についても，参政権のみにとどまらず，労働や教育などを含むあらゆる領域に存在する女性抑圧からの解放が目指された。この第二波フェミニズムはウーマン・リブ運動とも呼ばれる。

　このような運動の高まりの中，国連は女性の地位を向上させ，男女平等を達成することを目指して，1975年を「国際女性年（国際婦人年）」と定めた。同年6月にはメキシコシティにおいて第1回世界女性会議が開催され，世界各国の経済，政治，社会，文化等のあらゆる

73

面での女性の地位向上に向けて「世界行動計画」が採択された。これを受けて，日本国内においても総理府に「婦人問題企画推進本部」が設置され，1977年には「国内行動計画」が策定され，国連の動きに連動するかたちで，女性の地位向上がはかられることとなった。

□ 女性差別撤廃条約批准と国内法の整備

世界各国での男女平等政策の実現に向けた国連の取り組みの中でも，特に重要なものとして1979年の「**女性差別撤廃条約（女子差別撤廃条約）**」の採択がある。この条約は第1条において女性差別を「性に基づく区別，排除又は制限であつて，政治的，経済的，社会的，文化的，市民的その他のいかなる分野においても，女子が男女の平等を基礎として人権及び基本的自由を認識し，享有し又は行使することを害し又は無効にする効果又は目的を有するもの」と定義している。そのうえで締約国に対して，あらゆる形態での女性差別を非難し，差別撤廃政策を実施することを求めるものとなっている。

ここでいう差別撤廃政策とは法レベルの形式的な男女平等を保障するのみならず，差別的な慣習・慣行，個人や企業等による私人間の女性差別の撤廃も含んでおり，締約国は私的領域までに積極的に介入して男女平等を実現することが求められているといえる。また，第4条において，締約国が男女の事実上の平等を促進するための暫定的特別措置（**アファーマティブ・アクション**）を行うことや母性保護を目的とした特別措置を行うことは差別とはみなさないことを規定している。[6]

加えて，締約国には条約の実施状況について定期的に国連に報告することが義務づけられており，国連内に設置された女性差別撤廃委員会はその報告に基づき，各国政府に対して勧告を行うことで，各国の女性差別撤廃に向けた行動をうながすことができる。

日本は1985年にこの条約を批准しており，これにあわせて批准のために国内法の改正，整備等が行われた。例えば，国籍法を父系血統主義に基づくものから父母両系血統主義に基づくものへと改正したり（1984年），学習指導要領を改訂し女子のみに必修とされていた家庭科の授業を男女ともに必修化したり（1989年）するなどの対応がなされた。

このような対応の一環として1985年に「男女雇用機会均等法」が，募集や採用，配置・昇進などにおいて女性を男性と均等に取り扱うことを雇用者の努力義務とする法律として制定された。この男女雇用機会均等法は，条約批准のために必要なものとして，雇用者側の強力な反対を押し切って制定されたものであり，[7]雇用分野での男女平等に大

➡ 女性差別撤廃条約（女子差別撤廃条約）

1979年の第34回国連総会で採択され，1981年に発行した条約で，正式名は「女子に対するあらゆる形態の差別の撤廃に関する条約」。日本は1985年にこの条約に批准しており，2024年9月時点で締約国は189か国にのぼる。女性差別撤廃委員会による日本政府の条約実施報告書に対する審査はこれまで1988年（第1回報告書），1994年（第2・3回報告書），2003年（第4・5回報告書），2009年（第6回報告書），2016年（第7・8回報告書），2024年（第9回報告書）に実施されている。

➡ アファーマティブ・アクション

民族や人種，性別，障害などに基づく歴史的差別状況を是正するために，進学や就職，昇進の場面においてマイノリティ集団に特別枠をもうけるなどして，直接の優遇措置を実施すること。積極的格差是正措置やポジティブ・アクションなどとも呼ばれる。

第4章　男女共同参画社会とジェンダー

きな意義をもつものであった。なお，この努力義務は，1997年改正時に義務規定となり，雇用における男女差別が禁止されることとなった。

◯ 男女共同参画社会基本法の制定

さらに，1999年には「男女共同参画社会基本法」（以下，基本法）が制定され，2001年には中央省庁の改組にともなって，内閣府に男女共同参画局が設置された。基本法は，前文に示されるとおり国際社会の取り組みと連動して国内の男女平等を進展させる基盤となる法律であり，第2条では，男女共同参画社会を「男女が，社会の対等な構成員として，自らの意思によって社会のあらゆる分野における活動に参画する機会が確保され，もって男女が均等に政治的，経済的，社会的及び文化的利益を享受することができ，かつ，共に責任を担うべき社会」として定義している。このような社会において，人々が性別にかかわりなく，その個性と能力を十分に発揮できるようになることが，日本において緊要な課題であるとされたのである。

なお，「男女共同参画」は「gender equality」と英語表記されるものであり，これは本章の冒頭で紹介したSDGsの一つにあげられる「ジェンダー平等」の英語表記と同じものである。基本法の名称として，共同参画という表現が用いられたことについては，男女平等を達成する上では意思決定への主体的な立場での参加（＝参画）が必要であるということを示していると捉えることも可能であるが，「男女平等」という用語と概念に対する保守派の反対にあって，[8]彼らの抵抗感を和らげる表現を目指したものであるとも考えられる。

基本法に基づいて，2000年にはその実施計画として「男女共同参画基本計画」が策定され，以降，最新の2020年の「第5次男女共同参画基本計画」まで基本計画が策定されている。国レベルでの基本法の制定と基本計画の策定に合わせて，地方自治体においても男女共同参画に関する条例の制定や基本計画の策定が行われている。

第5次男女共同参画基本計画は施策の総合的かつ計画的推進を図るため，2030年度末までの「基本認識」並びに2025年度末までを見通した「施策の基本的方向」および「具体的な取組」を定めるものであり，**表4-1**のような11の分野において施策が示されている。これらの各分野において成果目標が具体的な数値として定められている。

例えば，第1分野の「政策・方針決定過程への女性の参画拡大」については，社会のあらゆる分野で指導的地位に占める女性の割合が2020年代の可能な限り早期に30％を超えることを数値目標として定めている。しかし，この30％という目標値は，2003年時点において達成

75

表 4 - 1　第 5 次男女共同参画基本計画の11分野

```
Ⅰ　あらゆる分野における女性の参画拡大
　第 1 分野　政策・方針決定過程への女性の参画拡大
　第 2 分野　雇用等における男女共同参画の推進と仕事と生活の調和
　第 3 分野　地域における男女共同参画の推進
　第 4 分野　科学技術・学術における男女共同参画の推進
Ⅱ　安全・安心な暮らしの実現
　第 5 分野　女性に対するあらゆる暴力の根絶
　第 6 分野　男女共同参画の視点に立った貧困等生活上の困難に対する支援と多様性を尊重する環境の整備
　第 7 分野　生涯を通じた健康支援
　第 8 分野　防災・復興，環境問題における男女共同参画の推進
Ⅲ　男女共同参画社会の実現に向けた基盤の整備
　第 9 分野　男女共同参画の視点に立った各種制度等の整備
　第10分野　教育・メディア等を通じた男女双方の意識改革，理解の促進
　第11分野　男女共同参画に関する国際的な協調及び貢献
```

出所：「第 5 次男女共同参画基本計画」（2020年12月25日閣議決定）。

年度を2020年として掲げられてきた目標であり（いわゆる「202030」），同様の数値が目標として掲げ続けられている現況は第 4 次男女共同参画基本計画の実施期間までにこの目標が達成されなかったことを示すものでもある。

このように，男女平等に向けた取り組みは世界的な動向を踏まえて，国内では男女共同参画社会づくりとして政策が展開しているものの，必ずしも順調に進んでいるとはいいがたい。次節では日本において男女平等がどの程度達成されているのかについて，その指標を確認してみよう。

男女平等にかかる指標

□　ジェンダー開発指数（GDI）とジェンダー不平等指数（GII）

男女平等の達成度合いの指標として，まずはジェンダー開発指数（GDI：Gender Development Index）とジェンダー不平等指数（GII：Gender Inequality Index）を取り上げる。これらは，1995年から国連開発計画（UNDP）が『人間開発報告書』において発表している男女格差を表す指標であり，GII はそれまでのジェンダー・エンパワメント指数（GEM）に替えて2010年から新たに発表されるようになったものである。

『人間開発報告書』は世界各国の人間開発にかかわる指標を報告するものであるが，ここでいう人間開発とは，セン（Sen, A.）が提唱する「潜在能力アプローチ」に基づく考え方であり，人間の役割と能力

第4章　男女共同参画社会とジェンダー

を拡大することにより，人々の選択の幅を拡大する過程を指す。

　GDI は「平均余命指数」「教育指数」「国民総所得指数」により計算される人間開発指数（HDI：Human Development Index）の男女比（女性の HDI ÷ 男性の HDI）をとったものである。2022年に発表された『人間開発報告書2021/2022』によれば，世界191カ国のうち，日本の HDI は19位で最高位のグループであるのに対し，GDI では76位となりグループ2に分類される[10]。つまり，男女格差を考慮しない場合には日本は世界で人間開発がもっとも達成されている国の一つであるものの，この達成度合いには男女の格差が存在しているのである。

　GII は「リプロダクティブ・ヘルス（性と生殖に関する健康）」「政治・教育におけるエンパワメント」「労働市場への参加」の3分野の指標を用いて男女間の不平等を測定するものであり，政治・経済分野の女性参画を中心に測定されていた GEM に項目を加えることによって測定している。「0」が完全平等，「1」が完全不平等を意味し，値が小さいほど男女格差は小さく，男女平等の達成度が高いことを示す。『人間開発報告書2021/2022』では日本の GII 値は0.083となり191カ国中22位であった[11]。

❑ ジェンダーギャップ指数（GGI）

　スイスの非営利財団である「世界経済フォーラム」が発表するジェンダーギャップ指数（GGI：Gender Gap Index）は世界各国の男女格差を「経済」「教育」「健康」「政治」の4分野で評価し，国ごとの男女平等の達成度合いをスコア化したものである。GII とは反対に「0」が完全不平等，「1」が完全平等を意味し，値が大きいほど男女格差は小さく，男女平等の達成度が高いことを示す。

　2023年版においては146カ国が対象となり，日本の GGI の総合スコアは0.647で125位となった。図4-1は総合スコア1位のアイスランドと日本，世界平均のデータを比較したレーダーチャートである。分野ごとのスコアと順位をみてみると，経済では，0.561で123位，教育では0.997で47位，健康では0.973で59位，政治では0.057で138位であった[12]。教育や健康といった分野ではスコアは1に近い値となっており順位も比較的高い，一方で，経済や政治の分野は世界的にも男女平等が達成されていない分野ではあるものの，スコアが低く，相対的な順位も下位であり，とりわけ政治分野は世界最低の水準である。

　スコアがもっとも低い政治分野の項目をみるといずれの項目も低いスコアになっている。これに関して，2018年に「政治分野における男女共同参画の推進に関する法律」が制定，2021年には一部改正され，

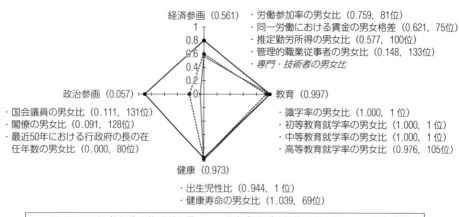

図 4-1　ジェンダーギャップ指数と各分野の項目

注：(1)世界経済フォーラム「グローバル・ジェンダー・ギャップ報告書（2023）」より作成
　　(2)日本の数値がカウントされてない項目は斜体で記載
　　(3)分野別の順位：経済（123位），教育（47位），健康（59位），政治（138位）
出所：内閣府男女共同参画局，「男女共同参画に関する国際的な指数」（https://www.gender.go.jp/international/int_syogaikoku/int_shihyo/index.html），2023年を一部修正。

　男女を問わず立候補や議員活動等をしやすい環境の整備や，政党等における取り組みの促進が図られている。この結果，GGI の算出項目ではないものの，2022年の参議院普通選挙における女性候補者割合は過去最高の33.2%となった。

　また，比較的スコアの高い教育分野においても，算出項目に新たに加わった高等教育就学率の男女比では，105位と相対的に低い順位となっており，スコアの高い分野においても男女平等の達成に向けた課題があることがうかがえる。

　政治分野についでスコアの低い経済分野では管理職に占める女性割合や男女の賃金格差の項目において低いスコアとなっている。ここからは，前節でも紹介した指導的立場の女性割合の低さといった状況や，雇用をめぐる法整備が進んでいるにもかかわらず依然として賃金格差が存在する状況が示される。次節ではこの経済分野の男女格差についてさらにみていこう。

 ## 経済分野における男女格差と「男性稼ぎ主」モデル

□ 賃金をめぐる男女格差

　厚生労働省「2022（令和4）年賃金構造基本調査」によれば，一般労働者の男女別月額平均賃金は，男性は34万2,000円，女性は25万

8,900円であり，男性を100としたときの男女間賃金格差は75.7であった。この数字は年々上昇しており，男女間の賃金格差は経年的には縮まってきている。しかし，2022年の賃金格差はOECD諸国のなかで韓国，イスラエル，ラトビアに次ぐワースト4位の値であり，依然として大きな男女格差を抱えているといえる。[13]

それでは，男女の賃金格差の原因はどこにあるのだろうか。少し古いデータになるが，「2011（平成23）年賃金構造基本調査」のデータを用いて，男女間賃金格差の要因を分析したのが**表4-2**である。

これによれば，勤続年数，職階（部長，課長，係長など），学歴や年齢などの違いによって生じる賃金格差生成効果のうち，職階の違いによる影響が9.3ともっとも大きくなっており，それに次いで勤続年数の違いが5.2となっている。

職階の違いによって生じる賃金格差は，本章でこれまでも言及してきた雇用の場面における指導的立場の女性割合の低さが賃金に影響したものであるといえる。また，勤続年数による賃金格差はライフイベントによって女性が就業中断をせまられやすい状況と関連しているといえる。つまり，女性が結婚や出産を理由として労働市場から退出し，キャリアの中断が生じる「M字型就労」として指摘されてきた問題との関連である。

近年，20代後半から30代においても就労を継続する女性が多くなっていることから，M字の底が浅くなり男性の就労パターンである台形へと近づきつつある。ここには，産休・育休制度などを活用しながら妊娠・出産を経ても就業を継続する女性の増加による影響がうかがえる。実際に，第1子の妊娠がわかったときに就業していた女性のうち，出産後も就労を継続した女性は2010～14年で57.7％，2015～19年で69.5％と経年的に増加している。[14]しかし，翻って考えれば，第1子出産を機に離職する女性も3割程度存在し，その割合は正規職員に比べ，パート・派遣等の有期雇用者において高くなっている。[15]

ここには，依然として女性の側に育児責任が集中しやすいという問題があり，その背景には「男性は外で働き，女性は家庭で家事・育児

表4-2　男女間の賃金格差の要因（単純分析）

要　因	男女間賃金格差		男女間格差縮小の程度 ②－①
	調整前（原数値）①	調整後②	
勤続年数	70.6	75.8	5.2
職　　階	73.0	82.3	9.3
年　　齢	70.6	71.8	1.2
学　　歴		71.3	0.7
労働時間		71.9	1.3
企業規模		71.3	0.7
産　　業		67.5	－3.1

注：(1)「調整前（原数値）」は男性100に対する，実際の女性の賃金水準。
　　(2)「調整後」は女性の各要因の労働者構成が男性と同じと仮定した場合の賃金水準。
　　(3)「職階」による調査結果については，調整の都合上，一部のデータを除外しているので他の要因による調査結果と比較する際に注意が必要。
資料：厚生労働省「賃金構造基本統計調査」（平成23年）結果を用いて算出。
出所：厚生労働省「2011（平成23）年度版 働く女性の実情」（https://www.mhlw.go.jp/bunya/koyoukintou/josei-jitsujo/11.html），2012年。

を行う」という性別役割分業の存在を指摘することができる。

☐ 「男性稼ぎ主」型生活保障モデル

　このような出産・育児をめぐる女性の就労継続／離職の現状は，出産を経験する女性や夫婦の選択のみの結果として生じているわけではなく，日本で展開されてきた社会政策に性別役割分業が色濃く反映されていることにも要因があると考えられる。これは大沢真理が「男性稼ぎ主」型の生活保障システムとして指摘するものである。

　大沢によれば1980年代の日本の生活保障システムは，企業が男性（夫）の安定的な雇用と妻子を養えるだけの家族賃金を保障し，妻が家事・育児・介護等の責任を担うという，強固な性別役割分業に基づく企業福祉と家族福祉の相互補強システムを特徴とするものであった。[16]このような性別役割分業を前提とする社会システムは，専業主婦や家事・育児・介護等を行いながら家計補助的な賃金労働に従事する者がいる世帯を，税制や年金等の社会保障制度において優遇する仕組みが導入されることによって強化されてきたのである。[17]

　このような「男性稼ぎ主」を前提とする社会の仕組みは，男性に不利益をもたらす取り扱いとして顕在化することもある。例えば，遺族厚生年金や労災保険の遺族補償年金について，受給者が妻の場合には年齢に関係なく受給資格を認めているのに対し，受給者が夫の場合には妻の死亡時の年齢が55歳未満の場合には受給資格がない規定となっている。つまり，妻をなくした夫よりも，夫をなくした妻の方が制度的に手厚く保護される規定となっているのである。[18]これは一見して男性に対する差別的な取り扱いにも思えるが，その背景には，賃金や就労環境をめぐって男女格差が存在し，経済的達成において女性が不利益を被っているという現状がある。経済分野の各項目における男性の優位性と，上述したような女性に対する手厚い保護とは，「男性稼ぎ主」を前提とする社会の裏表なのである。

⑤　ジェンダーとセクシュアリティ

☐ ダイバーシティ・エクイティ＆インクルージョンの考え方

　これまでみてきたように，男女共同参画の考え方は，男女が共に社会の意思決定に主体的な立場で参加することで男女平等の達成を図るものであり，多くの分野においては，性別による差別を経験し主体的

第4章　男女共同参画社会とジェンダー

な立場での参加が阻害されてきた女性の地位向上が目指されてきた。

　社会が多様な人々によって構成されることを前提とし，社会の中で弱い立場に置かれやすい人々や差別を受けてきた人々に目を向け，彼らの意見を社会に反映させることで，社会的な公正を達成しようとする動きは，近年，さらに加速している。このような考え方はダイバーシティ・エクイティ＆インクルージョンと呼ばれ，性別や年齢，国籍や障害の有無などにおける多様性を尊重し，包摂性を推進していくことが目指されている。

　このような状況において，性的マイノリティと呼ばれる人々への社会的な関心も高まっている。2015年の東京都渋谷区・世田谷区での導入以降，多くの地方自治体においてパートナーシップ制度が導入され，国レベルにおいても2023年に「**性的指向及びジェンダーアイデンティティの多様性に関する国民の理解の増進に関する法律**」が制定されたことにも象徴されるように，行政施策や立法を通じた制度的な対応の必要性について広く認知されるようになってきた。

　性的マイノリティをめぐる国内の状況について振り返れば，2002年の「人権教育・啓発に関する基本計画」において「性的指向に関する問題の解決」に向けた検討が盛り込まれ，2012年の「第2次自殺総合対策大綱」において自殺リスクや自殺念慮が高い層として「性的マイノリティ」への対策の必要性が言及されるなど，複数の行政施策の中に性的マイノリティの存在が順次明記されてきたという歩みがある。加えて，地域共生社会の実現が謳われた2016年の「ニッポン一億総活躍プラン」においても，「性的指向，性自認に関する正しい理解を促進するとともに，社会全体が多様性を受け入れる環境づくり」を推進することが目指されるに至っている。

☐ SOGI の視点

　性的指向や性自認はそれらの頭文字をとって SOGI（Sexual Orientation and Gender Identity）とも称されるが，これらは性的マイノリティの人々だけに関連するものではなく，すべての人が持つ属性として考えることができる。

　性的指向（sexual orientation）とは，どのような性別の人に恋愛感情や性的感情が向かうのか／向かわないのかを表す概念である。性的指向が異性に向かう場合を異性愛といい，同性に向かう場合を同性愛という。複数の性別に対して性的指向を有する場合を両性愛（bisexual）という。性自認（gender identity）とは，自分自身がどのような性別である／ないという持続した自己認識のあり方のことをいう。身体的性

▶性的指向及びジェンダーアイデンティティの多様性に関する国民の理解の増進に関する法律

性的指向やジェンダーアイデンティティ（以下，SOGI）の多様性についての国民の理解増進に関する施策推進における基本理念を定め，国や地方公共団体の役割等を明らかにし，基本計画の策定その他の必要な事項を定めた法律。SOGI の多様性を受け入れる精神を涵養し，SOGI の多様性に寛容な社会の実現に資することを目的としている。

81

別に基づいて出生時に割り当てられた性別（出生証明書の性別，戸籍の性別）と性自認とに食い違いが生じる状態を性別違和といい，性別違和を経験する人々をトランスジェンダー（transgender）という。

　性的マイノリティとは，身体的性別と性自認の組み合わせや，性自認と性的指向の組み合わせが，社会における多数派と異なる人々のことを指す言葉である。社会における多数派とは，すなわち，出生時の性別と性自認が一致しているシスジェンダーであり，性的指向が異性に向かう異性愛者のことをいうわけである。

　性的マイノリティについては，レズビアン（lesbian，女性の同性愛者），ゲイ（gay，男性の同性愛者），バイセクシュアル，トランスジェンダーの頭文字をとった「LGBT」という表現も用いられる。しかし，性的マイノリティにはLGBTのほかにも，アセクシュアル（無性愛），性自認や性的指向が明確ではないクエスチョニングなどさまざまな人々がいる。そのためLGBT以外の性的マイノリティの存在を明示する「LGBTQA」や「LGBTQ＋」といった表現が用いられることもある。

　あらゆる人々がそれぞれのSOGIを持つ中で，多数派のSOGI（つまり，シスジェンダーであり異性愛であること）が当たり前とされ，それとは異なるSOGIをもつ人々は，社会的に差別され，あるいは不可視化されることによって，権利を守られずに弱い立場におかれてきた。性的マイノリティのSOGIのあり方が尊重されない社会には，出生時に割り当てられた性別と性自認が一致しているのが当然であるという考え方（＝シスジェンダー規範）や，すべての人は「女性」と「男性」のいずれかに属しているとする考え方（＝男女二元制），男女間の異性愛関係のみが正しいものであり，それ以外の性愛のあり方は異常であるとみなすような考え方（＝異性愛規範）が存在しているのである。

❏ ジェンダー統計と性的マイノリティ

　昨今，日本において，各種申請書・履歴書・入学願書からの性別欄の廃止・見直しを行う動きがある。[19]これは，男女二元制に基づく性別欄の記載をめぐってトランスジェンダーが困難に直面することや，就職活動等において性別による無意識の思い込み（アンコンシャス・バイアス）が人物や能力の評価に影響することなどを防ぐといった理由によるものである。

　このような動きは，性的マイノリティへの配慮やジェンダー・ステレオタイプの影響を排除するためのものである一方で，それが急速に広がることで，「地方公共団体を含む行政機関や民間企業・団体において，性別情報の取得の是非や，取得する場合の選択肢などについて，

適切な考え方や方法が分からず，一部で迷いが生じている」[20]とも指摘される。そして，この混乱により，女性が置かれている差別的状況を把握するために重要なジェンダー統計を作成することができないことが危惧されている。

　男女平等を実現していくためには，第3節や第4節で紹介したような，男女が置かれた社会的な状況の違いを明らかにするデータの収集が必要であり，それを踏まえて証拠に基づく政策立案（EBPM）がなされる必要がある。性的マイノリティへの配慮やアンコンシャス・バイアスの影響の排除とジェンダー統計の充実とはどちらも重要であり，一方のために他方を犠牲にするのではなく，性別欄が必要なケースの精査や回答選択肢の具体的内容の検討を通じて両立していくことが求められる。

◯注

(1) 赤川学（1993）『セクシュアリティの歴史社会学』勁草書房。
(2) 加藤秀一（2017）『はじめてのジェンダー論』有斐閣。
(3) Butler, J.（1990）*Gender Trouble: Feminism and the Subversion of Identity*, Routledge.（＝1999，竹村和子訳『ジェンダー・トラブル——フェミニズムとアイデンティティの攪乱』青土社。）
(4) Durkheim, Émile（1895）*Les Regles de la Methode Sociologique*, P.U.F.（＝1978，宮島喬訳『社会学的方法の規準』岩波書店。）
(5) 井上輝子・江原由美子（1995）『女性のデータブック——性・からだから政治参加まで 第2版』有斐閣。
(6) たんに差別的な取り扱いをやめるだけでは，過去の差別の結果としての格差が解消されない。そのため，事実上の男女平等を達成するために暫定的に女性に対して特別措置を実施することが，逆差別（男性に対する差別）には当たらないことを規定する必要があった。
(7) 金城清子（2011）「女性差別撤廃条約と日本」『龍大法学』43(3)，889-917頁。
(8) 牟田和恵（2006）「フェミニズムの歴史からみる社会運動の可能性——『男女共同参画』をめぐる状況を通しての一考察」『社会学評論』57(2)，292-310頁。
(9) Sen, A. K.（1992）*Inequality Reexamined*, Harvard University Press.（＝1999，池本幸生・野上裕生・佐藤仁訳『不平等の再検討——潜在能力と自由』岩波書店。）
(10) United Nations Development Program（2022）*Human Development Report 2021/2022*（https://hdr.undp.org/content/human-development-report-2021-22，2024年1月8日アクセス）.
(11) ibid.
(12) World Economic Forum（2023）*Global Gender Gap Report 2023*，（https://www.weforum.org/publications/global-gender-gap-report-2023/，2024年1月8日アクセス）.
(13) Organisation for Economic Co-operation and Development（2023）*OECD Employment Outlook 2023*, OECD. なお，OECD諸国の比較では男女間賃

金格差の算出にあたり平均値ではなく中央値が用いられる。

⒁　国立社会保障・人口問題研究所（2023）「現代日本の結婚と出産——第16回出生動向基本調査（独身者調査ならびに夫婦調査）報告書」（https://www.ipss.go.jp/ps-doukou/j/doukou16/JNFS16_ReportALL.pdf，2024年 1 月 8 日アクセス）。

⒂　同前。

⒃　大沢真理（2007）『現代日本の生活保障システム——座標とゆくえ』岩波書店。

⒄　例えば，国民年金の加入者のうち，会社員や公務員で厚生年金に加入している第 2 号被保険者に扶養されている配偶者は，年収が130万円未満の場合には第 3 号被保険者となり，本人は保険料を納付する必要がないという仕組み（第 3 号被保険者制度）などがこれに該当する。

⒅　このうち，遺族厚生年金については，妻に対する給付を段階的に縮小し，夫に対する給付を拡大することで男女差を解消させる方向で見直しを行うことが2024年 7 月の社会保障審議会年金部会において検討されており，今後の制度改正が注目される。

⒆　内閣府男女共同参画局 ジェンダー統計の観点からの性別欄検討ワーキング・グループ（2023）「ジェンダー統計の観点からの性別欄の基本的な考え方について」（https://www.gender.go.jp/kaigi/senmon/wg-seibetsuran/pdf/honbun.pdf，2024年 1 月 8 日アクセス）。

⒇　同前。

❍参考文献 ─────

江原由美子（2001）『ジェンダー秩序』勁草書房。

大沢真理（2007）『現代日本の生活保障システム——座標とゆくえ』岩波書店。

Butler, J.（1990）*Gender Trouble: Feminism and the Subversion of Identity*, Routledge.（=1999，竹村和子訳『ジェンダー・トラブル——フェミニズムとアイデンティティの攪乱』青土社。）

■第 5 章■
グローバル化とエスニシティ

本章の前半では，東アジアを中心にグローバル化社会における相互依存・対立・闘争の諸相を描き出す。そして，後半ではグローバル化の主な社会的要因とその影響，ナショナリズム，人種・エスニシティ・移民などについて社会学的に考える。

グローバル化の諸相

□ モノ・資本・情報の大量移動

→ **社会変動**
社会構造の変化を指す。20世紀の人類史をみると，2回の世界大戦，社会主義革命および社会主義体制の確立・崩壊，資本主義の福祉国家化などの社会変動が起こった。社会学は近代以降の社会変動を主な研究対象としている。

社会学の最も重要な研究領域の一つは**社会変動**である。1990年代以降，最大の社会変動の一つはグローバル化である。グローバル化とは主に市場・企業などの国際化と地球規模の緊密化を指す。グローバル化の中で，モノ・資本・情報・人は国境を越えて大量に移動している。地球上で生活している人々は以前よりも相互依存している。しかし，同時に相互の無関心や嫌悪感情も増幅している。本項では，モノ・資本・情報を中心にグローバル化について考察する。

①外国製品の流入と貿易摩擦

グローバル化の1つ目の特徴は国境を越えたモノの大量移動である。

あなたは毎日の日常生活の中でグローバル化の影響を感じているだろうか。日常生活を振り返ってみるとグローバル化の中で生きていることに気がつくであろう。例えば，着用している衣服の生産地をみると，「中国製」あるいは「Made in China」と表記されているものが多いであろう。2000年頃までの「中国製」の衣服といえば，その価格は安いものではあったが，ボタンが脱落しやすいなどのイメージの影響もあって，日本の一部の輸入会社は「Made in China」という英文表記を使用してきた。しかし，最近の「中国製」の衣服はデザインも質も向上し，欧米や日本など先進国の消費者に受け容れられている。

→ **社会学的想像力**
ミルズ（Mills, C.W.）が提唱した社会学的思考法である。すなわち，さまざまな個人の内面的生活や外面的生涯の意味を，巨大な歴史的状況と関連させながら把握する視点である。

あなたが着用している「中国製」の衣服を**社会学的想像力**で考えてみよう。日本から遠く離れた中国農村で綿が農民によって生産されてから，中国の工場で工場労働者によって衣服として加工される。そして，日本の商社などによって日本に輸入されてきた。近代以降，中国社会は発展が遅れたため，いち早く近代化を達成した日本との間には賃金格差が生じている。これを背景に，あなたが相対的に安い価格で「中国製」の衣服を購入することができるようになっている。

日本では衣服など繊維製品，野菜や冷凍食品以外に，一部の電気製品なども中国から輸入されている。同様に，中国では日本製のテレビ

など電気製品や車は輸入されている。中国の輸入品がなければ，日本人の生活の質は低下するであろう。同様に，日本の輸入品なしには中間層の中国人の日常生活も維持されにくいであろう。

　グローバル化の中で，両国は相互依存の状況にある。しかし日中両国の貿易摩擦も起こっている。2001年頃，日本のマスメディアは中国から輸入された野菜の残留農薬が日本の基準より高く健康に悪いという報道を行った。マスメディアに影響された日本の消費者の多くは，中国野菜を敬遠するようになり，その結果中国からの野菜の輸入量は急速に減少した。同時期に中国は輸入した三菱自動車工業の四輪駆動車に安全上の欠陥があるという検査結果について，事故に遭遇した過程にかんする熟練の運転手のインタビュー映像を使ってテレビで公表した。結局三菱自動車工業は公表された車種の車を大量に回収せざるをえなかった。貿易上では日本側の損失が大きかった。その後，日本のマスメディアは中国野菜の残留農薬問題にかんする報道を中止した。その後，中国も日本車の欠陥問題にかんする報道を中止した。同様な貿易摩擦は韓国と中国との間にも起こった。2005年，韓国は中国から輸入されたキムチに鉛や寄生虫の卵が検出されたと報道し，中国は韓国から輸入した化粧品には環境ホルモンの一種が検出されたと報道した。

　2008年，中国から輸入された冷凍餃子が原因と疑われる複数の健康被害事例が発表された。日本のマスメディアは「中国産冷凍食品は安心して消費できない」という意味の内容を，半年以上報道しつづけた。北京オリンピックの開催直前の2008年8月初めには，中国産のものを日本産のものとして偽って流通した日本企業が次々と摘発された。それらの報道は実質的に日本の消費者に「中国製品の不買」を勧めるキャンペーンであった。これにたいして，中国は北京オリンピックを円満に開催するために日中友好ムードをつくる必要性があり，日本製品の欠陥にかんする報復キャンペーンは行われなかった。

　また，グローバル化の中で，本国へ流入してほしくないものがある。例えば，麻薬など薬物である。しかし，それらも国境を越えて入ってくる。麻薬の製造や運搬によって，莫大な利益が得られるため，手を染める人が後を絶たない。麻薬犯罪にたいする刑罰は国によって異なり，日本より中国の方が重い。

②資本移動をめぐる攻防

　グローバル化の2つ目の特徴は国境を越えた資本の大量移動である。「中国製」あるいは「Made in China」と表記された衣服は，中国の企業・資本のみによって生産・流通されているものではない。アメリ

カ・日本・台湾・香港など多くの外資は1990年代以降，より多くの利潤を求めて地価や労働力のコストが安い中国に投資してきた。「中国製」と表記されている商品には，外国企業と中国企業が共同で出資して造られたものもあれば，外国企業のみによりつくられたものもある。日本・アメリカの一部の国民の間に，大量に輸入された安い「中国製品」にたいして反感を持ち，「中国製品」を排斥する動きが起こったが，これは中国だけではなく日本・アメリカの企業にも損失を被ることになるのである。同様に，中国の国民の一部は大量の外国資本の流入に反感を持ち，外国企業にたいする排斥の動きも起こったが，これは，外国の企業だけではなく現地で雇用されている中国人労働者にも損失を与えることになるのである。

　アメリカ・日本など先進諸国の企業は，まず韓国・台湾・香港に投資した。それらの国・地域の経済成長によって人件費が高くなったため，1980年以降，外資の誘致を国家政策とする中国大陸に投資するようになった。1980年代以降，台湾企業は共通の言語と慣習を有する中国大陸に大量に投資してきたが，その後台湾の産業の空洞化を招くなどの理由から，資本の流出に制限を加える動きもみられた。台湾の民進党が与党になった時代の陳水扁政府はその例である。台湾では中国大陸への直接投資の上限額を政策によって制限してきたが，台湾の一部の企業はタイなど第三国を経由して間接的に中国へ投資したため，陳水扁政府は想定した効果を上げることができなかった。資本の越境は政治や国民感情によって完全に止められることができない。その最大の理由は，資本の天性にある。すなわち，より高い利潤を求める性質である。

　しかし，国家安全を守るということを表の理由にすれば，政府は資本の移動に制約を加えることが可能になる。例えば，2023年，アメリカの政府は国家安全への脅威を理由として，中国への高度技術の投資に制限を加える政策を発表した。その主な狙いは中国の国際競争力を弱めさせるところにある。

③情報空間の共有と分断

　グローバル化の3つ目の特徴は，情報が国境を越えて発信されていることである。

　グローバル化の中で，人々に深い印象を残した多くの出来事が起こった。例えば，1997年のイギリスのダイアナ妃が乗った車は道路の壁に追突し，その後，ダイアナ妃が死亡した。2001年のアメリカの9.11事件のときに，旅客機がワールド・トレード・センターに激突した。2008年のイギリスやフランスでオリンピックの聖火リレー妨害による

反中国行動が起こった。同年，北京オリンピックが開催された。世界中の異なる空間に起こっている出来事がテレビ・インターネット・携帯電話など現代の通信技術により，文字・声・映像に伴って世界中に発信された。大量の情報を異なる場所にいる人々は同時間に共有している。この「同時性」の体現は，人々にまるで人類が空間の遠隔に起因する困難を完全に克服することができたように錯覚させる。世界で起こった政治事件だけではなく犯罪手法も共有されている。日本で発生している「振り込め詐欺」は台湾や中国大陸でも真似されている。

アメリカのCNN，イギリスのBBCは自国のニュースをグローバルなニュースだとみなし，誇示してきた。CNNとBBCは世界の共通語になっている英語という有利条件を生かし，中立の立場を装って自国にとって都合のいい情報を世界中に流したことも多く見られる。必要があれば「情報」の捏造も辞さなかった。湾岸戦争のときイラクを批判するために「重油まみれになった鳥」という偽造写真の放送はその一例である。

欧米による世界情報の独占に不満をもつアラブ社会では，イスラムの視点で各国政府を自由に批判する放送局「アルジャジーラ」が1996年カタール政府の出資で設立された。反米のビンラディン集団などイスラム過激派の映像や談話も放送してきた。中国では，英語などで外国に向かって情報を発信するCCTVのチャンネルをつくった。中国のCCTVなど，外国の衛星テレビの電波はすでに日本列島をカバーしており，海外製のテレビの持ち込みやあるいは日本テレビの改造によって直接受信することができる。しかし，日本の法律ではその行為は違法受信になり犯罪である。

日本のマスメディアは欧米社会の主張する情報を選択的に利用することによって，欧米との距離の近さを顕示している。他方，北朝鮮・中国などの番組の利用は，それらの社会のマイナスのイメージづくりに役立つものに限ってきた。日本も国民国家を維持・管理するために海外の情報を遮断している。

インターネットは人々に多くの情報を提供し，心の相互作用を深めている。国家など社会集団にだけではなく，個人にも情報発信の空間を提供している。国家権力はテレビの放送や新聞の発行に介入してきた。インターネットにたいしても，国家権力の介入が見られるが，情報発信の多くが個人化になっているため容易ではない。

要するに，情報のなかには，当該の国民国家の権力側にとって都合のよいものもあれば，都合の悪いものもある。各国はそれぞれの国益を守ることを口実にし，あたかも正当性があるように情報の選別や遮

断を行っている。

□ 人の大量移動

グローバル化の4つ目の特徴は，人が国境を越えて大量に移動することである。

①外国人の旅行者たち

国境を越えて移動する人々のなかに，旅行者がいる。彼らは，出身国の経済・政治状況などによって旅行先でもたれるイメージが異なる。まず，海外に行く日本人旅行者をみよう。1945年の戦争直後の貧しい日本人と異なり，1990年代以降の日本人は金持ちとみられ世界中に歓迎されている。経済成長の恩恵によって中間層の日本人も海外旅行を享受することができるようになった。フランスのパリでの高級ブランド店では日本語を話せる店員が雇用され，店内では日本人の旅行客が目立っている。北京のブランド店もそうである。2007年，日本人の海外旅行先として，中国は1位を占めた。2008年9月に起きた世界金融危機の影響で，日本円は高くなり，韓国のウォンは安くなったため，韓国へ旅行しブランド品を購入する日本人観光客が急速に増えていた。

1990年頃までの中国人の出国は貧しさのため，留学・親戚訪問・公務に限られ，旅行の目的での入国は先進資本主義諸国に拒絶された。その後経済成長によって中国の中間層が豊かになり，2000年9月，中国からの団体旅行団の第一陣が来日した。2007年には中国からの旅行者数ははじめてアメリカを上回った。空港，駅，一部の高速バスなどの案内も中国大陸の簡体字で表記するようになり，秋葉原，新宿などの電気製品を扱う店の多くは中国語が話せる店員を雇用している。2015年頃，中国人観光客が日本の電気製品などを大量に購入し，中国に持ち帰る現象がみられた。この現象は中国人観光客の「爆買い」と表現された。

フランス・ドイツ・アメリカなども同様に中国の中間層に目をつけ，団体旅行を許可するようになった。中国の旅行会社のなかだけではなく，裕福な中間層の居住区のエレベーター内などにも欧米・ロシア・日本・韓国・タイなどへの旅行の広告が貼られている。海外旅行をする中国人は年々増加している一方で，フランス・イタリアなどで中国人をターゲットにした金銭強奪の犯罪も増えている。2008年の北京オリンピックの聖火リレーの妨害を容認したフランスにたいする報復措置の一つはパリへの団体旅行を組織しなかった。つまり，中国の中間層の海外旅行は外交闘争の場で利用される力にまで成長してきた。

中国への外国人旅行者数の増加が見込まれている。中国も多くの外

国人観光客を誘致するための諸策を講じてきた。世界遺産としての申請，万里の長城への高速道路の整備，チベットへの鉄道の敷設，北京市内の戦前景観の復元，戦争，とくに共産党の革命ルートを中心にした景観づくりなどを行った。ほかの国と同様に，ローカルな文化やエスニックな特徴を誇示する「伝統」文化の再構築が観光促進の重要な戦略の一つとして行われている。つまり，グローバル化のなかで，ローカル化も同時に進行している。これは外国人旅行客が旅行先の特異性を標示するローカルな文化をほしがっているからである。

②労働市場のグローバル化

労働市場もグローバル化している。留学修了後の就労，語学留学・研修などの名目での海外就労，政治難民を装った経済難民，観光名目での入国後の失踪，密入国，人身売買など，開発途上国から先進国へ人々が大量に移動している。

1980年代以降，日本では，大量の単純労働力を必要としていた。しかし，日本政府は単純労働力を直接受け入れず，日本語学校による就学生の募集，「外国人研修・技能実習制度」による研修生の受け入れによって中国など開発途上国から大量の単純労働力を受け入れてきた。研修という名目で，低い時給で働かせている。たとえば，中国では衣服づくりの仕事として研修生を募集するが，来日してみると工業服の洗濯のみに従事させる。日本にくる前に保証金を中国の仲介業者に納めた研修生は，来日してから異なる内容の労働につかされても，我慢して契約の満期まで働くしかない。それはなぜか。主な理由は次のとおりである。途中帰国の場合，契約の満期まで働いていないという理由で，違約金として納めた保証金が戻ってこない。「外国人研修・技能実習制度」は外国から単純労働力をもっとも安上がりで輸入できる方法である。中国などの一部の仲介業者も最低賃金法に違反した外国人を搾取する制度運営に加担してきた。グローバル化のなかで，資本が強力になり，労働者は無力になる。外国人労働者はさらに無力である。

1995年以降，日本の経済は低迷状態に入った。非正規の雇用労働者が増加し，失業問題が深刻化した。外国人単純労働力にたいする必要性が急速に低下し，就学ビザの発行を制限することによって，多くの日本語学校が倒産・廃校することとなった。日本のテレビは「3K労働」の現場での「違法」就労にかんする摘発の過程をたびたび放映し，外国人単純労働力にたいする取り締まりを一段と強めた。

日本は外国人介護労働者を受け入れてきた。テレビなどではやさしい外国人介護労働者は日本の老人に気が合うなどと宣伝し歓迎ムード

をつくりだしている。1990年代以降，日本政府は高齢社会に対応する人材を育成するため，短期大学や専門学校で国家資格である「介護福祉士」の養成にとりかかったが，2003年頃から「介護福祉士」の養成校の応募者数は年々減少し，今では定員割れの学校も少なくない。その主な理由は，重労働と**感情労働**にもかかわらず賃金が低いため，日本の若者が介護現場での就職を敬遠するようになったからである。日本の若者が敬遠する介護労働を外国人に従事させるようになった。これは本質的には資本の論理であり，介護を受ける高齢者を最優先に考えた福祉政策ではない。外国人介護労働者の雇用によって，日本の介護労働力の市場では，低賃金競争の悪循環に陥っている。

　武川正吾は「労働条件の水準に関しては，各国間でもともと格差が存在している。労働移動の増加は，一般に，労働条件の均等化に寄与するが，移動に関する資本と労働の非対称性はこれを妨げる。低賃金を求めて資本が移動する方が，高賃金を求めて労働が移動するよりも簡単であるからだ。このためグローバルな労働市場の成立は，グローバルな資本市場の成立に比べて遅れがちである」と述べている。

　グローバル化が推進された主な政治的背景は何か。グローバル化は現代社会にどのような影響を与えたか。以下ではこれらの内容について考察してみる。

➡ 感情労働
第9章側注参照。

② グローバル化の主な政治的背景とその影響

❑ 経済のグローバル化

　グローバル化の重要な一側面は経済である。1848年，マルクス，エンゲルスはブルジョア階級の世界市場の搾取に伴う世界の一体化の進みにかんして，次のように述べた。「ブルジョア階級は，世界市場の搾取を通して，あらゆる国々の生産と消費とを世界主義的なものに作りあげた。…（中略）…昔は地方的，民族的に自足し，まとまっていたのに対して，それに代ってあらゆる方面との交易，民族相互のあらゆる面にわたる依存関係があらわれる。物質的生産におけると同じことが，精神的な生産にも起る。個々の国々の精神的な生産物は共有財産となる。民族的一面性や偏狭は，ますます不可能となり，多数の民族的および地方的文学から，一つの世界文学が形成される」。この論述は，21世紀のグローバル化の世界状況にかんする描写を彷彿させる内容である。

グローバル化の始まりの時期にかんして学者によって認識が異なる。マルクスおよびウォーラーステイン（Wallerstein, I.）はそれを15世紀にまで遡って見出している[3]。つまり，見方によって，グローバル化は1990年代以降の一時期の社会現象だけでなく，15世紀以降の社会変動の一側面として理解することも可能である。

☐ 社会主義の誕生・苦闘・崩壊

1990年代以降のグローバル化は多くの社会的要因によって推進されてきたと考えられる。これらは，社会主義体制の崩壊，情報通信技術の進歩，国の開放が国の発展に有利であるという考えの浸透などである。以下では社会主義体制と関連しながら分析してみる。

レーニンがつぎのように指摘した。帝国主義になった「最新の資本主義の時代は，われわれにつぎのことをしめしている。すなわち，資本家団体のあいだには，世界の経済的分割を土台として一定の関係が形成されつつあり，そして，これとならんで，またこれと関連して，政治的諸団体のあいだに，諸国家のあいだに，世界の領土的分割，植民地のための闘争，〈経済的領土のための闘争〉を土台として，一定の関係が形成されつつある，ということである」[4]。第一次世界大戦と第二次世界大戦は，まさに帝国主義国の間の利益争奪と覇権争いに起因し，勃発した。

1917年のロシア革命後に，ソ連が最初の社会主義国として成立した。そして，資本主義の市場と異なる社会主義経済の領域が形成されるようになった。社会主義国は帝国主義と覇権主義に反対し，資本主義の世界規模での拡張にも反対してきた。第二次世界大戦後，ソ連を中心とする社会主義陣営とアメリカを中心とする資本主義陣営が対立し，冷戦に陥っていた。2つの陣営の対立によって，資本と市場が分断され，国境を越える人々の移動も制約されていた。

トッド（Todd, E.）によると，「冷戦というのは，戦争としては極めて特異な戦争であったが，その終わり方は，一方に勝者がいて，他方に敗者がいるという，およそ古典的この上ないものであった。言うまでもなく，勝者は西側陣営，敗者はソ連邦である」[5]。つまり，1991年のソ連の解体は，社会主義陣営と資本主義陣営の冷戦における社会主義体制の全面的敗北を象徴する出来事であった。解体後，ロシアは資本主義の手法で国家の立て直しをはかった。また，欧州連合（EU）への加盟の意向を示し，欧米の国々との融合も試みた。1990年代以降，国の開放が国の発展に役立ち，資本主義体制は経済成長を促すという思考は地球規模で次第に有力となった。

他方，中国は社会主義体制の限界を認識し，1978年から「改革・開放」政策を実施してきた。その政策の主な狙いはアメリカやヨーロッパなど資本主義陣営への開放と社会主義の経済運営における資本主義の手法を導入するところにある。

　グローバル化のなかで，中国は世界経済とのつながりの重要性を認識し，2001年，世界貿易機関（WTO）に加入した。その後，世界の工場として変貌し，2010年国内総生産（GDP）において世界第2位となった。他方，ロシアの経済改革は計画どおりにいかなかった。また，欧米に警戒されたため，欧米社会との融合も実現することができなかった。しかし，プーチン大統領のもとで，国力が次第に回復してきた。

☐ 新しいグローバル化の可能性

　ソ連崩壊後，アメリカの資本主義と覇権主義は頂点に達した。アメリカはグローバル化の積極的な推進者とリーダーであった。アメリカの影響力が絶大なものだといわざるをえない。世界貿易機関のもとで，アメリカやヨーロッパの超多国籍企業が国境を越えて大規模な活動を行い，他国の経済を傘下に収めている。国際機構組織を媒介して，地球規模で，経済・政治・文化などにおけるアメリカ化が展開されてきた。

　しかし，2016年のアメリカ大統領選挙でトランプが当選した。トランプ政権は「アメリカ・ファースト」のスローガンを掲げ，自由貿易に反対する諸政策を遂行してきた。その後，アメリカは2017年11月，地球温暖化対策の国際的枠組みである「パリ協定」から離脱し，2021年7月，世界保健機関（WHO）からも離脱した。このように，アメリカはグローバル化の指導者としての役を自ら放棄した。これにたいして，中国は2014年11月，アジアとヨーロッパにおける貿易を促進させる世界的経済圏づくりである「一帯一路」という構想を提唱した。皮肉な現象だが，中国はアメリカよりもグローバル化を主唱している。

　「自由」「人権」「民主主義」「環境」などを守ることは人類社会にとって最も価値のあるものや普遍的なものとしてアメリカなどの先進諸国に鼓吹されてきたが，先進諸国の自国の利益を拡大させるための政治的道具として使われている側面も否めない。先進諸国への富，人材，知識，情報，発言力などの集中がみられる。グローバル化のなかで，先進諸国に不平等に扱われてきた開発途上国は対抗するために，国際組織の結成を試みた。その代表例の一つは経済発展が著しい新興国の国際組織であるブリックス（BRICS）である。2024年10月，もとの5カ国（ブラジル・ロシア・インド・中国・南アフリカ）に2024年1月か

ら加わった4カ国（アラブ首長国連邦，イラン，エチオピア，エジプト）を含むブリックスは拡大後はじめてとなる首脳会議がロシアで開催された。新興国の特殊性や個別性を強調するブリックスは，分断されつつあるグローバル化社会の一面を人々にみせている。ブリックスは経済にだけでなく，政治にも影響力を持っているため，新しいグローバル化の展開と世界政治の多元化を推進する組織として期待されている。

☐ 国民国家の相対化か強固化か

　グローバル化を促した主体は資本以外に，国民国家である。グローバル化のなかで，国民国家の存在が相対化されるという次のような主張がある。「グローバル化の結果として（たんに経済の次元だけでなく）多くの次元で世界社会が形成されるが，この世界社会は国民国家の裏をかき，国民国家を相対化する。なぜなら，社会集団，コミュニケーションのネットワーク，市場での関係，ライフスタイルといったものの多くが，特定の場所には結びついていない多元性を生みだしており，その多様性が国民国家の領土上の境界を越えて縦横に結びついているからである」[6]。

　2022年，ウクライナ戦争が勃発してから，欧米諸国はロシアにたいする制裁を行った。2023年，イスラエルはパレスチナのガザ地区へ侵攻したが，欧米諸国はイスラエルを支援した。ウクライナ戦争とガザ侵攻をめぐる対応において，世界の対立と分断がみられる。東アジアにおいては，アメリカ・日本・韓国と中国・ロシア・朝鮮との対立の構図が一段と鮮明になった。世界の対立と分断の要因の一つは国民国家の存在である。新型コロナウイルス感染症の流行やウクライナ戦争とガザ侵攻は人々に国民国家の存在の重要性を再び意識させるようになった。新型コロナウイルス感染症の流行のなかで，マスクの確保など，国民国家が感染拡大を阻止する主体となった。また，ウクライナ戦争とガザ侵攻のなかで，小国は大国の覇権争いのコマになる恐れがあるということと，欧米諸国が掲げている「自由・民主・人権」という理念の欺瞞性を人々に再び示した。

　1990年代以降の人類の発展史をみると，グローバル化によって，人々の生活水準が向上し，貧困問題がさらに改善されてきた。しかし，グローバル化によってえられた利益が国と国の間，各国の階層間・地域間では異なる。より多くの利益をえた先進国のなかでも，企業の海外移転によって国内の就業機会が減少しているという不満が生じている。つまり，グローバル化における経済成長は雇用の削減をもたらす一面がある。他方，開発途上国では，環境汚染を引き起こす恐れのあ

➡ナショナリズム

ナショナリズムは近代社会の産物である。18世紀末の産業革命以降，個人と国家との関係には質的な変化がみられた。すなわち，国家の形態としての国民国家の形成と強化である。国民国家の形成過程では次の特徴がみられる。①国籍の付与・承認で国民資格を与え，国民をつくりだす。②国民に権利と義務を与える。③国民に「私は○○国人」という所属意識をもたせる。「私は○○国人」という所属意識の膨張はナショナリズムである。

る企業の移転に不満を持っている。グローバル化に伴うこれらの不満を表出している一形態は**ナショナリズム**➡である。

③ ナショナリズムへの回帰

☐ 国民国家の形成とナショナリズム

　グローバル化の主な推進主体である国民国家の形成とナショナリズムの高揚は，コインの両面ごとく不可分な関係である。国民国家とナショナリズムの本質について，アンダーソン（Anderson, B.）は次のように指摘した。「国民とはイメージとして心に描かれた想像の政治共同体である――そしてそれは，本来的に限定され，かつ主権的なもの〈最高の意志決定主体〉として想像される」。すなわち，国民はイメージとして心の中に「限られたもの」と「主権的なもの」と「ひとつの共同体」として想像される。近代化の本質は経済システムにおける産業化と政治システムにおける国民国家化である。国民国家は教育政策やマスメディアなどによって，国民としてのアイデンティティを自覚させる多くの仕掛けや社会制度を設けていた。代表的なものとして，国土，国語，国旗，国歌，戦争関連の記念施設，絶対的権威などの創出である。戦争関係の記念施設，とくに「無名兵士」の墓と碑が「国民」という集団的アイデンティティを掻き立てることには絶大な効果がある。

　国民という「集団的アイデンティティ」としての帰属感は，想像に基づいている。ホブズボーム（Hobsbawm, E. J.）は，「ナショナリズムと国家は，親戚，隣人，故郷等の人のつながりにとって代わり，それらを隠喩の世界にしてしまうような規模や大きさを持つ領土とか人口へと変容させた。……国家は国民をつくったというだけではなく，国民を造る必要があった」と述べている。

☐ グローバル化のなかのナショナリズム

　1997年のアジアの金融危機，地球規模の対テロ戦争，2008年の世界的金融危機，地球温暖化問題などの課題は，アメリカだけでは，あるいはG7構成国のみでは解決されないことを示した。グローバル化のなかで，国境を越えて大量に移動しているモノ・資本・情報・人によって，国家同士の相互依存は一段と高まることになった。欧州連合の形成は，国民国家の発祥地ともいえるヨーロッパで，地域連合によっ

て近代的国民国家の形態を弱め国民国家に起因する戦争を軽減できることが期待されてきた。欧州連合の形態は21世紀の国民国家再編の選択のひとつになっている。他方では，グローバル化のなかで，他者への排斥が強まる傾向がみられる。ナショナリズムの高揚はその典型例である。

▢ 東アジアのナショナリズム

　日本の本格的な国民国家化は明治維新以降に行われ，これにたいして朝鮮・韓国・中国の本格的な国民国家化は1950年代以降行われてきた。東アジアでは，日清戦争以降1980年代まで，日本は「一人勝ち」という構図であった。1990年代半ば以降，日本経済は不景気の時期に入り，これにたいして中国経済はその後，成長し続けてきた。2000年以降の東アジアでは，日・中・韓はまさに東アジア版の「三国拮抗」の状態になっている。「日本人」と「中国人」「朝鮮人」「韓国人」の心の底に潜んでいる国民国家的な諸心情は顕著になってきた。その主な現れは日本社会の右翼化の傾向と，東アジアでのナショナリズムの急激な膨張である。両者はまさにコインの両面のような関係である。

　日本と東アジアとの関係の中核は日中関係である。2000年以降の日本社会における「嫌中」感情の増幅は中国人にたいする日本人の優位性の低減など東アジアでの地位低下という危機意識から生まれた一側面もみられる。韓国と中国との間にもナショナリズムの対立が増幅している。グローバル化のなかで，東アジアは相互依存がこれまでにないほど高まっているが，その一方でナショナリズムは高揚している。それは戦前の日本侵略の後遺症だけではなく，現在の東アジアにおける勢力図の変化によるものとして考えるべきである。

　グローバル化におけるナショナリズムへの回帰は次のことを示している。ナショナリズムは容易に解決できない課題である。理由はナショナリズムが解決する力をもつ国民国家の自作自演のものだからである。東アジアのナショナリズムの対立を緩和するためには，「東アジア共同体」のような東アジアの国家連合組織の構築を試みる価値がある。

　近代社会において，国民国家やナショナリズムの形成に密接に関連する人種・エスニシティ・移民という問題がある。以下はこれらの問題について探究する。

人種・エスニシティ・移民

　イギリスを中心とする西欧諸国などは，いちはやく資本主義の経済システムを確立した。これらの国々は経済利益や領土と覇権を求め世界的な拡張を行ってきた。白人種を中心に構成されてきた西欧諸国は，アフリカなどで植民地を獲得する過程において，黒人などにたいする不安と恐怖をいだいた。髪の色ではなく，皮膚の色で人種論が虚構された。人種論の中には進化論が悪用されていた。(9)近代以降，産業化や近代化によって急速に拡大された，時間差にすぎない経済格差や社会格差と人間の自己実現の格差は，皮膚の色という身体の一部に自然化され，固定化されようとしてきた。東アジアでは，第二次世界大戦前の日本は，資本主義体制の下での産業化や近代化を達成し，琉球，朝鮮半島，中国の台湾・東北を占領し，国土化をはかった。その過程において，大和民族の優越性や日本人と琉球人・朝鮮人・中国人との違いが誇張され，擬似人種的意識が近代日本で構築され，信じられていた。つまり，人種論は，産業化や近代化による経済社会の格差を固定化したいという願望に由来する一種のイデオロギーや偏見にすぎない。一部の日本人が固執している擬似人種意識も同様である。

　近代ヨーロッパやアメリカにおける奴隷や中国から導入された肉体労働者などのような，異なる母語・出身国・宗教をもつ移民集団が形成された。外国への移動は表面的には個人的な行動にみえるが，社会と関連する行為である。国家間の経済・社会の発展の格差は人々の移動を引き起こしている。移民は異郷人である。ジンメル（Simmel, G.）によると，異郷人とは「今日訪れ来て明日去り行く放浪者としてではなく，むしろ今日訪れて明日もとどまる者──いわば潜在的な放浪者，旅は続けはしないにしても来訪と退去という離別を完全には克服してはいない者なのである。異郷人は一定の空間的な広がり──あるいは，その境界規定が空間的なそれに類似した広がり──の内部に定着してはいるが，しかしこの広がりのなかにおける彼の位置は，彼がはじめからそこへ所属していないということ，彼はそこには由来せず，また由来することのできない性質をそこへもたらすということによって，本質的に規定されている」。(10)異郷人である移民のどっちつかずの立ち位置は移住国や祖国のなかでのよそものの感覚や疎外感を増幅させ，孤独を招いている。しかし，部外者・半所属・疎外感は移民のみの感覚

ではなく，現代人とくにグローバル化の時代に生きている多くの人々が共通している感覚の一種ではないだろうか。

グローバル化の中で，人々の移動がより激しくなっている。一国家一民族という視点でグローバル化の社会を考えることにはさらに難しくなっている。異なる文化をもつ社会集団の相互作用の中で，異なるエスニック集団は同定し，あるいは同定される。また，国の制度政策によって「○○民族」として認定される場合もある。包括的社会の一構成要素であるエスニック集団はその構成員にとって同胞感情やアイデンティティの意識を喚起させる源泉になる。

エスニシティという概念は国や学者によって定義が異なる。例えば，アメリカの国家形成の過程において，エスニック集団は，人種，宗教，出身国などの組み合わせで自ら同定し，あるいは，他の集団に同定化された人々である。これにたいして，ヨーロッパでは，エスニシティは国として考えられる社会と同一線上にあるものとして認識されてきた。つまり，エスニック集団はネイション（Nation）とほとんど同義的に使用されていた[11]。他方，日本では，エスニック集団を語るとき，日本の旧植民地や開発途上国から日本に移住にきた人々を指し，琉球人やアイヌ人を含んでいない。エスニシティを研究した学者のなかで，「もっとも頻繁に言及された属性は，(a) 共通の祖先を起源とすること，(b) 同一文化，(c) 宗教，(d) 人種，(e) 言語，である[12]」。「エスニシティとは，同一の文化を共有する人々の非自発的な集団，あるいは同一の非自発的集団に属すると自ら同定している。そして／あるいは他者によって同定されている人々の子孫[13]」を指す。この定義から考えると，日本という上位社会に含まれている在日華僑，在日朝鮮人，在日韓国人はエスニック集団である。これらの移民集団は大和民族の人々，琉球人，アイヌ人とだけではなく，これらの移民集団の間にも，相互作用してきた。この相互作用の過程において，各自の移民集団の出自や文化的アイデンティティが喚起され，認識されている。中華料理や韓国の料理もまたエスニック料理だとみなされてきた。

移民たちは移住国で各自の独自な民族料理などエスニックな特徴を生かし生きる場合もあれば，差別をさけるために，民族衣裳などエスニックな特徴を隠して生きる場合もある。また，自身のアイデンティティを変更して生きる場合もある。つまり，個々人の生存にとって複雑なものであるエスニック集団は静態的なものではなく，動態的なものである。一つの過程として把握する必要がある。例えば，在日華僑の出身国である中国社会の変化は，日本社会における在日華僑の位置づけや価値に影響を与える。在日華僑・在日朝鮮人・在日韓国人の二

世と三世はすでに日本社会に同化されている。しかし，擬似人種意識やエスニシティという考えの下で彼らは依然として外国人だと位置づけられている。

　人間社会はいつでもさまざまな「基準」で人々を集団分けする。人種やエスニシティは近代以降に形成された一種の「基準」にすぎない。当事者たちや相互作用しているほかの社会集団の人々の主観に影響される，エスニシティをめぐる言説は人種論と同様，一種のイデオロギーや偏見に陥る恐れが潜んでいる。エスニック集団やエスニシティ問題にかんする探究は，グローバル化する社会の多民族性をより深く認識することに役立つ。

○注

(1)　武川正吾（2007）『連帯と承認──グローバル化と個人化のなかの福祉国家』東京大学出版会，80頁。
(2)　マルクス，エンゲルス／大内兵衛・向坂逸郎訳（1971）『共産党宣言』岩波文庫，47-48頁。
(3)　ベック，U.／木前利秋・中村健康吾監訳（2005）『グローバル化の社会学──グローバリズムの誤謬　グローバル化への応答』国文社，45頁。
(4)　レーニン／宇高基輔訳（1956）『帝国主義』岩波文庫，125頁。
(5)　トッド，E.／石碕晴己監訳（2013）『最後の転落──ソ連崩壊のシナオリ』藤原書店，29頁。
(6)　ベック，前掲書，18頁。
(7)　アンダーソン，B.／白石隆・白石さや訳（1987）『想像の共同体──ナショナリズムの起源と流行』リブロポート，17頁。
(8)　ホブズボーム，E. J.／野口建彦・野口照子訳（1993）『帝国の時代　1875-1914』みすず書房，209-210頁。
(9)　アーレント，H.／大島通義・大島かおり訳（2002）『全体主義の起原　2　帝国主義』みすず書房，104-136頁。
(10)　ジンメル，G.／居安正訳（1994）『社会学──社会化の諸形式についての研究（下）』白水社，285頁。
(11)　青柳まちこ編・監訳（1996）『「エスニック」とは何か──エスニスティ基本論文選』新泉社，78頁。
(12)　同前書，87頁。
(13)　同前書，93頁。

○参考文献

アンダーソン，E.／奥田道大・奥田啓子訳（2003）『ストリート・ワイズ──人種／階層／変動にゆらぐ都市コミュニティに生きる人びとのコード』ハーベスト社。
グレイ，J.／石塚雅彦訳（1999）『グローバリズムという妄想』日本経済新聞社。
サッセン，S.／森田桐郎ほか訳（1992）『労働と資本の国際移動──世界都市と移民労働者』岩波書店。
鍾家新（2017）『在日華僑華人の現代社会学──越境者たちのライフ・ヒストリー』ミネルヴァ書房。

■第6章■
健康と医療

1 寿命と健康観

□ 平均寿命と健康寿命

　ある国の人々の健康度を示す指標として，平均寿命がよく使われる。平均寿命とは0歳における平均余命である。2023年の日本人の平均寿命は男性81.09歳，女性87.14歳だが，それは2023年に0歳の日本人男性および女性の平均余命を示している。日本人の平均寿命は，20世紀前半は低い水準にあり，1950年時点でも欧米諸国に比べてかなり低かった。しかし，20世紀後半になると，男女とも平均寿命は飛躍的に伸びて，現在では世界トップクラスの高さとなっている（図6-1）。

　多くの先進諸国で平均寿命が70歳を超すようになってきた一方，人々がかかる疾患が従来の急性疾患中心から慢性疾患（生活習慣病）中心へと変わってきた。がんなどで長期間寝たきりの状態で過ごす人が増え，ただ長く生きることではなく，どういった状態で生きているかということに注目が集まるようになった。こうして，平均寿命とは別に，健康寿命という考え方が生まれてきた。健康寿命とは，心身と

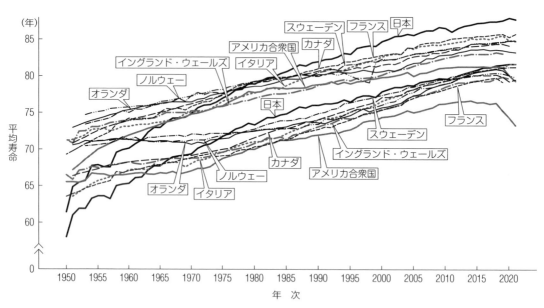

図6-1　主要国の平均寿命：1950～最新年次

注：UN, *Demographic Yearbook* による。日本は，厚生労働省政策統括官（統計・情報政策，労使関係担当）『完全生命表』『簡易生命表』による。各国とも，上の線が女性で，下の線が男性である。
出所：国立社会保障・人口問題研究所『2023　人口の動向　日本と世界——人口統計資料集』厚生労働統計協会，2023年，88頁。

もに自立した活動的な状態で生存できる期間である[(1)]。

□ WHO の健康の定義

　これまで健康はどのように定義されてきただろうか。1946年，ニューヨークで国際会議が開催され，「世界保健機関憲章」が採択された（世界保健機関〔WHO〕は1948年設立）。その前文において，「健康とは，完全な肉体的，精神的及び社会的福祉の状態であり，単に疾病又は病弱の存在しないことではない」と明記された。この**健康の定義**は肉体的状態だけでなく，精神的・社会的状態にも考慮する必要性を示している点で評価できる。

　こうした評価の一方で，疾病や障害を持った人は健康ではないのかという批判も起きた。慢性疾患にかかる人が多くなってきた現代ではなおさらである。ある世論調査によれば，健康を「まったく病気をしていないこと」と考える人は33.3％だったのに対して，「医療機関にかかるほどの病気をしないこと」と考える人は45.3％で，「慢性疾患などで継続的に受療していても仕事や日常生活に支障がないこと」と考える人は21％だった[(2)]。完全無欠の健康観を持つ人よりも，持病がひとつくらいある方が，無病の人よりも健康に注意し，かえって長生きできるという，一病息災的な健康観を持つ人の方が多い。健康と病気を二元的にとらえるよりも，連続的にとらえる考え方が台頭してきている。

　また，健康に関する意識の多様性を受けて，客観的健康と主観的健康という区別も生まれてきた。客観的健康とは，医学的な検査や医師の診察によって把握される健康状態である。他方，主観的健康とは，本人が自分の状態をどのように感じ，あるいは自覚しているかによって表される健康状態であり，健康度自己評価という場合もある。

□ QOL

　QOL（quality of life）は「生活の質」あるいは「生命の質」と訳される概念である。健康の影響を測定するQOL指標を，とくに健康関連QOLと呼ぶ。健康度やそれに起因する日常生活機能の変化を対象者自身から報告してもらうことによって，健康状態がさまざまな生活機能の領域に与える影響を評価するものである[(3)]。

　健康関連QOLに限っても，さまざまな尺度が提唱されている。ひとつには，健康を多次元的に測定する包括的尺度がある。この尺度は，主観的な健康度や日常生活機能の変化を測定するものであり，さまざまな疾患を持つ人や一般に健康といわれる人々に共通する要素（身体

➡ WHOの健康の定義

1990年代末に，WHOで健康の定義の改正が議論された。肉体的（physical），精神的（mental），社会的（social）に加えて，霊的（spiritual）を入れることなどが提案された。霊的次元とは，「物質文明を通じてでなく，人間の精神や良心の根源となる信仰，理想，倫理などの高尚思考を通じて健康への取り組みを世界的に活性化する」要素である。しかし，結局合意にいたらなかった。

機能やメンタル・ヘルス，日常役割機能，社会生活機能など）によって構成される。したがって，包括的尺度は疾患が異なっていても健康状態の比較が可能である。代表的なものに SF-36（MOS-Short Form 36）や WHOQOL がある。他方，健康を一次元的に測定する尺度がある。この尺度は，身体機能や社会的機能など健康にかかわるさまざまな設問に対する回答を換算表を用いて効用値（数値）に換算し，あらゆる健康状態を一次元的に表そうとするものである。代表的なものに EQ-5D や HUI がある。医療技術の経済評価に QOL の要素を組み入れようとする場合などに用いられる。

② ライフスタイルと健康行動

☐ ライフスタイルと健康

人々のライフスタイル（生活様式）が健康に関係しているという考え方自体は昔からあった。ギリシャ神話の健康の女神であるヒュギエイアは，「健康は事物の自然の秩序であり，人々が賢明に己の生活を営む場合に授けられる」という考え方を象徴したものである。

どういったライフスタイルが健康に寄与するのだろうか。ライフスタイルと健康との関連を探る代表的な研究にアラメダ郡研究がある。[4] アラメダ郡研究は，健康に役立つ生活の仕方（家族や文化，経済的・社会的・環境要素とともに，個人的習慣も含む）を明らかにすることを目的とした大規模な**コーホート研究**である。この結果，健康（身体的健康度や死亡率で測定）に好ましい 7 つの日常生活習慣が見いだされた。それらは，「喫煙をしない」「飲酒を適度にするかまたはまったくしない」「定期的に運動をする」「適正体重を保つ」「7 ～ 8 時間の睡眠をとる」「毎日朝食をとる」「不必要な間食をしない」である。この 7 つの習慣は一般に「ブレスロウの 7 つの健康習慣」として知られている。また，この研究では，**社会的ネットワーク**が健康に及ぼす影響についても調べている。その結果，社会的ネットワークの密度が高く社会的活動が広い人ほど死亡率が低いことが明らかにされた。

アラメダ郡研究をきっかけに，健康に寄与する生活習慣を探求する研究が活発に行われるようになるとともに，そうした望ましい生活習慣を身につけさせようとする行動変容の取り組みも行われるようになった。行動変容の効果を探る研究の中には，大規模な介入を行ったにもかかわらず，介入効果が顕著でないものもあり，行動変容をめざす

➡ コーホート研究
継続的にデータを集めて，その調査データから，年齢効果（加齢による変化），時代効果（時代の変化による影響），コーホート効果（人生において同一の重大な出来事を一定の時期に経験したことによる影響）を分離しながら，社会の変化をとらえようとする調査方法である。

➡ 社会的ネットワーク
最広義には，社会システムを構成する諸要素間の関係を示す概念である。具体的研究では，諸要素のうち諸個人がつくりあう社会関係（友人関係など）に重点を置いたものが多い。特定の個人を中心として広がる関係を対象とする場合，個人的ネットワークと呼ぶこともある。

第6章　健康と医療

健康政策や介入の効果を過度に期待することに慎重な意見もある。

□ 健康行動

健康行動（health behavior）は，健康の維持あるいは向上，健康問題の予防，ポジティブな身体イメージの獲得のために人々が行う活動である。人はどういった場合に健康行動をとるだろうか。健康行動を予測するためのさまざまなモデルや理論が提出されてきた。

ベッカー（Becker, M. H.）たちはヘルスビリーフモデル（health belief model）を展開した。[5] 人々が予防的健康行動をとるかどうかは，病気Xに対する主観的な恐ろしさと，その健康行動を行うことの主観的メリットとデメリットの差し引きという2つの要因が基本的に影響すると考える。そして，個人の属性や社会心理的変数，知識，その病気にかかりやすいと考えているかどうかなどが，その2要因に影響する因子として考えられている。このモデルは基本的に，人々に病気の恐ろしさを認識させれば予防的健康行動を実行させることができるという図式である。

人々が健康行動をとろうと行動変容する場合，今までそんなことを思いもしなかった状態からいきなり健康行動をとる状態へ変化するとは限らない。いくつかの段階を経て行動変容することが考えられる。プロチャスカ（Prochaska, J. O.）やディクレメンテ（DiClemente, C. C.）たちは行動変容の段階モデル（あるいはトランスセオレティカルモデル）を提示している。[6] 段階は，企図以前の段階，企図中の段階，行動段階，維持段階の4段階である。そして，禁煙行動に関する介入研究を通じて，段階によって異なった行動変容や健康教育のアプローチが必要であることを示唆している。たとえば，禁煙の試みについて聞いてくれる人の存在といった支援関係は，企図中の段階においてもっとも効果的なことが明らかにされた。

ヘルスビリーフモデルも行動変容の段階モデルも，その後多くの研究がなされ，モデルが進化している。

□ 病気行動と病いの経験

病気行動（illness behavior）は，具合が悪いと感じている人がその具合の悪さをはっきりと定め，その苦痛を取り除こうとするために行う活動である。サッチマン（Suchman, E.）は病気行動を時間的継起の軸に沿って，5段階（症候体験段階，病人役割取得段階，医療ケアとの接触段階，依存的患者役割段階，回復・リハビリテーション段階）に分けている。[7] そして，段階ごとに，異なった意思決定と固有の問題解決を必要

105

とすることを指摘した。

　病気行動論は具体的行動のレベルに注目するのに対して，個人が病気をどうとらえ，どう感じ，どう意味づけるかといった主観的世界に焦点をあてるアプローチがある。クラインマン（Kleinman, A.）は，患者は自身の病いの経験，つまり自分自身や重要な他者にとってそれが持つ意味を個人的な語り（ナラティヴ）として整理すると指摘する。[8]
病いの語りはその患者が語り，重要な他者が語り直す物語である。こうした物語は従来診療現場では重要視されてこなかったが，それが患者自身にとってリアルなものであるならば，そのリアリティを尊重することから患者とのコミュニケーションがはじまるのではないか。患者が病いや症状に対して持つ意味を理解することが援助実践にとって重要だという立場を，病いの語り論はとる。慢性疾患は一般に糖尿病やがんなど，治癒までに比較的長い時間がかかる病気のことである。慢性疾患患者は長期間その疾患とつきあうため，治療と社会生活の調整がとくに必要になる。慢性疾患患者の語りや経験に関する研究は多く，ビュアリー（Bury, M.）の**伝記の断絶**やフランク（Frank, A. W.）の**病いの語りの3類型**などがある。

③ 健康増進（ヘルスプロモーション）と行政の対策

□ WHO のアルマ・アタ宣言とオタワ憲章

　1978年にソビエトのアルマ・アタで WHO とユニセフの共催で会議が開かれ，「プライマリ・ヘルス・ケアに関するアルマ・アタ宣言」が発表された。ここでいわれているプライマリ・ヘルス・ケアとは，地域に住む個人や家族にあまねく受け入れられる基本的保健ケアのことであり，その国の保健システムおよび地域全般の社会・経済開発などの一つの必須部分をなすものである。この宣言は基本的に発展途上国の人々の健康権の確立をめざして，各国がプライマリ・ヘルス・ケア発展のための対策をとるよう提唱されたものであるが，先進国にも大きな影響を与えた。

　アントノフスキー（Antonovsky, A.）の**健康生成論**を参考にしつつ，1984年に WHO ヨーロッパ地域事務局の新規事業としてヘルスプロモーション計画が設立された。そして，1986年にカナダのオタワで第1回ヘルスプロモーションに関する国際会議が開かれた。この会議には世界38カ国から参加者が集い，新しい公衆衛生運動への期待に応える

▶伝記の断絶

一般に人は過去から現在までの出来事を一連の歴史（伝記）として意味づけ，そうした伝記の延長線上に将来の展望を持つ。しかし，慢性疾患にかかると，伝記が断絶してしまう。慢性疾患患者はこの変化した状況に対応しなければならない。

▶病いの語りの 3類型

病気から回復し元の生活に戻ることをめざす回復の語り。継続性もはっきりした因果関係もないまま，語り手が生を経験していくままに語られていく混沌の語り。病が治らず生活が制約されていることなどを認めて，別の新しい何かを模索する探求の語り。とくに探求の語りは慢性疾患患者にかかわる。

▶健康生成論

アントノフスキーが提示した理論。従来の医学に代表される疾病生成論は，疾病はいかにしてつくられるのかという観点から，リスク要因とそのメカニズムを明らかにしようとする。それに対して，健康生成論は，健康はいかにして維持，回復，あるいは増進されるのかという観点から，健康要因とそのメカニズムを明らかにしようとする。

106

第6章　健康と医療

ため，先進諸国のニーズに焦点をあてて討議がなされた。そして，「ヘルスプロモーションに関するオタワ憲章」が提唱された。[9]

☐ 健康増進対策

WHOのこうした取り組みとあいまって，日本政府による健康増進対策が近年整備されてきている。国民健康づくり対策は第一次（1978年～），第二次（1988年～）を経て，第三次国民健康づくり対策（10か年計画）として，21世紀における国民健康づくり運動（健康日本21）が2000年から開始された。健康日本21の基本理念は「全ての国民が健康で明るく元気に生活できる社会の実現のため，壮年死亡と，健康に関連する生活の質の低下を軽減することを目指し，一人一人が自己の選択に基づいて健康を実現させること，そして，この一人一人の取り組みを，健康に関連する機能を持った社会の様々な主体が，それぞれの特徴ある機能を生かして支援する環境をつくり，全体の健康づくりが総合的に推進されること」である。さらに基本方針として，**一次予防**➡の重視などが挙げられた。アメリカの**Healthy People計画**にならい，できるだけ数値目標を設定した。健康日本21の最終評価は，59項目の目標のうち約6割が改善という結果だった。健康日本21（第二次）を経て，2024年から健康日本21（第三次）が始まっている。基本的な方向は，①健康寿命の延伸と健康格差の縮小，②個人の行動と健康状態の改善，③社会環境の質の向上，④ライフコースアプローチを踏まえた健康づくり，である。なお，健康増進対策推進の法的根拠として，健康増進法などがある。

☐ 仕事と治療の両立

慢性疾患にかかる者が増えるにつれて，疾病のリスクを抱えながら働く人たちが増えている。そこで，厚生労働省は治療と仕事の両立のためのガイドラインを作成している。

現行の「事業場における治療と仕事の両立支援のためのガイドライン」は，反復継続して治療が必要な疾病を抱える人に対して職場で適切な就業措置や治療に対する配慮が行われるよう，取り組みの進め方をまとめている。一つは，職場における意識啓発のための研修や，治療と仕事を両立しやすい休暇制度・勤務制度の導入といった環境整備である。休暇制度の具体例として時間単位の年次有給休暇や傷病休暇・病気休暇，勤務制度の具体例として時差出勤制度や短時間勤務制度，在宅勤務（テレワーク），試し出勤制度が挙げられている。もう一つは，主治医，産業医からの意見聴取の仕方など，事業者が就業上の

➡**一次予防**

レヴェルとクラークは，疾病の自然史をふまえたすべての健康段階に対する予防手段として，①健康増進，②特殊予防，③早期診断・早期治療，④障害予防，⑤リハビリテーションのいわゆる疾病予防の5段階を提唱した。そして，①②の段階を一次予防と位置づけた。③の段階は二次予防で，④⑤の段階は三次予防である。彼らは，一次予防から三次予防までのあらゆる手段の連携により，完全な疾病対策をとれると論じた。

➡**Healthy People 計画**

1970年代末に提唱された新しいアメリカの健康増進政策。科学的に立証された数値目標を設定し，一定の期間でその目標を達成することをめざす。代表的な目標指向型健康増進施策である。

配慮事項を決定する際の具体的な手続き・方法である。なお，治療と仕事の両立支援の検討は，両立支援を必要とする労働者側の申出から始まることになっている。

　高齢社会対策や母子保健対策でもさまざまな取り組みが行われている。高齢者の医療の確保に関する法律（旧老人保健法）は，健康増進法と法的な連携を担保され，総合的に健康増進を推進することになった。介護保険法における制度である地域支援事業は，高齢者が要支援・要介護状態になる前からの介護予防を推進するとともに，地域における包括的・継続的なマネジメント機能を強化するために創設されている。

　現在の主な母子保健施策は，保健指導（母子健康手帳の交付など），健康診査（妊婦健診や幼児健診など），療養援護（乳幼児対象の公費負担医療制度など），医療対策など（児童虐待防止医療ネットワーク事業など）である。

☐ 健康主義への反省と医療化論

　健康に気を遣うあまり，それが目的になることには注意しなければならない。健康を他のすべての報酬や満足よりも重要であるとし，究極の目的とするような考え方は，健康主義（healthism）と呼ばれる。オタワ憲章でも，健康は生きる目的ではなく，毎日の生活の資源であると注意喚起し，健康主義とは一線を画している。

　健康主義は医療化の一現象として論じられてきた。医療化（medicalization）とは，従来他の社会領域に属すと考えられてきた社会現象が，次第に医療現象として再定義される過程である。ゾラ（Zola, I. K.）は，医療が伝統的な宗教・法律の諸制度に代わってそれらを取り込みながら，社会統制の主要な制度になりつつあると指摘した。[10]

　日常生活の大部分を医療化，つまり健全や病気というレッテルと関係あるものにすることによって，人々の生活をコントロールするようになってきている。しかも，一見道徳的に中立で客観的とされるエキスパート（医療専門家）が判断を下す。今や健康と病は，さまざまな社会的問題の説明因子として利用されることによって，それら社会問題を非政治化したり，当事者を排除したりする効果を持っていることにゾラは注意をうながした。また，イリイチ（Illich, I. イリッチともいう）は医学の進歩がかえって新たな病を引き起こしていると論じ，それを医原病（臨床的，社会的，文化的の3つのレベル）と名づけた。[11]

　医療化論自体は，こうした社会全般にわたる医療化論よりも，逸脱行動の医療化に関する研究が多い。コンラッド（Conrad, P.）とシュナイダー（Schneider, J. W.）は，狂気や飲酒癖，薬物常用，非行，多動，

児童虐待，同性愛といった，以前は逸脱行動として考えられてきた諸現象が，次第に病気と認定され，医療の対象とされる歴史的過程を詳細に分析し，医療化の生じる過程を次のように整理した[12]。①逸脱としての行動の定義（ある行動が逸脱として認識されている），②探査（ある行動についての新しい診断や治療法が医学的発見として提唱される），③クレーム申し立て（ある行動の医療化に関心を持つ人々の活動），④正統化（国家による承認），⑤医療的逸脱認定の制度化（医学的定義の成文化），である。

4 医療社会学と社会学理論

　欧米の社会学界では，医療社会学部門は主要部門の一つであり，これまで数多くの健康と医療に関する研究が行われてきた。本節では，今まで取り上げてこなかった研究のうち，代表的な議論をいくつか紹介する。

☐ ヴェーバー

　ライフスタイルについて考察した社会学者にマックス・ヴェーバー（Weber, M.）がいる。一群の人々を社会的評価の次元で特権づける身分は，第一次的には独自のライフスタイルを通じて形成される，とヴェーバーは論じた[13]。

　彼はライフスタイルをある社会集団を特徴づけるものとみなしており，いわば個人的次元よりは集団的次元としてとらえている。彼のライフスタイル論を健康と医療分野に応用した場合，健康的ライフスタイルの社会的相異がテーマとなる。ブルデュー（Bourdieu, P.）の食習慣やスポーツ実践に関する社会集団間の相異論や，禁煙行動など健康的ライフスタイルにかかわる要素と社会集団との関係に関する調査などがこの系統に属する[14]。他方，コッカーハム（Cockerham, W. C.）は自身の調査知見を交えつつ，健康的ライフスタイルは上層中流階級に源を発するが，それでも質の程度をともないつつ階級の境界を越えて拡がる可能性を持っていることを指摘する[15]。

☐ パーソンズ

　パーソンズ（Parsons, T.）は**構造—機能主義**の代表的論者である。構造—機能主義による社会システム論の代表的著作の中で，医療が事

> ➡ **構造—機能主義**
> 文化人類学者マリノフスキーやラドクリフ＝ブラウンらの機能主義の影響を受けて，パーソンズが発展させた分析方法。社会システムの中で比較的変化しにくい安定した要素を構造と呼び，この構造（の維持）に対して可変的な要素が果たす役割を機能と呼び，この両概念によって社会システムの分析を行う。

例として取り上げられている。人が病気になると彼に課された社会的役割を効果的に遂行することができなくなるので，病気は社会システムにとって一種の乱ないし逸脱状態だ，とパーソンズはとらえる。そして，医療は社会システムの成員の病気をうまく処理するためのメカニズムだとみなす。こうして，病人と医療の中心的立場にいる医師はそれぞれ社会的役割を担うことになる。まず，病人は，通常の役割を遂行することから一時的に免除され，また病気になったことに対する責任を問われない。他方，病気を望ましくないものとして受け入れ，回復に努力しなければならず，そのため専門家（＝医師）の援助を求め，彼に協力する義務を負う。このように，病人には2つの権利と2つの義務がある。パーソンズはこれを病人役割（sick role）と名づけた。

医師は次のような役割を担う。集合体指向（個人的利害よりも，病人との共通目標である病気の治癒に指向する），業績性（専門家としての医師の技能を持つ），普遍主義（個人的・社会的属性によって患者を区別しない），機能的限定性（患者の医学的側面のみを扱う），感情中立性（患者に情緒的に関与してはならない）である。

パーソンズの医師—患者関係論は，パターナリズム（paternalism）的だと評される。パターナリズムとは，一般に強い立場にある者が弱い立場にある者の利益を慮って，時には弱い立場の者の意思に反してでも，その行動や判断に介入・干渉することである。パーソンズ以降，医療社会学研究が活発に行われるようになった。

☐ ストラウスとフリードソン

シカゴ学派の系譜に連なるミクロ社会学の立場から医療世界の研究を行った代表的社会学者に，ストラウス（Strauss, A. L.）やフリードソン（Freidson, E.）がいる。

ストラウスは，グレイザー（Glaser, B. G.）らとともに，病院へ出向いて**参与観察**やインタビューを行い，病院組織内のさまざまな相互作用について調べた。たとえば，死と死にゆくことの社会的プロセスに関する研究がある。余命の短い患者が自分の死をどのように気づいていくか，またその過程の中で，病院スタッフや自身の家族との間でどのようなやりとりが行われるか，病院組織の構造的条件がそれらにどのような影響を与えるかを分析した。ストラウスらはこうした調査研究経験をもとに，グラウンデッド・セオリー（Grounded Theory）を提唱した。この考え方は，理論を検証するために社会調査を用いるというよりは，社会調査から理論を帰納的に発展させようとする試みである。この理論の特徴は，①フィールドの特徴によく適合していること，

➡ シカゴ学派

1920〜30年代に，シカゴ大学の社会学者たちは急速に変動する都市環境としてのシカゴ市を実態調査して，徹底したフィールドワークによる経験的研究を行い，その成果をモノグラフにまとめた。その際，日記・手紙などの個人的ドキュメントの分析やインタビュー調査，参与観察などさまざまな方法を用いた。実際には数量的調査も行われたが，質的研究法の原点とされる。

➡ 参与観察

調査者自身が調査対象集団の中に入り込んで，内部から多角的に観察する調査方法。観察方法や対象に統制が加えられない非統制的観察の一つである。

②そのフィールドに関係する一般の人々にも理解可能であること，③そのフィールドの多様な現実に適用できる一般性があること，④この理論の使用者がフィールドをコントロールできることである[18]。

フリードソンは，**ラベリング論**の立場から，パーソンズの病人役割論を批判した。逸脱とはある状態に対する意味付与であり，病気もそうである。したがって，病気は，症状の重さとは別に，同情される病気と忌避される病気がある。フリードソンはその次元を正統性と名づけた。忌避される病気（非正統性）にかかると，一定の責務は免除されるが，その代わりに新たな**スティグマ**が病人に貼られる[19]。こうして，病気概念を多類型化することによって，病人役割概念を多類型化した[20]。また，フリードソンは医療専門職論の研究を行った[21]。専門職の最大の特徴は自律性だと指摘する。つまり，仕事を行ううえで，他からの指示を受けないのである。医師―患者関係においては，患者の干渉からの自由と患者に対する統制への自由を医師が持っていることを意味する。医師は患者に対してのみならず，他の医療関連職種に対しても支配的な位置を占めている。フリードソンはこうした状態を専門家支配（professional dominance）と名づけた。

☐ 身体の社会学

近年，身体に関する研究が盛んに行われている。長年身体の社会学をリードしてきたターナー（Turner, B. S.）は，身体の社会学には4つの理論的視点があると述べる[22]。

第1は，身体を自然な現象でなく，社会的に構築されたものとして描く立場である。フェミニスト理論は，生物学的に決定されたセックスと社会的に構築されるジェンダー役割との区別を明らかにした。また，女性の社会的政治的従属が心理的なうつ状態や身体的な病の中にいかに表現されているかを経験的に調査する研究などがある。

第2は，身体を社会的な組織や権力関係を文化的に表象するものとして議論する立場がある。たとえば，入れ墨が包摂と排除についての印になることで，いかに皮膚が物理的・文化的な境界として存在するかを描き出す。身体の生・政治学の意義を強調したフーコー（Foucault, M.）に依拠して，歴史的に議論する研究もこのカテゴリーに入る。

第3は，メルロ゠ポンティ（Merleau゠Ponty, M.）の「生きられた身体」という概念に触発された一群の研究がある。これらの研究は身体と経験とアイデンティティの間には密接な関係があることを明らかにしようとする。たとえば，病気や事故に由来するトラウマ的な経験が，

▶ラベリング論

逸脱行動論の一つ。逸脱をたんに規則から外れた行為と形式的に定義するだけでなく，特定の行為・行為者に対して逸脱のラベルを貼る社会過程に注目して，逸脱現象を把握しようとする。

▶スティグマ（stigma）

ギリシャ語で，奴隷や犯罪者の身体に刻印された印を意味する。ゴフマンはこれを社会心理学的に洗練し，スティグマをある社会における好ましくない違いと再定義した。この違いに基づいてスティグマを負った者に対する敵意が正当化されたり，当人の危険性や劣等性が説明され，その結果さまざまな差別が行われる。

その人のアイデンティティをどう変容させたかなどを調べる研究である。

第4は，モース（Mauss, M.）の**身体技法**論などの影響を受けて，いかに人間は自分たちの身体を社会的規範に従うように訓練するかを論じる研究がある。スポーツ実践など**ハビトゥス**の社会集団間の違いに関するブルデューの研究はこのカテゴリーに入る。

そして，ターナーは，医療技術の進展（生殖補助医療やクローン技術，臓器移植など）の影響についての研究も，今後の身体の社会学にとって重要なトピックになると述べている。たとえば，先端生命科学技術を，疾病の治療という目的を超えて，より望ましい子どもや優れたパフォーマンス，不死の身体といった欲望を満たすために用いてよいかどうか，またその境界はどこかを議論するエンハンスメント論が挙げられよう。

❺ 心身の障害と依存症

☐ 心身の障害

国際生活機能分類（ICF：International Classification of Functioning, Disability and Health）は人の健康に関わる生活機能とその関連領域を対象とする国際分類で，**国際疾病分類（ICD）**と並び世界保健機関国際分類（WHO-FIC）の中心分類の一つである。国際障害分類（ICIDH）の改定版として，2001年に WHO 総会で採択された。ICF は生活機能と背景因子の2つの部門からなる。生活機能の構成要素は，心身機能（身体系の生理的・心理的機能）と身体構造（器官・肢体など身体の解剖学的部分），活動（課題や行為の個人による遂行），参加（生活・人生場面への関わり）である。これら構成要素の問題点，つまり機能・構造障害，活動制限，参加制約が障害である。また，背景因子の構成要素は，環境因子（物的環境や社会的環境），個人因子（個人の人生や生活の特別な背景）である。

ICF と ICIDH との大きな違いは，環境因子が新たに加わったことである。これは ICF が，従来の医学モデルに加えて，社会モデルも考慮に入れたからである。医学モデル（個人モデル）は障害を個人の問題としてとらえ，病気や外傷などから直接的に生じるものとみなす。それに対して障害の社会モデルは，障害は社会によって作られる側面があると指摘する。[23]

➡ 身体技法

モースの概念。特定の仕方での歩き方，走り方，泳ぎ方，腕の組み方など人体の使用法を指し，これらを社会文化的な習得の所産という意味で，技法と名づけた。

➡ ハビトゥス（habitus）

ブルデューの概念。人々が趣味に関する選択を行うときに依拠する判断の基準。この基準は完全に個人的なものではなく，その個人が属する階級や集団によって左右される。ハビトゥスは，社会化の中での習得の所産で，容易に変わりにくい持続性を持ち，当人にとってはほとんど意識されず，なかば自動的に作用する，とブルデューは論じる。

➡ 国際疾病分類（ICD：International Statistical Classification of Diseases and Related Health Problems）

WHO が作成する死因および疾病の分類。現在は11版（ICD-11）。ICD-11の第Ⅴ章が ICF と関連する。日本では，人口動態統計などの「疾病，障害及び死因の統計分類」で用いられている。また，社会保険表章用疾病分類は ICD に準じて定められている。保険診療の際，医師は社会保険表章用疾病分類に沿って病名を当てはめ，検査や薬の処方をする。

◯ 依 存 症

依存症とは，特定の何かに心を奪われ，「やめたくても，やめられない」状態になることである。アルコールや薬物などの「物質への依存」と，ギャンブルやゲームなど特定の行為や過程といった「プロセスへの依存」の２種類がある。アディクション（嗜癖）とも呼ばれる。

依存症に関する社会学的研究にはさまざまなアプローチがある。まず臨床社会学的アプローチがある。このアプローチで注目されるのは，自助（セルフヘルプ）グループをめぐる分析である。自助グループとは，共通の困難な生活状況にある人々（当事者）が，その共通した体験に関連する情報や感情，考え方を分かち合うために自発的に活動する集団である。アルコール依存症ではAA（アルコホーリクス・アノニマス）や断酒会，薬物依存症ではダルクなどが有名である。AAの12のステップは回復のためのプログラムで，他の多くの自助グループも採用している。自助グループでは，ヘルパーセラピー原理が働く。これは当事者が援助者の役割をとることによって，今まで見えていなかったことが見えてきて，問題を正確に理解し，結果として自分自身を見つめ直す契機となることである。他人を助けることで自分が助かるのである。自助グループの中で起きていることをミクロ社会学的に分析することによって，臨床実践の指針や技法をより豊かなものにすることができる。

ある問題を抱える当事者たちが自分の抱える問題について自分たちで研究し，仲間の前で発表し，参加者の間で対応策について考え，実践する当事者研究が行われるようになってきている。日本の当事者研究は2001年に社会福祉士の向谷地生良らによって，**べてるの家**で始まった。その後，当事者研究は依存症，脳性まひ，発達障害などの領域に広がっている。

次に医療社会学的アプローチがある。このアプローチで代表的なものは医療化による分析である。たとえば，2019年にゲーム障害が国際疾病分類に疾患として新たに追加された（2022年発効）。また，日本の刑務所の薬物依存離脱指導で**スマープ**をはじめとする認知行動療法が標準的に行われるようになってきている。医療化の過程やそれが社会の他領域に及ぼす影響を詳細に分析する方法がある。さらに，そこでの医師―患者関係の分析などもこのアプローチのテーマである。

逸脱論的アプローチにはいくつかの説明図式がある。ベッカー（Becker, H.）はラベリング論の立場からマリファナ使用者を考察した。はじめは好奇心から軽く使用したにすぎない少年であっても，周囲から非難や処罰といった社会的反作用を受け続けることで，マリファナ

➡べてるの家

北海道浦河町にある精神障害などをかかえた100人以上の当事者の地域活動拠点。そこで暮らす当事者たちにとって，生活共同体，働く場としての共同体，ケアの共同体という３つの性格を持っている。

➡スマープ
(SMARPP：
Serigaya
Metham-
phetamine
Relapse
Prevention
Program)

アメリカで中枢刺激薬を標的とする統合的外来治療プログラムとして普及していたマトリックスモデルを参考に，精神科医の松本俊彦らが作った日本版薬物依存症治療プログラム。

使用を正当化するようになり，本格的な犯罪者になっていく，という逸脱キャリアを提示した[25]。また構築主義的社会問題論は，ある現象がいかにして社会問題として認識されていくのかという構築過程を解明しようとする。たとえば，ギャンブル等依存症対策基本法と「等」がついているのは，日本ではパチンコ・パチスロが法的にギャンブルでなく遊技と規定されているためである。ある行為がギャンブルか否かは社会や国ごとに異なる。構築主義的社会問題論は，依存症概念や対策などがどのようにして国や社会ごとに異なってきたのか，その構築過程を分析する。

　近代社会論的アプローチは，近代社会の成り立ちという視点から依存症の持つ意味を検討する。近代的個人像は自分で自分をコントロールできる主体を前提とするが，その人間像は依存症者（なかなか自分をコントロールできない人）と異なる。この両者の関係を検討する。

◯注

(1)　辻一郎（1998）『健康寿命』麦秋社。

(2)　社会福祉・医療事業団／厚生省大臣官房政策課調査室協力調査「健康に関する一般市民アンケート調査」厚生省（1995）『厚生白書（平成7年版）』ぎょうせい，9頁。

(3)　池上直己・福原俊一・下妻晃二郎ほか編（2001）『臨床のための QOL 評価ハンドブック』医学書院。

(4)　バークマン，L.・ブレスロウ，L.／森本兼曩監訳，星旦二編訳（1989）『生活習慣と健康——ライフスタイルの科学』HBJ 出版局。

(5)　Becker, M. H. (ed.) (1974) *The Health Belief Model and Personal Health Behavior*, Society for Public Health Education.

(6)　Prochaska, J. O.・Velicer, W. F.・Guadagnoli, E.・Rossi, J. S. & DiClemente, C. C. (1991) "Patterns of Change: Dynamic Typology Applied to Smoking Cessation" *Multivariate Behavioral Research* 26(1), pp. 83-107.

(7)　Suchman, E. (1965) "Stages of Illness and Medical Care," *Journal of Health and Social Behavior* 6, pp. 114-128.

(8)　クラインマン，A.／江口重幸・五木田紳・上野豪志訳（1996）『病いの語り——慢性の病いをめぐる臨床人類学』誠信書房。

(9)　WHO／島内憲夫訳（1990）『ヘルスプロモーション——WHO：オタワ憲章（21世紀の健康戦略2）』垣内出版。

(10)　ゾラ，I.（1984）「健康主義と人の能力を奪う医療化」イリイチ，I.編／尾崎浩訳『専門家時代の幻想』新評論，53-92頁。

(11)　イリッチ，I.／金子嗣郎訳（1979）『脱病院化社会——医療の限界』晶文社。

(12)　コンラッド，P.・シュナイダー，J. W.／進藤雄三監訳，杉田聡・近藤正英訳（2003）『逸脱と医療化——悪から病いへ』ミネルヴァ書房。

(13)　ウェーバー，M.／世良晃志郎訳（1970）「身分と階級」『支配の諸類型』創文社，207-217頁。

(14)　ブルデュー，P.／石井洋二郎訳（1989）『ディスタンクシオン〔社会的判断力批判〕I』新評論。

(15)　Cockerham, W. C. (2001) "Medical Sociology and Sociological Theory" in

Cockerham, W. C. (ed.), *The Blackwell Companion to Medical Sociology*, Blackwell, pp. 3-22.

(16) パーソンズ，T.／佐藤勉訳（1974）「社会構造と動態的過程——近代医療の事例」『社会体系論』青木書店，424-475頁。

(17) グレイザー，B.G.・ストラウス，A.L.／木下康仁訳（1988）『「死のアウエアネス理論」と看護——死の認識と終末期ケア』医学書院。

(18) グレイザー，B.G.・ストラウス，A.L.／後藤隆・大出春江・水野節夫訳（1996）『データ対話型理論の発見——調査からいかに理論をうみだすか』新曜社。

(19) 日本においては，かつてのハンセン病者のケースが該当するだろう。ハンセン病者の生活史に関する研究は多い。

(20) Freidson, E. (1970) *Profession of Medicine: A Study of the Sociology of Applied Knowkedge*, University of Chicago Press.

(21) フリードソン，E.／進藤雄三・宝月誠訳（1992）『医療と専門家支配』恒星社厚生閣。

(22) ターナー，B.S.／後藤吉彦訳（2005）「身体の社会学の過去そして未来——研究アジェンダの確立」大野道邦・油井清光・竹中克久編『身体の社会学——フロンティアと応用』世界思想社，93-123頁。

(23) 障害者福祉研究会（2002）『ICF 国際生活機能分類——国際病害分類改定版』中央法規出版。

(24) 野口裕二（1996）『アルコホリズムの社会学——アディクションと近代』日本評論社。

(25) ベッカー，H.S.／村上直之訳（2011）『完訳アウトサイダーズ——ラベリング理論再考』現代人文社。

○参考文献 ──────

戸ヶ里泰典編（2023）『新訂 健康と社会』放送大学教育振興会。
中川輝彦・黒田浩一郎編（2010）『よくわかる医療社会学』ミネルヴァ書房。
『国民衛生の動向』厚生労働統計協会，各年発行。

■第7章■
ケアの社会学

① 新しい価値としてのケア

　ケアは，1990年代頃から日本社会における医療や福祉の中で新たな実践の方向性や価値を示す言葉として注目されてきた。例えば，近代医学の知識に基づきつつ，それとは異なる理論的支柱を必要とする看護では，ケアは「治療（キュア）」とは異なる独自の価値を示す言葉として用いられてきた。また，臨床医療の中で，医療が「自然科学」に基づくだけではなく，個別の人間に臨機応変に応じるアートの性格を持つことを強調する際にケアという言葉が用いられることもある。

　現在，ケア概念は，医療や福祉の実践領域だけでなく，人文社会科学全般においても注目されている。例えば，倫理学や政治哲学においては，社会における財や資源の分配において何が「正義」かが議論されてきたが，従来の議論への強い批判として，主にフェミニズムの立場の研究の流れの中から「ケア」の倫理や思想が提起されてきた。近代の社会制度は，自立した個人が自分で決めて行為することを前提に設計されており，公正や平等などの正義も，そうした人間像をベースに考えられてきた。こうした人間像をもとに構想される正義論は，いかなる状況にも適合するような普遍的基準を考える営みになる。だが，そうした正義概念のもとでは，他者に依存する存在（子どもなど）をケアする女性などが，今目の前の相手の状況に応じて臨機応変に判断・対応していくような営み（ケアの倫理）は，低く価値づけられてしまう。

　すなわち，従来の正義の考え方に基づく近代社会のあり方は，結果として，障害を持った人や子どもなどの依存者やそのケアをする人たちを標準的ではない人間として社会の周辺に位置づけ，彼女・彼らの従事するケアを，あくまで私的なものと見なし，公的な制度を考える際に考慮に入れない。以上のような問題意識から，自立した個人ではなく，依存状態にある人と，様々な葛藤を経験しながらその人たちをケアする人を前提に社会制度を考えていくことの重要性が提起されるようになってきたのである。その論者の一人である政治哲学者のキティは，重度の知的障害を持つ娘をケアする自らの経験を踏まえて，ケアをする人を二次的依存者と捉え，ケアする人を社会で支え合っていくような**ドゥーリア原理**に基づく社会構想を示している。[1]

➡ドゥーリア原理
母親が子のケアをしなければならない間，母親自身のニーズや他家族成員に対する責任を他の誰かが引き受けるような互酬関係を指している。キティは，私たちが生きるためにケアを必要とするのと同様に，ケアの仕事をする人を含む他の人々が生きるのに必要なケアを受け取れるような条件を公的な社会システムとして備えるべきとするドゥーリアの原理を提起した。

第7章　ケアの社会学

② ケアの社会学の領域

　新しい価値の提起としてのケアへの注目とともに，ケアに関する現象を対象として，調査等に基づいて経験的に探究していくケアの社会学も展開してきた。経験的な研究の出発点として，ケアは，例えば「依存的な他者を支えようとする行為」として定義される。

　ケアの社会学は，具体的には，医療における看護，高齢者や障害者への介護，子育てなどの行為や，それらがなされる場や制度などを経験的調査に基づき論じてきた。それらの行為は看護師や介護を仕事とする者，保育士など，賃金を伴う労働としてなされたり，家族などの私的な場や関係の中で無償の家事としてなされたりもしている。また，子育て広場の支援員や認知症サポーターの活動など，両者の中間的なものもある。さらに，ケアを受ける対象と見なされている人たち同士のピアサポートなどもある。社会学は，このように，フォーマル（公的）とインフォーマル（私的）を横断する様々な領域のケアの特徴や，相互の関係を明らかにしていく研究を行ってきた。

☐ 高齢化と介護

　これらの研究は，ケアと括られる活動が社会の中で目立つようになって，これまでの社会システムが機能不全になってきたことを一つの背景に誕生した。具体的に言うと，疾病構造の変化とそれに伴う長寿化，および人口中の65歳以上の人の割合の増加を示す高齢化は，社会問題としての高齢者介護を生み出してきた。19世紀から20世紀にかけて，その時代の中心的な疾病は，感染症から慢性疾患，そして老人退行性疾患へと変化してきた。⁽²⁾その背景には栄養状態の改善や公衆衛生施策の展開，医療技術の進展などがある。こうした変化の中で，何らかの疾患や障害を持ち，他者からのサポートを必要としながら人生を送る人たちが増えていき，その周りの人たちにとってはそのサポート活動をする人生の期間が生まれていく。それに応じて，感染症の原因特定と治療のような急性期の医療的対応ではなく，疾患や障害とともに生活する人たちへの支援を考えることが重要になっていく。

　こうした支援が必要な時期に関して，日本社会では，当初は家族の中で長男が扶養責任を持つことが含意された直系家族規範に基づく長子の妻（主婦）を中心とした世話や，従来の急性期を念頭に置いた医

119

療制度の中での長期入院といった対応が中心であった。しかし，世話の必要な時期の長期化と達成すべき生活（介護）水準の高まりの中で，家族の中の主たる一人が担うには負担が大きく，また急性期疾患への対応を基本とした病院医療と，病いや障害を持っての長期的生活とは適合せず，その問題への新たな社会的対応の必要性が認識されていく。そうした中で登場してくる言葉が介護であり，それは家族内の者が担っている世話と，その外部の担い手が担う行為を含むものとして一般化して用いられていくようになる。

　その介護が持続的に行われていくには，妥当な量質の担い手と，それを持続的に実行していく保障制度が必要となる。その具体的な形として，2000年に，医療保険とは別の形で財源を確保する介護保険制度がスタートした。こうした財源確保システムのもとで，NPOや企業などの多様な介護サービス提供主体が，単価が定められたホームヘルプサービスやデイサービスなどを提供して，他方の介護を必要とする人が，制度内での利用上限の認定のもとで，それらのサービスを利用するしくみが成立した。その財源確保とサービス供給・利用のしくみ全体を介護保険制度と呼ぶ。現在では，介護を必要とする本人や家族が，介護サービスを用いて介護の必要性を満たしていくこと自体は，多くの人にとって違和感のないものとして定着したといえる。

☐ 障害者の自立生活運動

　日本のケアの社会学的研究のもう一つの重要な源泉としてマイノリティ集団によるラディカルな価値の問い直しを無視することはできない。それは，ケアを受ける障害者たちによる，従来の社会のしくみに疑問を呈する社会運動である。日本の社会学におけるケア研究の流れの一つはそうした実践と運動に伴走しながら調査研究をすることで生まれてきた。それが，障害者の介護・介助に関する議論である。

　日本社会において，戦後，障害を持った人たちは，家族の中で（母）親を中心とした家族に世話されるか，その家族たちの多くが自ら亡き後の子の生きる場所として切望してきた大規模施設に入所した生活を余儀なくされてきた。こうした状況に対して，脱家族や脱施設を掲げて，地域での介助や支援を得ての生活を目指す自立生活運動が展開してきた。この運動の中では，その実践自体が，それまで前提とされてきた家族がケアの第一責任者になるべきという規範や，障害者の介護において当然とされてきた援助者主導の**パターナリズム**を問い返す試みであった。そうした運動を牽引してきた重度脳性麻痺者を中心とした青い芝の会という障害者団体は，出生時点からの依存先であり，か

➡ **パターナリズム**

父権主義や温情主義とも訳され，専門職とクライアントとの間に起こりがちな，当人のためになるという理由から本人の意思に関わりなく，介入や方針を決めることを意味している。福祉や医療においては専門職の権力の強さがパターナリズムの問題として捉えられ，そこから脱却することを企図して，インフォームドコンセントやクライアント本人の自己決定の重要性が強調されるようになっていった。サービス提供システムも，利用者を中心とした形が目指されるようになっていった。

つ子の将来を案じて「子殺し」をする存在でもある（母）親の「愛」
を否定する必要性を説き、また、大規模施設に入所している障害者た
ちを地域に出していく取り組みを進めてきた。社会学は、このような
当事者たちによる、受ける側からケアそのもののよさを根本的に問う
実践に注目してきたのである。

◻ 子育てや育児というケアの発見

　以上のような高齢者、障害者という2つの領域がケアに関する社会
学的研究を主導してきた。これらの2つの領域に加えて、もちろん、
子育てや育児といった行為もケアの社会学の重要な研究対象である。
1990年代にケアの社会学が形成されていく以前にも、子育てや家事な
ど、いわゆる家族内のケアに関する研究は、伝統的に家族社会学にお
いてなされてきた。だが伝統的な家族社会学は、そうした家族内のケ
アは家族集団の機能としてなされることを前提に、そのケア機能が家
族内でいかに達成されているかという観点から研究することを主にし
てきた。仮に、こうした観点に基づくと、子育てがうまくできない家
族は逸脱した家族という位置づけとなったり、子育てへの支援の主要
な目標は標準的な家族や担い手（母親）がうまく育児ができるように
なることになる。

　そのような研究に対して、家族に関する歴史研究によって、家族内
の性別分業などを前提として育児や家事を家族内で担うような家族の
あり方が、近代に特有の家族であることが明らかにされていった。そ
れらの研究は、「子ども中心主義」「公私の分離」「性別分業」などの
「近代家族」の特徴の下で子育てや家事などのケアが、その担い手や、
ケアの授受される関係に困難をもたらすことを検討する批判的な観点
を生み出していった。こうした観点に基づくと、子育て支援は、必ず
しも家族や中心的な担い手になることの多い母親が子育てを遂行でき
ることだけを目指すものではなくなる。そうした家族の形が自明視さ
れていることを問題化し、社会において多くの人たちの間でいかに子
どもを育てていくかを目指す方向のものになるのである。現在は、少
子化の進展とともに生まれてきた、様々な地域での子育て支援活動な
どの登場も背景に、家族による子育てに加えて、社会における子育て
などもケア研究の重要な領域となってきている。

　大まかには、以上のような領域ごとにケアの社会学の展開を見るこ
とができる。だが、重要なのは、社会福祉制度や法律に沿った個別領
域で縦割り的にケアが考察されるだけでなく、各領域を横断する課題
が、ケア概念で包含されながら検討されるようになってきているとい

う点である。

③ ケア行為の特性

　ケアの社会学の代表的なトピックの一つはケア行為の特性やそれに伴う困難に関する議論である。

☐ 愛の労働
　家族などの私的領域において，ケアが必要になると，当の必要とする人が働けないだけでなく，その人をケアする人は，ある一定の時間を，賃労働ではなく，ケア行為を行うことに時間を振り向けることになる。このように素朴に捉えると，ケア行為は賃金や市場を生み出さない行為と見なされる。
　こうした見方に対して，家庭内の家事などのケア行為を資本主義における生産労働との関係で考えてきたフェミニズムは，ケアを，実際には労働市場への労働力の供給を下支えしている支払われない労働として捉える。だが，さらに重要なのは，フェミニズムの立場からのケア研究が，ケア行為を「愛の労働」（labour of love）と特徴づけてきたことである。介護する家族への支援に向けて，ケアの負担や困難の実証的な測定を行ってきたいくつかの研究は，介護する本人は，自らの行いを労働や負担とのみ捉えているわけではないことを指摘してきた。労働というよりは，相手に対する愛情を示すものとして意識されていたり，時に，自明で自然な家族の営みと捉えていたりする。確かに，ケア行為は社会全体のシステムと関連させてみた場合は労働であるのだが，実際のケアがなされる場面においては，そのように言い切れないような感情や情動のようなものも伴っている。

☐ 感情労働としてのケア
　このような感情や情動の存在は，ケアの身体的・物理的な労働とは異なる側面に注目する研究を生み出してきた。元々はフライトアテンダントの職務を分析する中で用いられた感情ワークや感情労働という概念による分析が，その代表的なものである。感情ワークとは，相手の感情を変化させたり維持したりするために，ケアをする側が自分の感情を抑えたり変えたりすることを指している。例えば，2歳くらいのイヤイヤ期の子どもと接する際に，何とか相手にご飯を食べてもら

うために笑顔を作ってなだめすかすといった状況を考えると容易にわかるように，ケアにおいて，そうした行為は日常的なものである。さらに，こうした行為を職務の一部として行っている場合，それは賃金の伴う感情労働となる。看護師や保育士などの仕事は，こうした感情労働的な面を多分に持つものである。確かにケア行為の負担としては，肉体的な負担がわかりやすいが，感情ワークや感情労働という概念は，それに加えて，感情の操作にまつわるバーンアウトや，自分自身の感情の麻痺がケアにおける負担や困難として含まれることを明らかにする効果を持っている。

☐ 感覚的活動としてのケア

他方，より近年のケアに関する議論では，ケア行為の特徴を労働と感情とに二分して捉えるのではないような概念が生まれている。それが，ケアの認知的な作業への注目であり，感覚的活動や（ケアの）認知的側面[7]と概念化されている。[8]

この概念は，2010年代に日本社会において「名もなき家事」として注目されたことを思い浮かべるとわかりやすい。家事をしているか，していないかを考える際，まず思いつくのは料理や洗濯などの具体的行為であろう。これは，例えば，介護などのケア行為において，食事介助であるとか，体位変換といった具体的行為が思い浮かぶのと同じである。しかし，私たちの日常生活の家事には，このように明確に名づけられない内容が多くある。ゴミ出しの前にゴミを集めるとか，1週間分の食事の構想を練って買い物リストを作ることなどである。これらの行為は，家事の量や負担を調査によって計測しようとする際に，時間や内容としてカウントすることが難しい。場合によっては，当事者自身にも意識されていないことがある。

感覚的活動や認知的側面は，こうした「名もなき家事」の中で，特に，相手のニーズを忖度する行為や相手の社会関係をマネジメントする行為に注目した概念である。例えば，2010年代のとある献立アプリのCM動画においては，ソファーに横たわってスマホを眺めている女性の姿が映し出される。その映像の最後に示されるテロップは「彼女は今何をしているのでしょう」というものだ。その人はそのアプリを使って，夕飯の献立や買い物の計画を立てているのだが，その際に思案しているのは，例えば，家族のメンバーの栄養状態の保持や子どもの通塾などのスケジュールに応じた食材の内容や量である。このように休憩（のように見える）時間であろうが賃労働中の移動時間であろうが，明確な時間的境界なく感覚的活動はなされていることがある。

誰か具体的な人を気にかける行為においては，必然的にこうした活動が多くなるだろうし，それが家庭内で他の成員と一緒の生活の中でなされていたり，外部のケアサービス利用と組み合わされていたりすると，より一層複雑化したものとなるだろう。

 ケアを介した関係の非対称性

☐ ジェンダー間の非対称性

　ケアを介した関係は非対称性を孕んでいる。一つは担い手の間での量や負担および責任の偏りである。男女というジェンダーの違いによって主たるケアの担い手になる可能性の違いがある。先に見てきたような特徴を持つケア行為を，女性が多く担いがちになるのは想像に難くないだろう。一つには，女性の方が，幼少期から学齢期にかけて育っていく過程で，女性ジェンダーたるべき「役割」として，家庭内でのしつけや父母の振る舞いを通じて，意識的・無意識的にケア行為を身につける機会が多いためである。それゆえ，感覚的活動は，労働や技術ではなく，女性にとっての自然な「気遣い」のようにみなされ，ゆえに愛情のような言葉に変換されて語られやすい。

　このことは，ケア行為への評価の不平等にもつながっている。近年，男性が親の介護者になったり，育児を担ったりすることも増えているが，仮に，目に見えるケアに男性が参入していったとしても，その背後で女性が感覚的活動を含めた見えないサポートやお膳立てをより多く担っている可能性がある。また，女性に比べると，男性にとっては「自然」と見なされにくいケアを行った場合，それは周りから目立つ活動となり，例えば少しやっただけでも「イクメン」というふうに時に賞賛されがちである。このことからは，仮に，介護をカップル間で，同じ時間ずつ分担したとしても，果たしてそれを，ケアが等しく分担されたと捉えてよいかどうかという問いが生まれるだろう。その一方で，男性がケア関連の職業に参与しようとした際に，「本来男性はケアに向いていない」という眼差しに晒されることもある。

　女性にとっての自然と見なされがちなケアの特性は，ケア労働の社会的評価の低さとも関連している。「自然であたり前」と見なされてきた行いであるため，それが家族以外の者に対するフォーマルな活動としてなされた時，当初は対価として支払われる労働というよりは有償ボランティア的な活動として社会的に展開していったのである。こ

第7章　ケアの社会学

のことは現在のケア労働者の賃金の低さとも強く関係しているだろう。

☐ ケアの授受関係の中の非対称性

　もう一つは，ケアを行う側と受ける側との間に生まれる非対称性である。ケアは行う側の行為だけではなく，受ける側が存在して初めて成立する。また，受ける側もモノではなく人間，つまり行為する主体であるはずである。[11]しかし，時にケアにおいては行う側の意思が受ける側の意思を無視したものとなる。よきものや自然なものというイメージが付与しているケアにおいて，その「善意」に抗うことは難しい。また，「専門性」を理由に受ける側の素朴な意思が軽視されることもある。それゆえに，ケアを受ける側から，ケアを介した関係に含まれる非対称性の問題化と，それを無くそうという試みがなされてきた。先に述べたように，障害者たちの自分の生まれ育った家族と大規模施設の管理からの脱却は，自分たちで介助者を利用して地域で生活をしていく自立生活という形に繋がっていったのである。

　しかし，自立生活の形をとることが，そのままケアを受ける側と行う側との間の非対称性の解消となるわけではない。実際の生活は，ケアに伴う非対称性と格闘する実践の日々である。例えば，自立生活運動の中では，「介助者手足論」という，考えて決定するのは障害者であり，健常者である介助者は，あくまで道具となるべきだという理念が掲げられてきた。しかし，実際の介助場面の相互行為を緻密に分析した研究によると，介助者は一方の能動的な主体でもある。[12]介助者の性格や技能，あるいは介助者側からの働きかけによって，はじめて障害者の選択肢が開かれることもあり，「手足」のみで存在することはありえないのである。障害者と介助者の間の非対称性は，それが介護・ケア関係ゆえに決してなくならないともいえる。他方で，非対称性は固定化されたものではなく，流動的にその都度の介助場面で成立したり揺るがされたりする。こうしたことが，ケアがなされる相互行為に注目することで初めて見えてくる。

⑤　新たなケア行為の発見

　ケア概念の重要な意義は，介護や育児など，法制度や対象と関連して名づけられている行為を縦割りでみるのではなくて，領域を超えて共通した特徴を明らかにしたり，縦割りでは見えにくかった行為を発

見したりしていくことにある。その典型例に，ヤングケアラーという存在と，ダブルケアという行為の発見がある。

ヤングケアラーは，本来ならばケアを受ける年齢である学齢期などに，家族内の事情でケアをしなければならない状態にある人を指す。[13]例えば，母親が障害を持っている場合や，きょうだいに障害を抱えた者がいる場合，また，シングル親の世帯できょうだいの面倒を見てきた場合などがある。こうした立場の人たちは自分たちが行っていることを，ケアとして必ずしも自覚していた／いるわけではない。また，自らが担っていることを否定的に捉えているわけではない場合もある。生活保護世帯の子どもを対象にした研究によると，家庭内でのケア役割を担うことが，その子どもにとっての自尊心のようなものとなっているケースもある。[14]ケアという概念が普及し，その内容が様々な領域の研究から緻密になることで，本来は，それを受けるべき年齢の者が，逆にケアに類することの担い手になっていることが発見されていくことになる。

ダブルケアは，ライフコースの変化によって多く生まれてくる育児と介護の人生の同時期での遂行を指した概念である。[15]こうした概念を基に調査が行われることで，ダブルケアを担う人の量や，それぞれを単独に担うのとは異なる質の経験が明らかにされてきた。従来のケアへの支援制度は，育児や介護などそれぞれの行為領域ごとに作られてきた。しかし，ダブルケアという概念でケアを捉えることで，育児と介護それぞれへの支援を単純に足したのとは違う，ダブルケア固有の支援や制度の必要性が示されることになる。

ケアの社会化をめぐる問題

☐ ケアの社会化の達成度と分担の形

ケアの社会学のもう一つの重要な展開に，ケアの社会化に関する議論がある。ケアの社会化とは，大まかにはそれまで家族が主に責任を持ってきたケアを社会の多様な主体が分担して担って（分有して）いくことを指している。

社会化や分有の議論は，「介護の社会化」をスローガンにして成立した介護保険制度の成立に伴い重要な論点となってきた。介護保険制度は，行政がサービス等の給付を決定する措置制度に変わって，多様なサービス供給主体の中から，介護を要する者が選択・契約して利用

するしくみである。また，サービス利用費用の一部を，介護保険という社会保険制度で，一定程度プールして賄っている。この制度に見られるように，一般的には，家族内の私事として行われていたものが，外部の多様な主体によって行われるようになっていくのが，社会化の一つの方向性である。

　ただし，外部サービスの増加だけが社会化の内容ではない。例えば，その介護サービスにかかるコストがどのように賄われているのかも，社会化を考えていく上で重要なポイントである。介護保険サービスを通じた社会化は，老後の経済的扶養が，家族を通じてなされるのではなく，年金制度によってそれなりに社会化されたことを基盤としている。扶養責任が子世代の長男等から切り離され，要介護者自身による保険料やサービス利用費用の負担が年金給付によって可能になっているのである。[16]他方で，介護サービスの利用がサービス提供者との契約に基づく利用者個人の負担とされることは，介護費用自体は個人の所得からの負担であり，市場での購入にある程度近づいたと捉えることもできる。また，日本の介護保険制度は，ドイツの介護保険制度などに見られる，本人や家族に対する現金給付を原則として例外にした制度となったが，それは，いわば利用者本人へのサービス給付の形をとった社会化と捉えられる。

　以上のように考えていくと，家族外のケアサービスの登場自体は介護の社会化の一部あるいはバリエーションの一つでしかない。例えば，介護保険制度開始以降，介護サービスが存在するようになったとしても，保険料負担の程度，介護認定区分の基準，それに連動した利用者負担などの変化等も合わせて，ケアの社会化の進展や後退を評価していく必要がある。こうした観点で，介護保険制度開始以降の介護度の高い人への給付の重点化や，それと抱きあわせた介護認定の軽度認定に該当する人数の拡大を「社会化」に逆行する「再家族化」と評価している議論もある。[17]また，家計管理も家族内のケア行為に含め，社会がそれをサポートする成年後見制度に注目してケアの社会化を考える議論もなされてきている。[18]

　また，社会化を考える際に，結果として，どのような場や主体によってケアが分有されていて，その結果ケアを受ける人とその家族の生活が，どのようなあり方になっているかを考えることも重要である。例えば，障害児のケアにおいて各家庭がどのような組み合わせでサービス利用しているのかを調査した研究からは，デイケア等を中心としてサービスを利用して親元で生活をする「通所施設中心生活」という形が拡大していることが指摘されている。[19]障害者の自立生活運動の理

念は，施設や親元を離れた生活の形を目指してきたが（第4節），実際のサービスの拡大と利用のあり方は，そうした理念からは距離のあるケアの社会的な分有が帰結してきたことを示唆している。

☐ 公私の接点での葛藤や調整

ケアの社会化に関する議論は第3・4節でみたケア行為やケアを介した関係の特徴に関する議論とも関連している。介護の社会化の進展は，主に家族が担っているケアと，外部化されたケアとの接点を生み出していく。それは単純に家族と専門的ケア提供者とが接点を持つというだけではない。専門化・職業化されていない外部サポーターや当事者同士のピアサポートなど，様々な意味づけのケアが共存する中でケアがなされていくのである。

こうしたケアの接触や融合などから生まれる葛藤や公私の境界の調整なども，ケアの社会化によって生まれてきた現象であり，社会学は主にインタビュー調査や観察データなどに基づいて，そこでのケアをめぐる相互行為を分析してきた。例えば，少子化に対する子育て支援政策の展開に伴って，地域子育て支援に関わる活動が生まれていった。そうした活動において，子育て支援をする側が，家庭での子育てが望ましいとされる規範意識とどのように折り合いをつけて，働く母親の子育て支援を行っているのか，といったことが検討されている[20]。

こうした課題を，第3・4節でみたケア行為の特徴とそれと関連したケアを介した関係に関する分析をふまえて考えると，例えば，以下のような重要な問いが生まれる。多くの場合，女性側に偏って担われ，かつ見えにくい，ケアの認知的側面や感覚的活動が，家族・カップル内を超えて社会的に担われていくのだろうか。また，されるとしたら担い手のジェンダー特性などとも関連して，どのようになされるのだろうか。

7 ケアの社会学の現代的課題

☐ 認知症ケアと地域包括ケア

認知症ケアは，高齢者介護全体の中でいうと，寝たきりを念頭に置いた身体的介護とは違うものとして，その輪郭を形作ってきた[21]。記憶障害等のある人に対するコミュニケーションや，様々な行動へのあらかじめの対応や見守りなど，感情労働や感覚的活動といわれる特性を

多く含んでおり，それは，介護保険制度開始後に最重要課題として位置づけられ，その後の介護保険制度を含む高齢者介護システム全体の特徴を形作るコア領域ともなっている。

　また，認知症へのケアは，家族や施設の中での世話だけではなく，地域での居場所作りや，本人にできる何かを見つけることなどの，いわば地域での活動自体が，ケアの内容そのものともなってきている[22]。そして，その傾向は従来の認知症ケアに対して，認知症の当事者たちが疑問を提示し，批判していく流れとも重なっている。すなわち，これまでの「行動障害」への対処などのケアが，あくまで介護者側にとっての「問題」への対処であり，本人たちを限定された場所に閉じ込めることにつながってきたのではないかという問題提起である。

　こういった認知症ケアや認知症をめぐる活動の変化は，地域包括ケアや地域共生社会という，介護保険制度成立以降から現在に至るまでの介護・ケア政策の流れと重なっている。新たな政策の性格は，介護保険というフォーマルな社会保険制度を介した共助ではなくて，いわば地域のインフォーマル資源や，介護保険制度外の民間事業などを活性化させることで，高齢期の人々を支えていこうとする構想である。介護保険制度を介護の社会化の到達点として評価する観点からみると，この流れは，社会化の後退や変質であり，地域での助け合いは，労働としての介護の性格を弱めて，インフォーマルな活動に近づいているように映る。他方で，高齢化の進展に伴う，支える側と支えられる側という境界の不明瞭さに伴う変革だと捉えれば，望ましい流れにも見え得る。

　いずれにせよ，こうした流れは，介護の社会化の内実をより精査する必要性を提起している。例えば，労働とボランタリーな行いの中間，あるいはそうした二極の間にある複数の活動が地域において並存するような状態が誰にとって望ましく結果としてどのような効果をもたらしていくのか。そうしたことを注意深く分析していく必要がある[23]。

□ グローバルな関係の中でのケア

　ケアをめぐる現象はグローバルな視点からの考察を必要としている。各国の制度や現状の特徴を浮き彫りにするために，他国と比較することはもちろん必要だが，日本社会の現状や今後の変化を考えていく上でも国境を越えた視点が必須となってきている。

　ここまでみたように，直接的な身体労働だけではない側面への注目がケアを考えていく上では重要だが，最終的なケアのニーズ充足のためには，今のところロボットが人と完全には同じように介護できない

以上，ケアを受ける者と物理的に近い人の存在が，多くの場合は必須である。そのケアを行う者が主介護者やヘルパーといわれる人たちである。ケアにはこのような近さ・ローカル性が伴うため，これまで主に移動制限が少ない国境内でのケアの授受が想定されてきた。しかし，国際的にみると，ケア労働は，国外からの移民が担うことも多く，各国の福祉制度のあり方（福祉レジーム）と移民に関する制度とが重なり合って，それぞれの社会での移民によるケア労働の比重が異なっている[24]。日本政府は，これまで移民ケアワーカーの門戸を開くことに対して積極的ではなかったが，2016年の技能実習生の受け入れに関する法改定や入管法の改正による外国人の在留資格における「介護」の創設など，これまでより積極的な受け入れに舵を切っている。

　さらに，家族や友人などの関係の中でもケアが行われていることを念頭に置くならば，移民ケアワーカーの法制度レベルでの直接的受け入れとは別に，国外からのケア提供者の供給は以前からあるといえる。それは，1990年代からの農村の後継ぎの配偶者（嫁）不足に対する，アジア諸国の女性との国際結婚である。そうした女性たちは，いわば日本社会で主婦になり，家族内でのケアの担い手となっている。また，エンターテイナーなど，別の産業の労働者として日本にやってきた女性たちが，日本人男性との結婚を通じて日本社会に定着し，ヘルパー等の資格を得てケアの担い手となっていくこともある[25]。

　こうした国境を越えたケアの移動を考える際には，グローバルな階層関係に注目する必要がある。例えば，開発途上国の女性が，世帯に必要な収入を得るために，移民ケアワーカーとして，より賃金の高い国で，育児をしながら働くカップルの子育てを代替している。いわば，グローバルな経済格差を背景に，先進国の女性（や男性）の賃労働が途上国の女性による，より低賃金の労働に支えられているのである。また，稼ぎ手として女性を送り出す国では，家庭内での家事・育児・介護が不足したり，祖父母などの他親族によって担われたりすることにつながっている。このようなグローバルなケアの授受の連関と階層構造はグローバルケアチェインと呼ばれている[26]。

　日本社会もその中の一国である東・東南アジア圏には，こうした移民ケアワーカーによる各世帯内での家政婦としての労働を，女性労働力の確保や高齢化への対処という課題に対して，公的な介護供給政策とは異なる市場を通じた供給方法として積極的に中心にすえる国家もある[27]。

　日本社会における，移民ケアワーカーによるケア実践や日常生活のありように関する研究は，これからより多く生まれてくるだろう。そ

第7章　ケアの社会学

の参照元となる，ヨーロッパやアジア諸国における移民ケアワーカーの研究では，家庭内で家政婦などとして働く場合，密室となる家庭の中で，労働としての保護などが十分でないゆえの問題が指摘されている。また，他方で，ワーカー同士のインフォーマルなネットワークによる対処の様子も描かれている。[28] 上述したようなグローバルな階層構造に規定されながら，主体的に生きる人々の「生」全体について，私たちはより多くを知り，共にケアしあえるような制度や社会のありようを考えていくべきだろう。

○注

(1) Kittay, E. F. (1999) *Love's Labor: Essays on Women, Equality, and Dependency*, Routledge. (＝2010, 岡野八代・牟田和恵監訳『愛の労働あるいは依存とケアの正義論』白澤社。)

(2) 広井良典 (1997)『ケアを問い直す──「深層の時間」と高齢化社会』筑摩書房。

(3) 横塚晃一 (2007)『母よ殺すな』生活書院。

(4) 安積純子・尾中文哉・岡原正幸ほか (2013)『生の技法──家と施設を出て暮らす障害者の社会学 第3版』生活書院。

(5) Finch, J. & D. Groves (eds.) (1983) *A Labour of Love: Women, Work and Caring*, Routledge and Kegan Paul, Henley on Thames.

(6) Hochschild, A. R. (1983) *The Managed Heart: Commercialization of Human Feeling*, University of California Press. (＝2000, 石川准・室伏亜希訳『管理される心──感情が商品になるとき』世界思想社。)

(7) 平山亮 (2017)『介護する息子たち──男性性の死角とケアのジェンダー分析』勁草書房。

(8) Daminger, A. (2019) "The Cognitive Dimension of Household Labor" *American Sociological Review* 84(4), pp. 609-633.

(9) 平山，前掲書。

(10) 森川美絵 (2015)『介護はいかにして「労働」となったのか──制度としての承認と評価のメカニズム』ミネルヴァ書房。

(11) 上野千鶴子 (2011)『ケアの社会学──当事者主権の福祉社会へ』太田出版。

(12) 前田拓也 (2009)『介助現場の社会学─身体障害者の自立生活と介助者のリアリティ』生活書院。石島健太郎 (2021)『考える手足──ALS患者と介助者の社会学』晃洋書房。

(13) 澁谷智子 (2018)『ヤングケアラー──介護を担う子ども・若者の現実』中央公論新社。

(14) 林明子 (2016)『生活保護世帯の子どものライフストーリー──貧困の世代的再生産』勁草書房。

(15) 相馬直子・山下順子 (2020)『ひとりでやらない 育児・介護のダブルケア』ポプラ社。

(16) 大和礼子 (2008)『生涯ケアラーの誕生──再構築された世代関係／再構築されないジェンダー関係』学文社。

(17) 藤崎宏子 (2009)「介護保険制度と介護の『社会化』『再家族化』」『福祉社会学研究』6，41-57頁。

⒅　税所真也（2020）『成年後見の社会学』勁草書房。

⒆　中根成寿（2017）「障害者福祉制度は障害者家族の親子関係をどのように変えたのか──障害者総合支援法制度利用状況の分析から」『家族社会学研究』29(1)，63-72頁。

⒇　松木洋人（2013）『子育て支援の社会学──社会化のジレンマと家族の変容』新泉社。

(21)　井口高志（2020）『認知症社会の希望はいかにひらかれるのか──ケア実践と本人の声をめぐる社会学的探求』晃洋書房。

(22)　ケア提供者の視点からの用語として，「社会的処方」という言葉があるが，この言葉は，地域のキーパーソンや活動につなぐことが専門職のケアの役割となってきていることを意味している。

(23)　また，活動に関与する地域の主体の増加は，介護保険サービスの調整を中心としたケアマネジメントの範疇を越えて，地域における様々な主体を視野に入れた相談支援のような活動の重要性を高めているかもしれない。

(24)　安里和晃（2016）「移民レジームが提起する問題──アジア諸国における家事労働者と結婚移民」『季刊社会保障研究』51(3-4)，270-286頁。

(25)　小川玲子（2014）「東アジアのグローバル化するケアワーク──日韓の移民と高齢者ケア」『相関社会科学』24，3-23頁。

(26)　Hochschild, A. R. (2001) "Global Care Chains and Emotional Surplus Labor" Hutton, W. & A. Giddens (eds.) *On the Edge: Living with Global Capitalism*, Vintage.

(27)　安里，前掲論文。

(28)　上野加代子（2011）『国境を越えるアジアの家事労働者──女性たちの生活戦略』世界思想社。

◯参考文献

安積純子・尾中文哉・岡原正幸ほか（2013）『生の技法──家と施設を出て暮らす障害者の社会学　第3版』生活書院。

飯野由里子・星加良司・西倉実季（2022）『「社会」を扱う新たなモード──「障害の社会モデル」の使い方』生活書院。

猪飼周平（2011）『病院の世紀の理論』有斐閣。

井口高志（2020）『認知症社会の希望はいかにひらかれるのか──ケア実践と本人の声をめぐる社会学的探求』晃洋書房。

上野千鶴子（2011）『ケアの社会学──当事者主権の福祉社会へ』太田出版。

岡野八代（2024）『ケアの倫理──フェミニズムの政治思想』岩波書店。

澁谷智子（2018）『ヤングケアラー──介護を担う子ども・若者の現実』中央公論新社。

前田拓也（2009）『介助現場の社会学─身体障害者の自立生活と介助者のリアリティ』生活書院。

三井さよ（2018）『はじめてのケア論』有斐閣。

Hochschild, A. R. (1983) *The Managed Heart: Commercialization of Human Feeling*, University of California Press.（＝2000，石川准・室伏亜希訳『管理される心──感情が商品になるとき』世界思想社。）

■第8章■
社会問題と社会政策

社会問題と聞いて，読者はどんな問題を思い浮かべるだろうか。近年増加した離婚や自殺は社会問題だろうか。非正規雇用の増加や貧困・ホームレスの問題のほうが重要だろうか。それとも，学校や職場からネット空間にまで浸出したいじめ問題のほうが深刻だろうか。このほか日々の新聞やテレビでは，受動喫煙問題から地球温暖化問題まで，驚くほど種々雑多な事柄が「社会問題」として取り沙汰されている。

ホームレス問題と地球温暖化問題には何か共通点があるのだろうか。そもそも社会問題とは何だろうか。また，社会問題を社会学的にとらえるにはどうしたらよいだろうか。さらに，**社会政策**➡は社会問題とどうかかわるのだろうか。社会政策が上記のような問題のすべてを解決できるはずがないのは当然としても，両者の関係をどう理解したらよいだろうか。本章は，こうした疑問に答えることを課題としている。

➡ 社会政策

市民生活の安定や向上を直接の目的として策定されたり実行されたりする公共政策のことを意味する。慣習的には，「雇用（労働基準，職業訓練，失業保険，雇用機会の均等化など），所得保障（年金，生活保護，社会手当などの現金給付），保健・医療（公衆衛生や医療サービスなど），福祉サービス（対人社会サービス），住宅，教育など」が主要な領域とされる。これは，厚生労働省の主な所管事項と重なる領域である（本章4節参照）。

① 何が社会問題とされてきたか

社会問題とは何かを考察する前に，まず「何が社会問題とされてきたか」を調べてみることが理解の糸口になるだろう。社会問題の定義をめぐっては，次節でみるように厄介な論争が展開されてきたのだが，ここではごく大づかみに，社会問題とは「社会的な対応が求められている事柄(1)」だと考えておこう。そのうえで，これまで具体的にどんなことが社会問題と考えられてきたかを振り返ってみよう。

☐ 社会問題としての自殺

たとえば自殺は社会問題だろうか。自殺は衝撃的で悲しむべきことだが，自殺した本人にはやむにやまれぬ事情があったに違いない。自殺は社会的な対応が求められる事柄というより，むしろ個人の人生の問題ではないか。キリスト教は自殺を神の教えに背く罪として禁じているが，日本の宗教風土ではそれほどでもない。人生をどう閉じるかは，最終的には個人の自己決定に委ねられるべき事柄だと考える人もいるだろう。

しかし，自殺した本人は気づかなかったかもしれないが，その死は社会のあり方と無縁ではない。現代社会学の始祖の一人であるデュルケム（Durkheim, É.）は，既婚者に比べて未婚者の自殺が顕著に多いことや，戦時には自殺率が低下することなどから，自殺には社会的要因

134

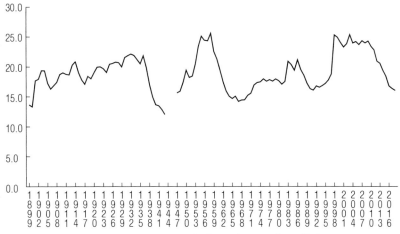

図 8-1　日本の自殺率（10万人あたり）の推移
出所：厚生労働省「人口動態統計」。

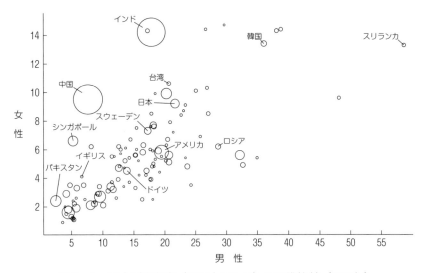

図 8-2　男女別自殺率（10万人あたり）の国際比較（2015年）
出所：WHO (2015) *Suicide rates, age-standardized.* 台湾は衛生福利部『民国 104年死因統計年報』。

が働いていることを明らかにした。つまり，社会的な絆の弱さや**アノミー**が現代社会における自殺の主要因であることを突き止めたのである。

→ アノミー
第9章側注参照。

　実際，人口あたりの自殺率は時代とともに変動してきた。**図 8-1** は，1899（明治32）年以来の日本の自殺率の推移を表している。自殺率は戦時には低下し，1950年代の高度成長期の入口や1998（平成10）年以降の不況期には上昇した。一方，**図 8-2** は自殺率の国際比較データである。日本の自殺率が国際的にみてかなり高いことや，国によって程度は異なるが，多くの国で女性よりも男性の自殺率の方が高いことがわかる。これらをみても，自殺は単に個人的な問題ではなく，社会

のあり方の影響を大きく受けていると考えざるを得ない。

　もちろん，個々の自殺者が自殺する理由は，借金，倒産，離婚，いじめなどさまざまだろう。最近では鬱病と自殺の関係も明らかにされてきた。しかし，同じような困難を抱えながら自殺には至らない人もいる。そのような人の周囲には，気軽に悩みを相談できる人間関係があるのかもしれない。もしそうなら，困難を抱える人が悩みを相談できる仕組みを社会的に整備していくことが自殺の予防に役立つだろう。

　近年，自殺は社会問題だと訴える**社会運動**が活発になっている。2005（平成17）年には自殺予防に取り組む民間団体が政府に提言を行った。彼らは，①国として自殺対策に取り組む意志を明確に示すこと，②効果的な予防策のために自殺の実態を調査すること，③個人だけでなく社会を対象とした自殺総合対策を実施すること，④社会全体で自殺対策を行う体制をつくること，⑤自殺未遂者や自死遺族への支援を行うこと，を求めた。

　こうした運動に政治や行政が応えるかたちで，2006（平成18）年には自殺対策法が制定され，2007（平成19）年には自殺総合対策大綱が閣議決定された。自殺は昔からあったが，このように社会的な対応が求められる社会問題として登場したのはごく最近のことである。自殺予防で先駆的な取り組みを進めてきた秋田県の6つのモデル自治体では，取り組みを行っていない周辺自治体に比べて顕著に自殺率が低下してきたという。

☐ 変化する社会問題

　ところで，離婚も自殺と同じく社会問題だといえるだろうか。データは省略するが，離婚率も長期的に上昇してきている。しかし今日，離婚予防は公共政策の課題とは考えられていない。むしろ，離婚の原因となる家庭内暴力や，離婚の結果として生じる子どもの貧困のほうが問題とされている。離婚そのものは，結婚生活の不調を清算する自己決定の方法として広く容認されるようになってきた。問題のとらえ方は，時代とともに変化している。

　一方，児童虐待は重大な社会問題とされている。しかし，児童虐待に関する相談件数の急増を示すデータを見ても，それは実際に虐待が増えているからなのか，親たちが気軽に相談するようになった結果なのか，それともこれまでは虐待と見なされていなかった事柄が新たに虐待と見なされるようになったからなのか，データだけからはわからない。問題のとらえ方が変化するので，実態をとらえるのも簡単ではない。

➡ 社会運動

何らかの社会問題を提起し，それへの対応を求める人々の集合的活動。産業革命以来，社会変革によって資本主義の弊害を除去することをめざす階級闘争型の労働運動が，社会運動の代表格と考えられてきた。しかし1960年代以降，女性運動や少数民族運動，障害者運動，環境運動，消費者運動など，アイデンティティや価値観に基づく「新しい社会運動」が盛んになった。自殺予防を訴える運動も，新しい社会運動の一つと考えられる。

社会問題は時代とともに変化することがわかったが、今日ではどんな事柄が社会問題とされているのだろうか。ひとつの試みとして、最近、日本経済新聞に「社会問題」として登場した話題を拾ってみた（期間は2019〔令和元〕年9月21日から2020〔令和2〕年9月20日まで）。以下はその結果である。なお、分類はここでの整理のためにつくった仮のものである。

社会政策と関連深い問題と思われる項目は、待機児童問題、保育士不足、児童虐待、子どもの貧困、養育費不払い、ゲーム依存、教育格差、健康格差、中高年のひきこもり、介護離職、高齢者の危険運転、高齢者の孤立、認知症患者の徘徊、老老介護、認認介護、新型コロナウイルスの感染拡大、病院の経営悪化、訪日外国人による医療費未払いなどである。そのほか、社会システムの機能不全に関連する問題（空き家の増加、衣料品の大量廃棄、食品ロス、飲食店の無断キャンセル、災害時のフェイクニュース、海洋プラスチックごみ、多頭飼育崩壊、マスク転売）、犯罪に関連する問題（ネット上の誹謗中傷、未成年者へのゲーム課金、ズーム爆弾、企業の反社勢力との結びつき、カスタマーハラスメント、あおり運転、ながらスマホによる交通事故）、マクロな社会変化（人口減少、超高齢化、トラックドライバー不足、コンビニの24時間営業問題、インフラの老朽化、地球環境問題）などが、社会問題として言及されている。

一方、アカデミズムの世界では、どんなテーマが社会問題として取り上げられてきたのか。古典的な事例は、マートン（Merton, R. K.）らが著した『現代の社会問題』（1971）である。その目次構成をみると、第1部「逸脱行動」（精神障害、犯罪と少年非行、非行と犯罪構造、薬物使用、アルコール中毒、自殺、性行動）、第2部「社会解体」（世界の人口危機、人種関係、家族解体、仕事とオートメーション、貧困と不名誉、コミュニティ解体と紛争、暴力、青年と政治）となっている。最近の本としては、メイ（May, M.）ほか編『社会問題を理解する——社会政策の課題』（2001）がある。単親家族、ケアと依存、家庭内暴力、貧困の変容、子どもの貧困、ホームレス、所得と富、健康格差、精神障害、アイデンティティと健康、犯罪と地域防犯、薬物濫用、児童虐待、不正受給、メディアと人種差別、消費者保護、食品と環境、などのテーマが取り上げられている。

ちなみに、厚生労働省の社会福祉士養成課程のカリキュラムには、学ぶべき社会問題の例として、「差別、貧困、失業、自殺、犯罪、非行、公害、社会的排除、ハラスメント、DV、児童虐待、いじめ、環境破壊」が挙げられている。本章ではこのうち、貧困、自殺、社会的排除

に言及しているが，これは偶然である。これら脈絡のない話題を順番に取り上げていっても，社会問題と社会政策の関係はつかめないだろう。

以上の概観からわかることは，第1に，社会問題としてかなり雑多な事柄が取り上げられてきたということである。ホームレス問題と地球温暖化問題は，問題の内容を考えればほとんど無関係である。一番の共通点は，「社会問題」として議論されているということだろう。第2に，問題のとらえ方は時代とともに変化している。社会問題を理解するうえでは，問題の内容だけでなく，問題の「とらえ方」にも注目する必要がある。

 社会問題への社会学的アプローチ

新聞記事の見出しや本の目次を眺めても明らかなように，これまで種々雑多な事柄が社会問題として論じられてきた。一方，社会学は社会問題をどのようにとらえてきたのだろうか。ここでは，①規範主義，②機能主義，③構築主義，④リスク社会論，の4つのアプローチに分けて説明したい。そのうえで，社会政策を考える立場から社会問題にどうアプローチしていくべきか，筆者の見解を述べたい。

□ 規範主義アプローチ

まず，規範主義アプローチによれば，社会問題とは，人々の理想（ないし価値基準）に照らして望ましくない事象のことである。規範主義の立場をとる研究者からみると，社会はどうあるべきかという理想が多くの人々に共有されている（あるいは共有されるべきである）ので，何が社会問題かの判断に迷う心配はない。たとえば麻薬や売春が広まることは，人々の価値基準に照らして望ましくないので，社会的対応が求められる社会問題だということになる。社会改良を志す実践的研究者にとって，何が社会問題かはまったく自明のことである。社会問題は，今そこに人々の危機として実在する。社会政策と関連深い貧困の例でいえば，貧しい人々はたしかに実在するし，実践的に考えれば彼らの抱える問題を放置しておくわけにはいかないのである。

規範主義アプローチに対して，キツセ（Kitsuse, J. I.）とスペクター（Spector, M. B.）は構築主義（後述）の立場から疑問を投げかけている[7]。理想や価値基準が多くの人々に共有されているというが，それは何人

の人によって共有されているのか。ある事象は，何人の人が望ましくないと思えば社会問題になるのか，と。そういわれるとたしかに，人々の価値基準は一種類ではない。そこを曖昧にすると，学問の名を借りて研究者自身の主観的な価値基準を人々に押しつけるだけになってしまうかもしれない。

☐ 機能主義アプローチ

次に，機能主義アプローチによれば，社会問題とは，社会システムの目標達成にとってマイナスに働く事象のことである。機能主義の立場をとる研究者からみると，社会は統一された**システム**をなしており，集合的目標を持っている。他の社会と比べて目標達成度が低い場合，その社会は組織不全（social disorganization，社会解体と訳される）を起こしていると考えられる。そのような社会の組織不全こそが社会問題であるという。たとえば無計画な都市開発は，都市というシステム全体の目標達成にとってマイナスに働く（**逆機能**という）ので，社会的対応が求められる社会問題だということになる。社会問題はシステムの危機として実在する。貧困の例でいえば，貧困の拡大は社会全体の治安悪化や能率低下につながりかねないので，社会問題とされるのである。

機能主義アプローチは，規範主義に比べれば客観的かつ科学的であるように見えるが，キツセとスペクターは機能主義アプローチも容赦なく批判している。第1に，システムの境界をどう設定するかによって，ある事象はプラスにもマイナスにも評価できてしまうのではないか（たとえば，ごみ処理場の建設は周辺住民にとってマイナスかもしれないが，地域全体にとってはプラスかもしれない）。第2に，組織不全などといってみても，結局は研究者自身の**価値判断**の科学的偽装にすぎないのではないか，と。

☐ 構築主義アプローチ

一方，構築主義アプローチによれば，社会問題とは，人々が社会問題だと主張する問題のことである。規範主義や機能主義による社会問題の特定が結局は研究者の価値判断に依存するのに対して，構築主義アプローチは「人々が何を社会問題だと主張しているか」に注目することで科学的客観性を確保しようとする。たとえば「ポルノは性差別だ」という女性団体の主張も，「フリーメーソンが世界征服の陰謀を進めている」というトンデモ本の主張も，それが社会問題だと主張される限りは，社会的対応が求められる社会問題だということになる。

➡ システム

複数の構成要素が集まって全体構造をなしている様子をさす。構成要素間の相互作用や，全体構造に対する構成要素の貢献や妨害，全体構造と外部環境との相互作用などを明らかにするのが，システム分析である。システムは実在する実体と考えるのではなく，観察者が事象を把握するために設定する仮構と考えるべきである。本文でも述べたように，システムの境界をどう設定するかによってシステム分析の結論はまったく異なったものになる。

➡ 逆機能

ある構成要素がシステム全体の存続や目標達成を妨害している場合，その構成要素はシステムに対して逆機能的であるという。マートン（1969）の分析方法では，①ある構成要素がシステム全体に対して機能的である（貢献している）かどうか，②そのことをシステムの構成員が自覚しているかどうか，に注目する。①と②の組み合わせから，顕在的機能，顕在的逆機能，潜在的機能，潜在的逆機能という4つのパターンが識別可能になる。

➡ 価値判断

何が大事で何が末事か，何が望ましくて何が望ましくないか，何が正しくて何が間違っているか，といった事柄を自分の基準に従って判断することを意味する。社会問題の研究でも，「何が大事な問題か」という価値判断が出発点になければ研究に取りかかることすらできない。ただ，大事な問題として選び出されたテーマを実際に研究するにあたっては，好き

嫌いで事実を歪めたり
してはいけない（ヴェ
ーバー〔1998〕を参照
のこと）。

その際，主張に見合う事象が実在するかどうかは問われない。社会問題は人々の危機として構築される（つくり出される）。貧困の例でいえば，誰かが「貧困は社会問題だ」と主張してはじめて，貧困は社会問題となる。

　社会問題とされる事象そのものではなく，それを問題として定義する人々の言語活動に焦点をあてる構築主義の戦略にはたしかに利点がある。第1に，研究者の価値判断を回避できる点。第2に，事象とは独立に生起する問題構築のメカニズムを解明することができる点（貧困問題が注目される時期は，貧困が実際に増加する時期とは重ならないかもしれない）。しかし社会政策を考えるうえでは，問題構築のメカニズムだけでなく，事象（たとえば貧困）そのものに関する研究を深める必要がある。さもなくば対応策も立案できないからである。

□ リスク社会論アプローチ

　最後に，リスク社会論アプローチによれば，社会問題とは，専門家が社会問題だと定義する問題のことである。たとえば地球温暖化や食品汚染など，現代のリスクの多くは目に見えるものではなく，その道の専門家が難しい測定や計算をしてはじめて顕在化する。専門家の指摘に見合う事象はたしかに存在するのだが，それは専門家の定義によってしかとらえられない。逆にいえば，専門家が危険性を指摘しなければ，ある事象は社会的対応が求められる社会問題とはならないのである。きちんとした対応策を講じなければシステムの存続が脅かされかねない，と専門家はいう。社会問題はシステムの危機として構築される（つくり出される）。貧困の例でいえば，統計分析を駆使した専門家の研究を読んではじめて貧困問題が認識される。貧困が目に見えにくくなっている先進諸国では，こうしたことがよくある。

　構築主義は研究方法として問題構築のプロセスに注目したのだったが，リスク社会論アプローチでは，社会問題がその道の専門家によって構築されること自体を現代社会の特徴と考える。しかし，その道の専門家が依拠する科学という営為の客観性は疑わしい。実験手続きは客観的だが，認識の出発点には何に注目するかという主観的な前提がある。そうなると，いかなる方針で科学的営為を進めるのかが重要になってくる。その方針は，専門家だけでなく，非専門家も含めた公共的討議によって練り上げられるべきだろう。

□ 政策志向の社会問題研究へ

　以上，社会問題に対する4つの社会学的アプローチについて，なる

第8章 社会問題と社会政策

図8-3 社会問題研究の4つのアプローチ
出所:筆者作成。

べく図式的（理念型的）に概観してきた。これをさらに図式的に整理したものが図8-3である。縦軸は，社会問題をはじめから実在するものとしてとらえるか，それとも構築される（つくり出される）ものとしてとらえるかの違いを表している。一方，横軸は，社会問題を人々の危機としてとらえるか，それともシステムの危機としてとらえるかの違いを表している。

さて，本章の課題は社会問題と社会政策の関係を考えることである。そこで，以上4つのアプローチを等距離に眺めつつも，より政策志向の研究視角を定式化しておきたい。

第1に，社会問題は事象が実在しないなら単なる空騒ぎにすぎないが，問題が構築されなければ事象そのものが認識できないのもたしかである。認識をめぐる議論はややこしいが，研究者は事象そのものと問題構築プロセスの双方を関連づけて研究する必要がある。その際，何に注目するかの価値判断を避けることはできず，自らの研究活動もまた問題構築（ないし脱構築）の公共的プロセスに参加していることを自覚すべきである。

第2に，社会問題はさしあたり人々の危機として現れるが，それがシステムの危機として認識されるときもっとも強い訴求力を獲得する。その際，システムの境界をどう設定するかが問われるが，それはどの範囲での社会的対応を求めて問題を構築するかに依存する。ある問題への対応を地域に求めてもよいし，国際機関に求めてもよい。しかし，社会政策ともっとも関連深いのは，国民国家というシステムの危機として認識された社会問題である。

▶国民国家
国民が主権を持つ国家のことを意味する。それは，歴史経験を共有する国民によって形成され支持される。国民が参政権を行使するには誰が有権者かを確定する必要があるので，国籍法が厳格化される。民主主義は自国民と外国人の区別を求めるのである。そこから少数民族の同化や排除の問題が生じる。近年では，移民の増加や経済のグローバル化によって国民国家の相対化が進んでいるともいわれるが，その重要性は少しも揺らいでいない。

141

3 リスク社会における社会問題

　社会政策と関連深い領域では，近年どんな社会問題が提起されているだろうか。ここでは，①高齢者の健康格差，②子どもの貧困，③ホームレスの社会的排除，の3つの問題を取り上げたい。その際，前節で述べたリスク社会における社会問題の特徴をふまえて，問題を構築する論者が，いかなる概念を用いているか，どんなデータで主張を裏づけているか，どんな社会的対応を求めているか，に注目して整理する。

□ 高齢者の健康格差

　まず，高齢者の健康格差に関する近藤克則（2005）の研究を取り上げよう。健康や病気は個人の体質や心がけの問題と思われがちだが，近藤はそれを社会問題として提起している。健康を個人の問題としてとらえるなら，社会の側は，実際に病気になった人に医療サービスを提供するか，せいぜい病気の予防を呼びかけるくらいしかできない。しかし，もし社会のあり方が人々の健康や病気に影響を及ぼしているとしたら，人々の健康増進のために社会のあり方を変えていくべきだということになる。近藤は，人々の健康に影響を及ぼす社会的要因として，所得と**ソーシャル・キャピタル（社会関係資本）** に注目する。

　所得は人々の健康に影響を及ぼす。近藤が愛知県の高齢者に対して行った大規模調査によれば，世帯年収100万円未満の人は400万円以上の人に比べて，女性で4.1倍，男性で6.9倍も抑鬱症にかかりやすい。[10]また，先進諸国のジニ係数（不平等度の指標）と平均寿命を国際比較すると，不平等度の高い国ほど平均寿命が短いことがわかる。[11]近藤によれば，不平等は人々のストレスを増大させ，不健康をもたらすという。[12]一方，人々のつながりの豊かさを表すソーシャル・キャピタルは，健康にプラスの影響を及ぼしている可能性があるとされる。[13]

　近藤はこうした根拠に基づいて，医学的に病気になりやすい少数の人々に対象を絞って介入を行う「ハイリスク・ストラテジー」ではなく，なるべく広い範囲の人々を対象とする「ポピュレーション・ストラテジー」[14]をとるべきだと主張する。社会全体の健康増進のためには，ヘビースモーカーにお金と手間をかけて禁煙指導サービスを提供するよりも，職場の禁煙を義務化したり，タバコ増税を実施する方が効き

➡ソーシャル・キャピタル（社会関係資本）

人々のつながりの豊かさを表す概念。社会関係資本と訳される。考案者の一人であるパットナムによれば，ソーシャル・キャピタルが豊かな地域ほど，人々は信頼し合い，助け合う傾向が強い。その結果，商売が盛んになったり，人々が健康になったりする。ソーシャル・キャピタルには，強固で排他的な「結束型」と，緩やかで開放的な「橋渡し型」があるという。結束型のソーシャル・キャピタルは，外部への敵意を生み出すなどの弊害もある。

第 8 章　社会問題と社会政策

目がある。さらに，社会的ストレスの原因となる所得格差そのものを
緩和する「健康によい社会政策」，すなわち所得再分配の強化をはか
るべきだという[16]。

◻ 子どもの貧困

次に，子どもの貧困に関する阿部彩（2008）の研究を紹介しよう。
阿部は，格差ではなく貧困という概念で考える。格差という概念で考
えると，格差を完全になくすことは不可能だという結論になりがちで
ある。世の中には勉強ができる子もいれば，運動ができる子もいる。
運動神経が鈍い子も不利だし，家庭の経済状況が厳しい子も不利だと
いうことになってしまう。それに対して，貧困は「社会として許すべ
きではない」生活水準のことだという。それは，あるべき社会の姿を
示す価値判断である。完全平等主義を追求しなくても，貧困撲滅を求
めることはできる[17]。

子どもの貧困はなぜ問題か。阿部が2006年に東京近郊で行った調査
によれば，15歳当時の暮らし向きが苦しかった人は，現在も所得や生
活水準が低いという。このことは，子ども時代の貧困が教育や就業の
機会を制限し，それが現在の所得や生活水準の低さにつながっている
と解釈できる[18]。また，阿部は OECD の国際比較データを引用しながら，
日本は OECD 加盟国の中で唯一，税制や社会保障による再分配後に
子どもの貧困率が悪化する国だと指摘する[19]。つまり，お金のことに関
する限り，日本の**福祉国家**は子どもの貧困の緩和にまったく役立って
いないことが明らかになる。

以上のデータをふまえて，阿部は次のような政策提言を行う。①子
どもの基本的な成長にかかわる医療，基本的衣食住，義務教育および
高校教育へのアクセスを，すべての子どもが享受すべきである。②た
とえ完全な平等を達成することが不可能だとしても，それを「仕方が
ない」と許容するのではなく，少しでも，そうでなくなる方向に向か
うように努力する姿勢が社会には必要である。こうした権利が子ども
に保障されないことは，社会にとって損失だという。一等になるべき
子どもが一等にならなかったり，将来に希望を持てずに怠けたりした
ら，社会全体の活力が低下してしまうからである[20]。

◻ ホームレスの社会的排除

最後に，ホームレスの社会的排除に関する岩田正美（2008）の研究
を検討しよう。ホームレスの人々は，なぜ路上で生活しているのだろ
うか。運命のいたずらのせいだろうか，それとも彼ら自身の怠惰の報

➡ 福祉国家

国民生活の安定や向上
を直接の目的とした広
範な給付やサービス
（具体的には「社会政
策」の項目参照）を提
供する国家のことを意
味する。そのような国
における国家福祉（政
府が提供する給付やサ
ービス）をさす場合も
ある。戦後の先進諸国
で成立した福祉国家を
ケインズ・ベヴァリッ
ジ型福祉国家とも呼ぶ。
これは，大規模な財政
支出を理論的に正当化
したケインズと，生活
の安定に資する政策メ
ニューを提案したベヴ
ァリッジの名にちなむ。

いなのだろうか。岩田は社会的排除という概念を用いることで，社会のあり方こそが彼らの路上生活の原因であることを明らかにする。社会的排除とは，家族や地域などの社会関係の網の目から排除されることや，さまざまな制度の利用を拒否されることをさす。貧困が物質的資源の不足を意味するのに対して，社会的排除は社会関係の不足に着目した概念である[21]。

　岩田によれば，ホームレスとは，社会参加の基盤となる住居という定点の喪失を意味する，究極の社会的排除である[22]。岩田が1999（平成11）年に東京都内で行った調査によれば，ホームレスの人々は，①転落型，②労働住宅型，③長期排除型，に分類できる。①転落型は，最長職は安定しており，路上直前まで普通の住宅に住んでいた人々をさす。②労働住宅型は，最長職は安定していたが，社宅や寮などの労働住宅を経て路上に出てきた人々をさす。③長期排除型は，これまでずっと不安定な仕事を転々としてきた人々をさす。この調査では，①が35.0％，②が28.9％，③が35.3％という分布だった[23]。

　現在の労働市場の状況では，長期排除型の人々が安定した仕事に就ける見込みは小さい。また，労働住宅型の就労では家族や地域などの社会関係の網の目から排除されやすい。そこで岩田は，ホームレスの人々に就労のみを強いるような支援ではなく，社会関係の網の目への参加の基盤となる住居をまず保障すべきだと主張する。具体的には，日本の福祉国家が無視してきた住宅手当（家賃補助）の本格的導入が求められるという[24]。岩田によれば，ホームレスの問題は単に彼ら自身の問題ではなく，社会構成員の亀裂がもたらす社会統合の危機である[25]。

☐ 優れた社会問題研究の特徴

　以上に紹介した研究は近年の社会問題を扱った重要文献なので，ぜひ手にとってみてほしい。3つの研究には，いくつか共通の特徴があるように思われる。

　第1に，いずれの研究も，格差・貧困・社会的排除などの概念を導入することによって，問題が単に個人的なものではなく，社会的要因に規定されていることを明らかにしている。その意味で，**社会学的想像力**が発揮された研究である。さらに，そのような概念に見合う事象が実在することを，具体的なデータによって示している。単に「問題だ」と主張するだけでなく，客観的なデータ分析の手続きにしたがって主張を裏づけることが，社会問題を研究する者の責務である。

　第2に，格差・貧困・社会的排除によって生じる問題は，単に不利な状況に置かれた人々の危機としてではなく，社会システム全体の危

➡社会学的想像力
第5章側注参照。

機として提示されている。阿部によれば，子どもの貧困は社会全体の活力を低下させるのであり，岩田によれば，ホームレスの社会的排除は社会統合の危機をもたらすのである。こうした論理構成は，社会の主流に位置する人々に社会問題への対応を迫る有力な根拠となる。

第3に，単に「問題だ」と主張するだけでなく，その問題の解決ないし緩和のためにどんな社会的対応がとられるべきかを具体的に論じている。近藤は再分配の強化を提案し，阿部は子どもの成長にかかわる基本的サービスへのアクセス保障を主張し，岩田は社会参加の基盤となる住居の保障を要求している。いずれも，福祉国家の改革につながるかたちで問題を構築しているのである。

4 社会政策に何ができるか

最後に，社会政策は社会問題とどうかかわるのだろうか。この疑問に答えるには，まず社会政策とは何かを定義しなくてはならない。詳しく議論すればもう一章分の紙面が必要になるが，ここではごく簡略に，通説にしたがって説明しておきたい。社会政策とは，「市民生活の安定や向上を直接の目的として策定されたり実行されたりする公共政策」のことを意味する。論理的に考えはじめると，ふつうに考えられているよりも広範な政策がこの定義にあてはまるかもしれないが，慣習的には「雇用（労働基準，職業訓練，失業保険，雇用機会の均等化など），所得保障（年金，生活保護，社会手当などの現金給付），保健・医療（公衆衛生や医療サービスなど），福祉サービス（対人社会サービス），住宅，教育など」が，社会政策の重要な領域とされている。これは中央官庁でいえば，厚生労働省の主な所管事項と重なる領域である。

社会問題を「社会的な対応が求められている事柄」と考えれば，こうした政策はたしかにある種の社会問題への社会的対応として役立つだろう。しかし，たとえば地球温暖化問題や食の安全問題に対しては，社会政策は無力である。そうした問題に対応するのは，エネルギー政策や環境政策，農業政策，食品政策などだろう。社会問題と政策の関係を考えるうえでは，そのほか，地域政策，防犯政策，防災政策，男女共同参画政策，産業政策，中小企業政策，交通政策などにも注目する必要がある。一方，社会問題への社会的対応の方法は，国や自治体の政策に限定されるわけではない。たとえば，ある問題をメディアが取り上げた結果，人々が自主的にボランティア活動を組織する場合が

ある。また，企業の中で提起された問題について，労働組合と経営側が自主的に対応を協議することもあるだろう。要するに，社会問題と社会政策の間にはつねに関係があるわけではない。

とはいえ，社会政策が社会問題への有力な対応方法であることはたしかである。社会問題への対応が行われるには，第1に，何が社会問題かを討議する公共的な言論空間が必要であり，第2に，問題への社会的対応を可能にするだけの資源がなくてはならない。福祉国家にはこの2つが揃っている。公共的討議を可能にする**民主主義**と，政策の実施を財政的に裏づける徴税制度こそが，社会問題と社会政策をつなぐ回路である。前節で取り上げた3つの社会問題の研究が，いずれも福祉国家の改革に向けて議論を展開していたのは偶然ではない。格差や貧困や社会的排除が社会問題として強い訴求力を持つのは，それが福祉国家のメンバーシップとしての市民権の理念に抵触するからである。福祉国家の改革の提案は，一見すると福祉国家の無力さに対する批判のように見えるかもしれないが，じつは社会問題と社会政策をつなぐ回路を活用し，かつ強化しようとしているのである。

社会問題への社会的対応を実現する空間として，国民国家（ないし福祉国家）という単位の重要性を強調しすぎたかもしれない。今日では国民国家というレベルだけでなく，国内の地域レベルの社会政策や，国連やEUに見られるような，国民国家を超えたレベルの社会政策の重要性も強調されている。たとえば外国人労働者の問題は，国民国家のレベルを超えた社会問題として構築し，対応すべきだと考える人もいるだろう。しかしそのためには，想定される範囲において言論空間と政策資源が確保される必要がある。国連や世界銀行などの国際機関はグローバルな社会問題に対応する**グローバル社会政策**を実施しているが，それにかかわる言論空間と政策資源は今のところきわめて貧弱である。また将来，東アジアでもEU社会政策に匹敵するものが形成される可能性はあるが，現状では前途遼遠というほかない。そういうわけで当面は，福祉国家を改革することが社会問題への最も有力な対応方法の一つであり続けるだろう。

▶民主主義

共同体のメンバー全員が意思決定に参加できることを建前とする政治体制。古代アテネのようにメンバーが意思決定に直接参加する方式もあれば，多くの近代国家のように選挙で代表者を選ぶことを通じて間接的に意思決定に参加する方式もある。後者においても，選挙の時だけでなく，メンバーが公共的討議を通じてつねに相互理解と世論形成に努めることで，代表者の意思決定の水準を高めることができる。これを熟議民主主義と呼ぶ。

▶グローバル社会政策

国境を越えた社会政策。主にグローバルな社会問題に対応する国際機関の政策をさすが，国際NGOや国際社会運動の役割も重要である。グローバル社会政策は，世界銀行など国際機関の援助を受ける開発途上国に大きな影響を与えている。しかし歴史的にみれば，先進国の社会政策も国際労働機関（ILO）などとの相互作用のなかで形成されてきた。社会問題と社会政策の関係は一国内で完結しておらず，グローバルな視野で検討する必要がある。

●注 ────────

(1) スピッカー，P.／武川正吾・森川美絵・上村泰裕訳（2001）『社会政策講義 ──福祉のテーマとアプローチ』有斐閣，44頁。
(2) デュルケーム，É.／宮島喬訳（2018）『自殺論』中公文庫（原著は1897年）。
(3) 本橋豊（2006）『自殺が減ったまち──秋田県の挑戦』岩波書店，11頁。
(4) 内閣府（2007）『自殺対策白書 平成19年版』。
(5) 本橋，前掲書，133頁。

第8章　社会問題と社会政策

⑹　ハッキング，I.／出口康夫・久米暁訳（2006）『何が社会的に構成されるのか』岩波書店，305頁。

⑺　キツセ，J. I.・スペクター，M. B.／村上直之・中河伸俊・鮎川潤・森俊太訳（1992）『社会問題の構築——ラベリング理論をこえて』マルジュ社，50頁。

⑻　同前書，40頁。

⑼　中河伸俊（1999）『社会問題の社会学——構築主義アプローチの新展開』世界思想社，25頁。

⑽　近藤克則（2005）『健康格差社会——何が心と健康を蝕むのか』医学書院，5頁。

⑾　同前書，125頁。

⑿　同前書，122頁。

⒀　同前書，135頁。

⒁　同前書，155頁。

⒂　同前書，157頁。

⒃　同前書，174頁。

⒄　阿部彩（2008）『子どもの貧困——日本の不公平を考える』岩波新書，ⅴ頁。

⒅　同前書，20頁。

⒆　同前書，96頁。

⒇　同前書，37頁。

㉑　岩田正美（2008）『社会的排除——参加の欠如・不確かな帰属』有斐閣，23頁。

㉒　同前書，59頁。

㉓　同前書，65頁。

㉔　同前書，175頁。

㉕　同前書，181頁。

㉖　武川正吾（2003）「社会政策」秋元美世・大島巌・芝野松次郎編『現代社会福祉辞典』有斐閣。

㉗　同前書。

●参考文献 ————

ヴェーバー，M.／富永祐治・立野保男訳，折原浩補訳（1998）『社会科学と社会政策にかかわる認識の「客観性」』岩波文庫。

内閣府（2007）『自殺対策白書　平成19年版』。

内閣府（2008）『自殺対策白書　平成20年版』。

ベック，U.／東廉・伊藤美登里訳（1998）『危険社会——新しい近代への道』法政大学出版局。

マートン，R. K.／森東吾・金沢実・森好夫訳（1969）『社会理論と機能分析』青木書店。

May, M., Page, R. & E. Brunsdon（eds.）（2001）*Understanding Social Problems: Issues in Social Policy*, Blackwell.

Merton R. K. & R. Nisbet（eds.）（1971）*Contemporary Social Problems*, Harcourt Brace Jovanovich.

Mills, C. W.（2000［1959］）*The Sociological Imagination*, Oxford University Press.

■第9章■
自我と社会

自我の社会性

近代的自我

　人間の自我は他の人間との関係において社会的に形成される。自我は孤立したものではなく，他の人間とのかかわりにおいて形づくられている。自我は社会性を有している。

　これまでは，どちらかといえば，自我は孤立的なものとして捉えられていた。デカルトの有名な言葉である「ワレ思う，故にワレあり」は，このことをもっともよく表現している。このような孤立的自我のあり方が近代的自我と呼ばれるものである。

　近代的自我は近代社会の成立とともに登場し，近代に特有な自我として考えられてきた。それは封建社会から脱し，多くの束縛から解放され，自由で独立な人間のあり方を表しており，フランス革命の精神的支柱となったともいわれている。

　けれども，近代的自我はそれがひとり歩きするようになると，他者の存在を無視し，自己中心的となり，他者を自己目的の手段とするエゴイズムとなってしまっている。そこから，人々の社会的なまとまりが失われ，無規範，無規制なアノミー状況が生み出されるようになった。

　このような近代的自我のイメージとは異なり，人間の自我は他の人間とのかかわりにおいて社会的に形づくられるものと考える必要がある。(1)

「私は誰ですか」

　人々の自我のあり方を経験的に明らかにする方法にTST法がある。それは「私は誰ですか」(Who am I ?) という問いに対して，20通りの回答をしてもらうテスト法である（図9-1）。

　回答を「物質的・身体的自我」「社会的自我」「精神的自我」に分け，回答全体のうちで「物質的・身体的自我」がもっとも多いものを「Aモード」，「社会的自我」がもっとも多いものを「Bモード」，「精神的自我」がもっとも多いものを「Cモード」と名づける。

　回答において，これまでは「Bモード」が圧倒的に多かったが，今日では，「Cモード」が大幅に増えてきている。このことを，ターナーは，「制度的自我」から「インパルス的自我」への移行として捉えてい

▶ デカルト
　（Descartes, R.
　：1596-1650）
フランスの哲学者，数学者，物理学者。精神と物質との二元論を確立した。彼はすべての知識を疑いの対象として徹底的に考察し，そこから，「ワレ思う，故にワレあり」という事実は疑いえないことであると主張した。主著に『方法序説』(1637)，『省察』(1641)，『哲学原理』(1644)，『情念論』(1649) などがある。

▶ 近代的自我
近代社会の誕生とともに現れた自我のあり方を指す。封建社会を打破し，自由で個性的な独立的人間のあり方を表している。しかし，それは孤立した存在となり，また，他者を自己目的の手段として利用するというエゴイズムに陥りやすくなっている。

▶ エゴイズム
　（egoism）
利己主義，自己中心主義。自己の目的達成のために他者の存在を無視し，また他者を利用するような生き方，考え方，行動のあり方を表す。

▶ アノミー
　（anomie）
フランスの社会学者デュルケム (Durkheim, É.〔1858-1917〕) が社会学の用語として使用したもの。これまでの規範や規制が有効性を持たなくなり，人々のまとまりがなくなるような無規範，無規制状態を指している。アノミー状況においては，さまざまな社会病理現象が発生するようにな

```
「私は誰ですか」(Who am I?)
 1. 私は [          ] です。  11. 私は [          ] です。
 2. 私は [          ] です。  12. 私は [          ] です。
 3. 私は [          ] です。  13. 私は [          ] です。
 4. 私は [          ] です。  14. 私は [          ] です。
 5. 私は [          ] です。  15. 私は [          ] です。
 6. 私は [          ] です。  16. 私は [          ] です。
 7. 私は [          ] です。  17. 私は [          ] です。
 8. 私は [          ] です。  18. 私は [          ] です。
 9. 私は [          ] です。  19. 私は [          ] です。
10. 私は [          ] です。  20. 私は [          ] です。
```

図 9-1　TST 法

出所：筆者作成。

る。

「制度的自我」とは，社会の規範や価値または理想に同調する自我であり，「インパルス的自我」とは，そのような規範，価値，理想から解放されたときに本当の自分が見出されるとする自我である。

☐ アイデンティティの喪失

他方，TST 法において，最近は回答者が回答の20すべてを答えることが難しくなってきている。つまり，人々は「自分が何であるのか」という問いに確信を持って答えることが困難になっている。このように「自分が何であるのか，わからない」ことを**アイデンティティの喪失**➡という。

そして，人々は「アイデンティティの喪失」によって，自己否定や他者否定を行うようになる。「自分が何であるのか，自分はどうしたらよいのか，わからない」と強く思うひとが自分を問い詰め，「自分の存在価値はない」として自己を否定する。そこから自傷や自殺などの行為を企てるようになる。

あるいは，これとちょうど反対に，「自分は絶対である」として自分の全面肯定を行い，他者の全否定を引き起こすようになる。「自分が何であるのか，自分はどうしたらよいのか，わからない」という自我の不確定感から逃れるために，他者の否定に向かう。そして，他人に暴力を振るったり，殺人を企てたり，また児童虐待を行ったりするようになる。

このように，自己否定も他者否定もその底に「アイデンティティの喪失」があり，そこから，自分を問いつめてしまうことになる（図 9-2）。

☐ 自我は「タマネギ」である

しかし，自分をどんなに問い詰めても別に何も出てこない。それは

っている。

➡ TST 法 (Twenty Statements Test of Self-attitude)

自己態度に関する20回答テスト。自我の経験的把握を行うために「私は誰ですか」(Who am I?) という問いに対して「私は…です」(I am ...) という回答を20通りしてもらい，回答を「物質的・身体的自我」「社会的自我」「精神的自我」にタイプ分けするテスト法である。

➡ ターナー (Turner, R. H. : 1919-2014)

アメリカの社会学者。シンボリック相互作用論の中心的研究者であり，社会的移動，役割，準拠集団，集合行動，災害などについて多くの研究業績をあげている。著書に『集合行動』（キリアン，L. M. との共著）(1957)，『社会心理学』（ローゼンバーグ，M. との共編）(1981) などがある。

➡ 制度的自我

ターナーの用語。社会の価値や規範に同調して生きる自我のこと。制度的自我には，制度の枠の中で自己の目標達成をめざす達成的自我と，制度の中で他の人間との関係において自己を生かす利他的自我とがある。

➡ インパルス的自我

ターナーの用語。社会の価値や規範から離れて生きる自我のあり方を表す。インパルス的自我には，欲求や衝動を開放するインパルス解放的自我と親しいひととの間に安らぎを覚えるインティメートな自我とがある。

> **アイデンティティの喪失**
> アイデンティティとは他者とは区別された自分のことである。それは対象化された自己を指し，「自分が何であるのか」を確認した自分を表している。現代社会において多くの人々が「自分が何であるのか，わからない」という「アイデンティティの喪失」を引き起こしているといわれる。

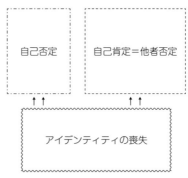

図9-2　自己否定・他者否定
出所：筆者作成。

自我がタマネギのようなものだからである。タマネギの皮を剝いていけば，最後には芯が出てくると思っても，いつまで経っても何も出てこない。

人間の自我もそのようなものであり，自分を問い詰めていっても，何かが出てくるわけではない。そして，何も出てこないと，「自分には，結局，何もないのだ」と簡単に結論づけ，自己否定や他者否定に走ることにもなってしまう。

実は，この剝いて捨てた皮が自我をつくっている。ここでの皮とは，他の人々の期待，つまり，親の期待，友達の期待，先生や先輩などの期待を意味する。このような期待の組み合わせから自我が形づくられている。自我は他者の期待とのかかわりにおいて社会的に形成されている。

> **クーリー**
> （Cooley, C. H. : 1864-1929）
> アメリカの社会学者。「鏡に映った自我」や「第一次集団」などの概念を用いたことで有名であり，自我，集団，社会組織，社会過程の研究を行っている。主著に『人間性と社会秩序』（1902），『社会組織』（1909），『社会過程』（1918）の3部作がある。

② 鏡に映った自我

□「鏡に映った自我」

ひとは自分の顔を自分で見ることができない。けれども，鏡を見れば自分の顔がどうなっているのかがわかる。人間の自我も同じであり，自分の自我は自分ではわからないが，他のひとを鏡として，鏡としての他者を通じてはじめて知ることができる。人間の自我は常に他の人間とのかかわりにおいて形成されている。

> **鏡に映った自我**
> （looking-glass self）
> クーリーの用語。人間は他者を鏡として，鏡としての他者の認識や評価を知ることを通じて自分を知るようになる。自我の社会性を的確に表現した概念であるといえる。

クーリーは，人間の自我は「**鏡に映った自我**」であるという[2]。クーリーによると，人間は自分の顔や姿を鏡に映すことによって具体的にわかる。それと同じように，人間の自我は他者を鏡として，鏡としての他者を通じて知ることができる。親，友達，先輩，先生が自分をど

第9章　自我と社会

う見るか，どう評価するかを知ることで，自分を知ることができるようになる。

　このように，他者の存在が自我を形づくるのに必要不可欠なものとなっている。自我はまさに「鏡に映った自我」として，他者との関連で社会的に形成されている。

☐ 第一次集団

　クーリーによれば，自我は**第一次集団**において形成される。第一次集団とは家族，遊び仲間，地域の集団を指している。第一次集団は人間がこの世で出会う最初の集団であり，集団内部の人間関係は直接的なフェイス・トゥ・フェイスで親密な関係からなっている。

　このような第一次集団は人間の自我形成にとってもっとも基本的な集団である。第一次集団の中で，親，兄弟姉妹，友達などとの関係において自我が形成されるようになる。

　クーリーによると，第一次集団における他者とのかかわりは3つの側面において存している。第1は，他の人間がどのように認識しているかについての想像，第2は，他の人間がいかに評価しているかについての想像，そして，第3に，これらに対して自分が持つ感情である。自我はこのような形において他者との関連において社会的に形成されている。

☐ 「ワレワレ思う，故にワレあり」

　「鏡に映った自我」の概念によって，自我の社会性を強調するクーリーはデカルトを批判する。クーリーによると，デカルトの「ワレ思う，故にワレあり」はきわめて不十分な表現である。なぜなら，ワレは人間の誕生とともに最初から存在するのではなく，成長のやや進んだ段階においてはじめて現れてくるものだからである。また，ワレはワレだけで終わるのではなく，必ずワレワレとなるものである。

　そして，ワレはワレワレの中において生まれ，発達するものである。したがって，「ワレ思う，故にワレあり」ではなく，「ワレワレ思う，故にワレあり」が適切な表現であるということになる。

▶第一次集団
　（primary group）
クーリーの用語。フェイス・トゥ・フェイスの直接的接触による親密な関係からなり，メンバー間に連帯感や一体感が存在する集団を指している。家族，遊び仲間，地域集団などが含まれており，人間の自我形成にとって基本的な集団であるとされている。

③ 「役割取得」による自我形成

**➡ミード (Mead,
G. H. : 1863-
1931)**

アメリカのプラグマ
ティズムの哲学者，社会
心理学者である。自我，
行為，時間などの研究
を行った。主な著作に
『精神・自我・社会』
(1934)，『19世紀思想
の動向』(1936)，『行
為の哲学』(1938)，
『現在の哲学』(1932)
などがある。

**➡意味のある他者
(significant
other)**

ミードの用語。人間の
自我形成にとって必要
不可欠な，意味のある
人間を指している。親，
兄弟，友達，先輩，先
生などがそれに当たる。

**➡役割取得 (role
taking)**

ミードの用語。他者の
役割期待を受け入れる
ことによって自我が形
成されることを意味す
る。そのことによって，
人々の自我の社会的形
成を具体的に知ること
ができるようになる。

**➡一般化された他
者 (generalized
other)**

ミードの用語。複数の
他者の多様な期待をま
とめ上げ，組織化し，
一般化した期待を指し
ている。「一般化され
た他者」の期待が形成
されることによって，
自我の発達がもっとも
進んだ段階に達するよ
うになる。

☐ 自我の社会説

　ミードも自我の孤立説を否定して，自我の社会説を主張している[4]。
ミードによれば，自我の孤立説は自我を社会に先行し，自我はそれ自
体としてすでに存在しているものと考えている。

　しかし，それでは自我がどこから生じるのかを説明できない。自我
は人間が生まれたときから存在しているのではなく，社会的経験と社
会的活動の過程において生じてくるものだからである。

　そして，ミードによると，人間の自我は親，友達，先生や先輩など
の「**意味のある他者**」の期待を取り入れる「**役割取得**」を通じて形づ
くられるようになる。

　ミードの言葉によれば，「人間は他者の役割（期待）を取得でき，他
者が行為するように自分自身に向かって行為するかぎりにおいて自我
となる[5]」。このことが「役割取得」による自我の社会的形成である。

　そして，自我形成にかかわる他者は一人ではなく，親，兄弟，友達，
先生など何人も存在している。複数の他者とのかかわりに関して，ミ
ードは「**一般化された他者**」という概念を打ち出している。「一般化
された他者」とは，複数の他者の期待をまとめ上げ，組織化し，一般
化した他者の期待を表している。

☐ 「プレイ」段階と「ゲーム」段階

　ミードは，「一般化された他者」について，子どもの遊びを例にし
て説明している。ミードによると，子どもの自我形成は２つの段階を
経て行われる。第１の段階は「プレイ」(play) 段階であり，第２の段
階は「ゲーム」(game) 段階である。

　「プレイ」段階とは，ままごとなどのごっこ遊びの段階である。ご
っこ遊びにおいて，子どもはお母さんやお父さん，また先生やおまわ
りさんなどの役割を演じる。それらの役割を演じることによって，子
どもは親や大人の態度や期待を自分に結びつけて知ることができ，そ
のことを通じて，自分のあり方を理解するようになる。

　そして，子どもは成長するにつれて，多くの人々にかかわるように
なると，複数の他者の多様な期待に直面するようになる。しかし，こ
れらの態度や期待は常に一致し，また調和し合っているわけではなく，

その間にズレや対立が存在することもまれではない。

そのような場合，子どもは自分が混乱状況に陥ることを避け，それを克服するために，複数の他者の期待をまとめあげ，組織化し，一般化した「一般化された他者」の期待を形成するようになる。そのことが行われるのが第2の段階の「ゲーム」段階である。

野球やサッカーなどのゲームに加わる子どもは，複数の参加者の期待を組織化しないかぎり，ゲームの面白さや楽しさを十分に享受することができない。そこにおいて，「一般化された他者」の期待を形づくり，それによってゲームを楽しむことできるようになる。ミードによると，その段階において，自我の発達が十全な形において成し遂げられることになる。

□「他者」の拡大

そして，ミードは，このようなことを子どもの場合だけではなく，大人の自我形成の場合にも当てはめている。そこにおいて，「一般化された他者」は家族や遊び仲間などの狭い範囲に限定されず，地域社会や国民社会へと拡大され，さらには国際社会にまで広げられる。

そしてまた，他者は時間的にも拡大され，現在の他者に加えて，過去の他者，未来の他者も含まれるようになる（図9-3）。すでに亡くなったひとやこれから先に出会うひとの期待も自我の形成に強くかかわるようになる。

このように，他者の範囲が空間的にも時間的にも拡大され，それに基づき自我の社会性も一層拡大されるようになる。

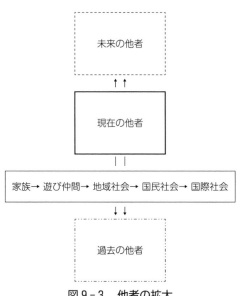

図9-3 他者の拡大
出所：筆者作成。

自我は孤立性ではなく，社会性を有することをもっとも強く主張することにおいて，ミードはデカルトとはちょうど反対の極に自己の見解を置くこととなった。そして，そのことによって，ミードの自我論は現代人の自我の様相を理解するのにきわめて有効なものとなっている。

4 現代人の自我の様相

☐ 多面的・流動的自我

社会の複雑化，多様化，変化・変容の進行によって，人々がかかわる他者の量は大幅に増大し，また質的にも多様化してきている。そのような複数の他者の多様な期待との関連において，人々の自我が形成される。

しかし，その場合，他者たちの自分への期待は必ずしも一致しておらず，その間にずれや対立が生じることもある。そこにおいて，人々は他者の期待に対応して，いくつかの場面や状況に分け，それぞれに適合した自我を形成するようになる。

人々は多重のリアリティに住み，複数のアイデンティティを持つようになる。しかも，その間の統一をあえて求めず，多面的，多元的な自我をそのまま保持するようになる。人々は家庭での自我，職場での自我，あるいはレジャーの場での自我など，それぞれ異なる複数の自我を持つようになっている。平野啓一郎によれば，人間は「対人関係ごとの様々な自分」である「分人」となる。

このように，人々の自我は自立的な個体的自我から，相互依存的な関係的自我に変わり，単一的，一元的なものから，多面的，多元的なものになっている。そしてまた，人々の自我は恒常的に固定したものから，変化・変容する流動的なものとなってきている。現代人の自我は単一の固定した自我ではなく，複数の流動する自我となっている。

☐ 印象操作

アメリカの社会学者のゴフマンは，人間は「外見」が大切な存在であることを強調している。それはゴフマンが人間の行為は舞台の上の俳優の演技と同じであると考えるからである。したがって，演技すること，それが人間の行為であるということになる。

ゴフマンによると，人間の行為は，常に他の人間を意識してなされ

▶ 平野啓一郎
（1975-）
芥川賞作家。主な作品に『日蝕』(1998)，『私とは何か』(2012)，『マチネの終わりに』(2016)，『ある男』(2018)，『「カッコいい」とは何か』(2019)，『本心』(2021)などがある。

▶ 分人
平野啓一郎の用語。対人関係ごとに存在する，さまざまな自分を表している。一人の人間の中に両親との「分人」，恋人との「分人」，親友との「分人」，職場での「分人」など，複数の「分人」が存在していることを意味している。

▶ ゴフマン
（Goffman, E.
：1922-1982）
アメリカの社会学者。人間の行為を演技として捉え，他者との相互作用における人間行為の機微について，「外見」「印象操作」「役割距離」などの用語を用いて具体的に明らかにしている。主著に『行為と演技』(1956)，『アサイラム』(1961)，『出会い』(1961)，『集まりの構造』(1963)，『儀礼としての相互行為』(1967)などがある。

▶ 外見
（appearance）
外から見ることのできる人間の属性であり，身振り，顔の表情，服装，装飾品，持ち物，髪型などによって表現される。他者の視覚に訴えて，自己を意識的に表現し，他者の認識や評価を得ようとするものであり，自己表現の重要なメディアとなっている。

ている。そして，人間は他の人間に対する印象をよくしようと常に努力している。そのことが「印象操作」というものである。

「印象操作」とは，他者の印象を操作するのではなく，他者に対する自分の印象をよいものにしようと操作することである。にこやかにほほえんだり，美しく見えるように化粧したり，若く見えるように身振りを軽やかにしたり，あるいは，セレブに見えるようにブランド品を身につけたりするようなことである。

このような「印象操作」には2つのタイプがあり，他者によい印象を与えようとする「印象操作」と他者に悪い印象を与えないようにする「印象操作」である。前者が積極的，攻撃的「印象操作」であり，後者が消極的，防衛的「印象操作」である。

ひとが「印象操作」をするのは，他の人間が「外見」に基づいて評価するからである。とりわけ，都市に住む人間は「印象操作」に気を配る傾向がある。それは都市社会が個人的に深く知り合った人間の集まりではなく，「ストレンジャー」の世界であり，互いに「外見」でもって判断せざるを得ないからである。

相手の判断の素材として，よいものを提供しようとし，また悪いものを隠そうとするのが「印象操作」であるということになる。

☐ 感情操作

人々はまた，「感情操作」をよく行っている。「感情操作」とは，ホックシールドによれば，人々の感情が「感情ルール」からずれた場合に，そのずれをカバーするものとして行われる行為である。[(8)]

「感情ルール」とは，感情に関して「そうすべきである」「そうしなければならない」ということを指している。結婚式では喜びを，葬式では悲しみを表現しなければならないという「感情ルール」が存在している。

ここから，ひとは悲しいと思わなくても，悲しそうに装おい，うれしくなくても，うれしさを表現するようになる。したがって，「感情操作」は「印象操作」の感情編といえる。ただし，「印象操作」が表層的な操作であるのに対して，「感情操作」は感情それ自体を操作する深層的な操作となっている。

☐ 感情労働

そして，今日，産業労働のサービス化によって，「感情操作」が人々の仕事に必要不可欠な「感情労働」となってきている。ホックシールドによると，「感情労働」には女性の2分の1が従事しており，そこ

➡️印象操作（impression management）

ゴフマンの用語。ひとが他者の印象を操作することではなく，自分が他者からのよい印象を獲得し，また悪い印象を回避しようとする行為である。若く見えるように，また美しく見えるように，あるいは，あまり目立たないように自己を装うことが印象操作である。

➡️ストレンジャー（stranger）

見知らぬひと，異邦人，また新規来住者のこと。「ストレンジャー」はお互いの生活史や経験などの個人属性について詳しい情報を持っておらず，その関係は表面的，一次的，限定的なものとなっている。

➡️感情操作（emotion management）

ホックシールドの用語。人々が社会関係を維持するために，自分の持つ感情が「感情ルール」に合わない場合，それをカバーするために感情を操作する行為。悲しいと思わなくても，悲しさを装い，うれしくなくても，うれしそうに振る舞うことなどである。

➡️ホックシールド（Hochschild, A. R. : 1940-）

アメリカの社会学者。感情の社会性を解明する感情社会学研究の第一人者である。「感情ルール」「感情操作」「感情労働」などの研究を行っている。主著に『管理される心』(1983)，『セカンド・シフト』(1989)，『壁の向こうの住人たち』(2016) などがある。

➡感情労働
（emotional labor）
....
ホックシールドの用語。「感情操作」が労働として行われること。産業労働のサービス化によって，人々の仕事に「感情操作」が必要不可欠となり，感情それ自体が商品価値を持つようになってきている。「感情労働」においては笑顔の感情表現のみならず，怒りの感情そのものを感じない深層操作がなされるようになる。

では感情それ自体に商品価値があるという「感情の商品化」（commodification of emotion）が進んできている。[9]

このような「感情労働」は，フライト・アテンダント，看護師，警察官，福祉関係やサービス産業の従事者などに当てはまる事柄となっている。

フライト・アテンダントにおいては，笑顔の表情に加えて，怒りそのものを感じないという「感情操作」がなされている。看護師においては，罪悪感や恐れなどについて「感情操作」がなされ，警察官においては，悲惨な出来事に関して「感情操作」がなされている。また，ファストフードの店員はマニュアルにしたがった「感情操作」が行われている。

☐ うその自分

このような「印象操作」や「感情操作」に関して注意すべきことは，人々が他者の期待との関係において「本当の自分」を出すことができなくなるということである。そのような場合，「本当ではない自分」，つまり，「うその自分」を出していかなければならない。「本当の自分」をそのまま出しても，相手に受け入れてもらえないことから，「うその自分」でもって相手の期待に応えるようになる。

つまり，「印象操作」や「感情操作」の多くは，「本当の自分」とは異なる自分を相手に示すこととなっている。とくに，サービス産業の仕事では「スマイル」が要求されており，フライト・アテンダントやコンビニの店員の場合はとりわけそうである。他者の期待と「本当の自分」との間にずれや不一致がある場合は，「うその自分」を出していかなければならなくなっている。

☐ 親密な関係における自我

しかも，このようなことが企業組織の内部のみならず，いまや，家族や友人などとの親しい間柄においても行われるようになっている。本来は，仲のよい友達と話をしているときとか，一家団らんをしているときに安らぎを感じ，そこに「本当の自分」を見出すものである。

しかし，親，兄弟，友達に対しても，自分を装うことが行われる。相手に合わせて楽しさやうれしさを演じたり，喜びの感情を抑えたりすることがなされる。けれども，相手に合わせて自分を装うことは，「本当の自分」ではなく，「うその自分」を表現することにもなる。

このことはまた，危険なことを行っていることでもある。それによって，楽しくても心から笑えなくなるとか，悲しくても自然に涙する

ことができなくなるからである。「うその自分」がうそでなくなり，そのひとり歩きが起こってしまう。そのことによって，「本当の自分」が見失われ，自己喪失の危機を招いてしまうことにもなる。

❑ SNSにおける自我

他方，SNSにおいても同様なことが生じつつある。SNSは遠くにいるひとや未知のひととつながりを持ち，世界中の人々とのコミュニケーションを可能とさせる。そして，そこにおいて，人々は情報を単に受信するだけではなく，自ら積極的に発信できるようになっており，SNSでの発信が人々の投票行動に大きな影響を与えることも生じている。

しかしまた，SNSの利用において，人々は他者の存在を常に意識し，他者の反応に過度に敏感になっている。多くの人々が自分の発信内容に対して他のひとの同意を表す「いいね」マークをクリックしてもらうことに腐心する。そこから，自分独自の見解を見失い，他者によって操作されやすい存在となる。そこでは，「本当の自分」というよりは，「うその自分」を表現することにもなっている。

このような事態の広がりを避けるためにも，人々は自己の自我を主体的に形成する必要がある。そのことによって，従来の自我の変容がなされることになる。

⑤ 自我の主体的形成

❑ 役割距離と役割形成

人々において，他者の期待を単に消極的，受け身的に受け入れるのではなく，他者の期待を積極的，主体的に変えていくことが必要となる。そこにおいて，「役割距離」行動や「役割形成」行為がなされるようになる。

「役割距離」行動とは，ゴフマンによると，他者の期待から少しずれた行為をすることである。少し年長の子どもが遊園地のメリーゴーラウンドに乗るときに後ろ向きになったり，片足を上げてみたり，外科医が厳粛な手術室において冗談を言ったりする。これらのことは，他者の期待から少しずれた行為ではあるが，しかし，社会的にはある程度認められていることでもある。

「役割距離」行動によって，ひとは他者の期待とは異なる独自の自

➡ **SNS（Social Networking Service）**

インターネット上において，人々のつながりが生み出されるネット・コミュニティを構築するサービスのこと。フェイスブック（Facebook），X（旧ツイッター，Twitter），ライン（LINE），インスタグラム（Instagram），ユーチューブ（YouTube），ティックトック（TikTok），スレッズ（Threads），ブルースカイ（Bluesky）などがある。

➡ **役割距離（role distance）**

ゴフマンの用語。他者の期待や社会の規範から少しずれたことを行うこと。それによって，自己の存在を相手に示し，自分が他者や社会の期待や規範から相対的に自由であり，自律性を確保できることを表している。

➡ **役割形成（role making）**

ターナーの用語。人間の主体的行為として，既存の役割期待の枠を越えて人間行為が新らたに展開することを表している。他者の期待に働きかけ，それを修正し，変更し，再構成することである。「役割形成」行為によって，人々は問題的状況を乗り越え，状況を変容し，新たに構成することができるようになる。

分を表現し，自分の存在をアピールすることができる。それは人々において，役割期待からの相対的自由の余地と自立性の確保の可能性が存することを示すものとなっている。

しかしまた，このような「役割距離」行動は社会的期待全体の変容ではなく，期待を大枠として認め，その中での少しの差異にとどまっており，その限りでの意義と役割を持つものといえる。

そこで，さらに，他者の期待の変容を行う「役割形成」行為が必要となる。「役割形成」とは，ターナーによれば，既存の役割期待の枠を越えて，新たな人間行為が展開することである。[12]

女性の生き方に関して，これまで，女性はよき男性に出会い，子どもを産み，家事・育児に専念して，家庭を守って，末永く幸せに暮らすという考え方が支配的であった。けれども，女性の社会的進出が拡大していくと，それでは自己をうまく実現できなくなる。そこから，女性の社会的進出を認め，評価するような新たな自我の形成が必要となる。

また，今日，高齢者は身体的な衰えからして，非生産的で非能率な存在であり，社会的にリタイアすべきであるとされている。けれども，老いを衰退ではなく，変化・変容を通じての成熟と考え，創造的老いを追求していくためには，スピード・効率や成果・結果を重視するのではなく，スローで，過程それ自体を重視する生き方を押し広げていくことが必要になる。そこにおいて，高齢者の「役割形成」がなされることになる。

➡主我（I）と客我（Me）

人間の自我の2側面を表す。「客我」は他者の期待を取り入れた自我の側面を指し，「主我」はそれに対する反応であり，人間の積極性，主体性を表し，新しいものを生み出すものとされる。

➡創発的内省（emergent reflexivity）

人間が他者の観点から自分自身を振り返り，そこから現在の状況を捉え直し，再構成し，新たなものを生み出していくこと。「主我」概念の具体的な内容を表すといえる。

☐ 主我と客我

人間はただ単に社会によって決定されるだけではなく，社会をつくり上げていく存在でもある。ミードによると，人間の自我には2つの側面がある。一つは「**主我**」，もう一つは「**客我**」である。[13]

「客我」とは他者の期待をそのまま受け入れたものであり，「主我」とはその「客我」に対する反応である。「客我」は自我の社会性を表し，「主我」は自我の積極的側面を指している。

ミードによれば，「主我」は人間の個性や独自性，創造性や主体性を示し，また，新しさを創発するものである。そして，「主我」は人間の経験のうちでもっとも魅力的な部分である。何か新しいものが生み出されるのは，まさにこの「主我」によってである。

☐ 創発的内省

「主我」は，内容的には，人間の「**創発的内省**」を表している。「内

省」において，自己が内省の対象となり，他者の観点から自分自身を顧みて，そこから，新たな世界を創出するようになる。それが「創発的内省」である。[(14)]

　人間において，「創発的内省」は「問題的状況 ➡」において活性化する。障害や妨害また禁止などに出合い，従来のやり方が役に立たなくなる「問題的状況」に置かれた場合，人間は行為を一時停止し，遅延反応（delayed response）を引き起こす。そして，遅延のあいだに「内省」を展開し，問題的状況をイメージし，問題点を明らかにし，問題解決の新しい方策をつくり出すようになる。

　「内省」を通じて，問題的状況を乗り越え，新しい状況を生み出していく「創発的内省」の展開によって，新たな自我の形成がなされることになる。

☐ 内的コミュニケーション

　このような「創発的内省」は他の人間とのコミュニケーションを通じて生み出されてくる。他の人間とのコミュニケーションにおいて，人間は外的，内的の二重のコミュニケーションを行っている。そして，「内的コミュニケーション ➡」の展開によって，新たなものが創発されてくるようになる。

　ミードによると，人間は「意味のあるシンボル ➡」によって媒介されるコミュニケーションを行っている。「意味のあるシンボル」とは，「他者に向けられた時に自己にも向けられ，また，自分に向けられた時にも，それも形式上はすべての他者に向けられるようなサイン，シンボル，言葉」を指している。[(15)]

　「意味のあるシンボル」の典型である音声は，それを発することによって，他者に一定の反応を引き起こさせるとともに，音声を発した本人の内にも同一の反応を引き起こさせる。音声は他者と自己との両方の耳に入っていく。

　そのことによって，自分の音声が相手に対してどのような反応を引き起こすのかを考えうるようになる。つまり，他者のうちに引き起こすと同一の反応を自己のうちに引き起こすことになる。[(16)]

　ここから，人間は自己の内部において「内的コミュニケーション」を展開するようになる。人間のコミュニケーションにおいては他者との「外的コミュニケーション」と同時に自分自身との「内的コミュニケーション」が行われている。

　この「内的コミュニケーション」とは他者との社会的コミュニケーションが内在化し，自己とのコミュニケーションを行うことである。

➡ **問題的状況（problematic situation）**

障害や妨害によって，これまでのやり方が通用しなくなる状況を指している。そこにおいて，人間は自己を内省し，内的世界の活性化を通じて新たな世界を生み出すようになる。「内省」において問題点が明確化され，その解決策が作り出され，問題が乗り越えられ，そこに新しい状況が現れてくるようになる。

➡ **内的コミュニケーション（inner communication）**

自分自身の内部におけるコミュニケーション，また自分自身との内的相互作用を表している。人間は他者との社会的なコミュニケーションとともに，自己との内的なコミュニケーションを行っている。「内的コミュニケーション」においては，他者の期待が解釈され，修正・変更され，再構成され，新たなものが生み出されてくるようになる。

➡ **意味のあるシンボル（significant symbol）**

自己にも他者にも同一の反応を引き起こすシンボルや言葉を指している。人間に固有のものであり，その典型である音声は，他のひとが聞くだけではなく，それを発した本人もまた聞くことができるようになっている。

161

そして，「内的コミュニケーション」において，新たなものが生み出されてくるようになる。

☐ 自分自身との相互作用

ブルーマーによると，人間は「自分自身との相互作用」において「表示」と「解釈」を行っている。[17]

「自分自身との相互作用」において，他者の期待が背景から解き放され，新しい意味が付与されて「表示」される。そして，「表示」された期待は，人々の置かれた位置や行為の方向に照らして「解釈」される。「解釈」において，他者の期待が修正・変更・再構成され，そこから，新しい自我が形成されるようになる。

このような「自分自身との相互作用」は「内的コミュニケーション」に当たっている。「内的ミュニケーション」の活性化によって，これまでの自我のあり方が見直され，修正され，変更され，再構成されるようになる。

ここにおいて，自我が新しく生まれ変わると，同時に他者もまた変わりうるようになる。そして，社会は変化・変容しながら，ダイナミックに展開していくものとなる。

➡ ブルーマー
（Blumer, H. G.
：1900-1987）

アメリカの社会学者。シンボリック相互作用論の命名者であり，集合行動，世論，映画などの研究を行っている。主著に『シンボリック相互作用論』(1969)，『産業化論再考』(1990)，『ジョージ・ハーバート・ミードと人間行為』(2004) などがある。

➡ 自分自身との相
互作用（self
interaction）

ブルーマーの用語。他者との相互作用とともに生まれる自分自身との内的な相互作用を指している。他者の期待を具体的に「表示」する過程と表示されたものを自己の置かれた現在の位置やこれからの行為の方向に照らして「解釈」する過程とからなっている。

○注

(1)　船津衛（2011）『自分とは何か』恒星社厚生閣，船津衛（2008）『社会的自我論』放送大学教育振興会。

(2)　Cooley, C. H.（1902）*Human Nature and the Social Order*, Charles Scribner's Sons.

(3)　クーリー，C. H.／大橋幸・菊池美代志訳（1970）『社会組織論』青木書店，24-31頁。

(4)　ミード，G. H.／稲葉三千男・滝沢正樹・中野収訳（1973）『精神・自我・社会』青木書店，235-239頁。

(5)　同前書，183頁。

(6)　平野啓一郎（2012）『私とは何か――「個人」から「分人」へ』講談社，7頁。

(7)　ゴフマン，E.／石黒毅訳（1974）『行為と演技』誠信書房，24-34頁。

(8)　ホックシールド，A. R.／石川准・室伏亜紀訳（2000）『管理される心』世界思想社，39-86頁。

(9)　同前書，12頁。

(10)　船津衛（2017）『現代のコミュニケーション』ヌース出版，109頁。

(11)　ゴフマン，E.／佐藤毅・折橋徹彦訳（1985）『出会い』誠信書房，85-172頁。

(12)　Turner, R. H.（1962）"Role-Taking", in Rose, A.（ed.）, *Human Behavior and Social Processes*, Houghton Mifflin, pp. 20-40.

(13)　ミード，前掲書，186頁。

(14)　船津衛（1983）『自我の社会理論』恒星社厚生閣，94頁。

(15)　ミード，G. H.／船津衛・徳川直人編訳（1991）『社会的自我』恒星社厚生

閣，25頁。

⑯　同前書，65頁。

⑰　ブルーマー，H. G.／後藤将之訳（1991）『シンボリック相互作用論』勁草
　　書房。

◯参考文献 ────────

船津衛（2011）『自分とは何か』恒星社厚生閣。

ブルーマー，H. G.／後藤将之訳（1991）『シンボリック相互作用論』勁草書房。

ミード，G. H.／稲葉三千男・滝沢正樹・中野収訳（1973）『精神・自我・社会』
　　青木書店。

■ 第10章 ■
社会集団と組織（NPO）

① 社会集団と組織

❑ 日本社会に広がる NPO

　1998年に特定非営利活動促進法（NPO 法）が施行されて以来，日本でも NPO（Nonprofit Organization），すなわち民間非営利組織という言葉をよく見かけるようになった。新聞で NPO という言葉を見ない日はほとんどないし，実際に法人格を取得した NPO（特定非営利活動法人，以下，NPO 法人）は，5万団体程度に達している。しかし，NPO が，どのような組織としての性格を持っているのかを明瞭に説明することは思いのほか難しい。なぜなら，参加者という点から言っても，NPO にはボランティアと同時に有給スタッフも参加している。また，社会問題の当事者が参加していることも多い。また，NPO の財政面をみても，寄附のような贈与的な資金もあれば，行政からの補助金・事業委託費といった公的資金もあり，加えて，市場からの事業収入もある。すなわち，関わっている人や資源の面から考えた時，NPO という組織には，非常に多様な要素が結びついているのである。そして，組織の規模の面からも，NPO には小規模なボランティア・サークルのようなものから，介護保険事業に参入して財政規模が数億円にもなるものまで含まれる。本章では，以上のような NPO に関して，そもそも，社会集団や組織とは何なのかを議論した上で，その組織的な特徴について検討する。そして，併せて，NPO の発展を支えるための基盤となる条件に関して考察していくことにしたい。

❑ 社会集団とは何か

　私たちは，日常的に，家族，学校，会社，役所，自治会，趣味のサークル等，多様な社会集団と関わりながら生活している。仕事をするにしても，勉強するにしても，余暇生活を楽しむにしても，そこには，大抵何らかの社会集団との関わりがあり，私たちは，多くの社会集団を行ったり来たりしながら，日々の生活を送っているといえるだろう。その意味で，私たちにとって，社会とは，まずは，社会集団そのものとして，あるいは，社会集団が重層的に織りなす世界として立ち現れてくるものなのではないだろうか。こうした社会集団について，園田恭一は，共通の目標や利害関心を実現するために，「人びとのあいだで相互作用が比較的密に継続されている集まりで，それ自体として一

定の機能を担っている部分社会[2]」と定義している。そして，園田によれば，社会集団には，共通の目標や利害関心が存在し，それを実現するために役割分担（分業）がなされたり，個々のメンバーの行動を規制するために一定の規範が形成されたりする。また，社会集団の中で継続的に相互作用が行われることで“われわれ”意識が醸成され，何らかの共有された文化や価値観が生み出されたりもするのである。

☐ 多様な社会集団

　こうした社会集団に関して，これまで多くの社会学者が，いくつかの対概念を作って分類してきた。最も代表的なものとしては，テンニースによるゲマインシャフトとゲゼルシャフトを挙げることができるだろう。ゲマインシャフトとは，本質意思による結合と呼ばれ，人格的な信頼関係に基づく情緒的な強いつながりを意味し，血縁関係や地縁関係，中世の村落共同体といったものを含んでいた。これに対し，一方のゲゼルシャフトとは，自らの利益のために，合理的な計算や選択を基盤として人々が結合する状態を意味し，近代的な株式会社などが典型とされる。また，ゲマインシャフトとゲゼルシャフトに類似した概念としては，クーリー等による第一次集団と第二次集団という対概念も挙げることができる。

　クーリーによれば，第一次集団とは，人々が対面的に相互作用し，親密に結びつき，我々感情を有する集団を意味し，家族や近隣集団などを含む。一方の第二次集団は，直接的なつながりではなく，文書化されたルールなど，間接的接触を基盤とした集団を意味し，株式会社，政党，組合などが含まれていた。日本でも同様に，高田保馬が，血縁・地縁といった自然的紐帯に基づく基礎社会と派生的紐帯（文化的類似性と利害の共通性）によって成立する派生社会という対概念を生み出している[3]。

　いずれにしろ，こうした対概念は，前近代から近代へという社会の歴史的変遷を前提として考えられてきた。テンニースは，近代化が進み，都市や資本主義が発達していくにつれて，社会は，ゲマインシャフトからゲゼルシャフトへと徐々にその重心を移していくと考え，高田も，近代化に伴って，基礎社会の役割は徐々に減退していくとして「基礎社会衰耗の法則」を説いている[4]。そして，近代社会の中で，次第に主流を占めるようになった社会集団が，以下に述べる組織（公式組織），あるいは官僚制組織と呼ばれるものである。

➡ **テンニース**
（Tönnies, F.
：1855-1936）

ドイツの社会学者で，1887年に出版した『ゲマインシャフトとゲゼルシャフト』によって注目を集めた。テンニースは，社会がゲマインシャフトからゲゼルシャフトへと変遷していった先に，さらにゲノッセンシャフトという協同組合をモデルにした社会を構想していた。また，彼は，純粋社会学・応用社会学・経験社会学といった社会学の類型を提起してもいる。

☐ 組織とは何か

　組織について，近代組織論の祖といわれるバーナードは，「二人以上の人々の意識的に調整された活動や諸力の体系」と定義している[5]。この際，組織が成り立つためには，①共通の目的と②目的に向かって協働する意思，そして③協働のプロセスを支えるための意識的調整が不可欠である。すなわち，何らかの問題を解決するために人々が集まったとしても，個々人が自分勝手にバラバラに行動したのでは協働の成果を上げることは難しい。組織においては，明確な目標を定め，メンバーが貢献意欲を持ち，かつ，彼らの行動が意識的に調整されているということが重要になるのである。とりわけ，最後の意識的調整は，通常，組織において，制定された規則によってなされる。つまり，組織目標，個々人の役割や地位といったことを明瞭に文書化された規則や計画として制定するのである。これが正に組織における公式性を意味しており，通常，組織といえば，こうした特徴を持つ公式組織（フォーマル組織）のことを指す。

　また，このような公式組織の純粋型が，**ヴェーバー**➡の提示した官僚制組織だと見なすことができるだろう。ヴェーバーによれば，官僚制とは，以下のような特徴を有する。①規則によって合理的に定められた職務と権限，②階層的な命令権限（ヒエラルキー），③書類や文書に基づく職務執行（文書主義），④専門的訓練を前提とした職務活動，⑤フルタイムで働く職員，⑥習得可能な規則に基づく職務遂行。こうした官僚制組織においては，合理的に確定された分業が行われるので無駄がなく，個人の私的な関係性や情実ではなく，明瞭な規則や権限を基盤としているので，組織内で行われる活動の予測可能性や計算可能性が高まる。その結果，合理的で安定的な組織運営が可能となる。したがって，ヴェーバーによれば，合理化の進んだ近代社会においては，官僚制組織が，その技術的卓越性のゆえに，政府の行政組織としても，私的な企業組織としても支配的になると考えられてきた。そして，ヴェーバーは，こうした官僚制を，近代人の逃れられぬ宿命として「鉄の檻」と表現したのである[6]。

　しかし，一方で，官僚制組織はさまざまな問題も生み出す。それが，「官僚制の逆機能」といわれている問題である。例えば，規則や手続きの遵守を優先するあまり，元々の目的が見失われてしまい，本来の目的のための手段として行われていたことが，あたかも目的のようになってしまうといったことがしばしば起こる。また，行動を標準化する手続きが数多く設定されているがために，かえって，状況に臨機応変に対応できない場合もある。加えて，組織全体よりも，自分の部署

➡**マックス・ヴェーバー（Weber, M.：1864-1920）**

20世紀を代表するドイツの社会科学者。ヴェーバーは，社会科学的認識と価値判断とを弁別する価値自由を提起し，また，社会現象を諸個人の行為に還元して捉え（方法論的個人主義），行為者の主観的意味理解を重視する理解社会学を展開した。そのうえで社会の合理化過程を比較文明史的に捉えようとする『宗教社会学論選』（邦訳1972）や『経済と社会』（1922）といった壮大な作品を著した。

の目標や利益ばかりを優先し，他の部署の仕事には全く関心を持たないといったセクショナリズムも起こりうる。(7)

このように，総じて，官僚制組織は，保守的で現状のままで居続けようとする傾向が強くなり，新しい問題を解決したり，自ら組織を革新したりすることが困難だといわれている。

日本社会における NPO の登場

それでは，上記のような社会集団や組織に対する認識を前提として，NPO をどのような組織として捉えることができるか，以下では，詳細に検討していくことにしよう。

❏ NPO における非営利の意味

そもそも，NPO（Non-profit organization）という言葉は，日本語に訳せば「非営利組織」であるが，この時に気をつけなければならないのは，非営利組織の「非営利」という意味である。実は，「非営利」は，報酬としてお金をもらわないという意味での「無償」と同じではない。そもそも，NPO は，多くの場合，継続的な事業展開を行っているので，人件費を含むさまざまなコストがかかる。そのため，一定程度サービスを有償化していくことも必要になるだろう。したがって，「非営利」とは，実際には，その組織が利潤追求を目的とせず，それゆえ「利益を配分しないこと」を意味する。すなわち，NPO では，組織が活動に従事しながら一定程度の利益を産出したとしても，それを出資者や理事，会員等組織の構成メンバーに配分しないで社会貢献のために再投資するのである。

しかし，実際には NPO を非営利という観点だけから定義すると，その範囲は非常に幅が広くなる。例えば，一般社団・財団法人，公益社団・財団法人，社会福祉法人，学校法人といったものも全て非営利の組織とみなすことができる。けれども，日本では，1998年の特定非営利活動促進法（NPO 法）の施行，そして，2008年の新しい公益法人制度の施行まで，非営利組織の中心は公益法人であり，それらは行政による管理監督が非常に強く，一定の規模の大きさも求められてきた。中には，中央省庁からの天下りの受け皿になるような組織もあり，政府から独立した民間団体と見なせないような場合も多かった。(8)そのため，日本では，NPO という言葉を，従来の公益法人と区別して用いる

場合が多く，NPO は，基本的に「非営利」である組織の中でも，後述のように，市民による自発的な市民活動団体を指している。

日本における NPO 前史と市民活動

さて，以上のような NPO は，米国から輸入された制度上の概念だということもあり，どうしても新しい組織だと思われがちである。[9]しかし，実際には，NPO という新しい組織が，真空状態の中に突如現れたというわけではない。日本の市民社会には，NPO 前史として，市民による数多くの自発的な運動や活動が存在してきた。とりわけ，1980年代以降の市民活動の展開は，NPO の重要な素地となったと言えるだろう。市民活動とは，文字どおり，市民の自発的な連帯によって生み出される活動であり，単なる行政への要求や異議申し立てというよりは，多様な個人や集団をネットワーキングしつつ，自らオルタナティブ，すなわち，代替案となる新しい生活様式や社会モデルを提示し，実践する活動を意味している。例えば，1980年代，すでに，高齢者の在宅福祉・リサイクル・脱原子力運動・障害者の自立生活運動等，さまざまな領域で市民活動が活発に展開していたのである。

市民活動の組織化・事業化としての NPO

上記のような市民活動は，公共性をローカルな局面で市民自身の手で作り上げ実践していく動きとして重要な意味を持っていた。そして，市民活動の中からは，やがて，自分達の生み出したモデルを社会的な実体として定着させるために，「社会的な責任を担った継続的な事業経営」という視点を持つ団体が徐々に登場する。なぜなら，一時的な反対運動などと異なり，長期継続的な課題に取り組むことが必要となる中で，ある程度の組織化や事業化が必要になっていったからである。こうして，1980年代には，生活クラブ生協を基盤としたワーカーズ・コレクティブ，住民参加型在宅福祉サービス団体，大地を守る会，中部リサイクル市民の会，琵琶湖の環境生協等の団体が発展し，これらの団体は，市民事業とも呼ばれるようになっていった。

しかし，当時は，市民活動が，団体として契約や所有の主体となることが困難だった。なぜなら，市民活動団体が法人格を取得できる法制度上の基盤がなかったからである。そのため，何らかの契約行為を行う際には，個人にリスクが集中し，また，行政からの事業委託を団体として受ける際にも信用が得られにくい状況だった。こうした中，市民活動を支える法制度上の基盤を作ることが，日本の市民社会の重要な課題として浮上し，1995年1月に起きた阪神・淡路大震災を契機

として，NPO が注目されたことなどもあって，やがて1998年の特定非営利活動促進法（以下，NPO 法）の施行へと結びついていくのである。その意味で，日本における NPO とは，市民活動を基盤として，それらが事業化，並びに法人化を志向していく中で生じてきた現象だと見なすことができるだろう。

☐ 特定非営利活動促進法（NPO 法）の意義

なお，以上のような流れの中で1998年3月に成立した NPO 法とは，どのような法律なのだろうか。ここでは紙幅の都合上，いくつかのポイントだけ指摘しておきたい。第1に，市民活動団体が，容易に取得できる法人格ができたということである。従来，非営利の民間団体が公益法人として法人格を得るためには，旧民法第34条で規定されていたように，タテ割りの主務官庁（中央省庁）によって，その公益性を判断され「許可」される必要があった。すなわち，行政が恣意的に団体の法人化を決定していたのである。しかも，1972年の各省庁申し合わせ以降，公益法人設立許可のハードルは，極めて高く設定されてきた（社団法人で数千人の会員，財団法人で数億円の基本財産が必要だった）。しかし，NPO 法では，対象となる団体を「不特定かつ多数のものの利益」を目指すものとし，法人格付与の仕方も許可ではなく「認証」に変えた。認証とは，原則的に法律上の要件を書類審査のみで判断し法人格を与えるもので行政の裁量が入り込みにくい。しかも，特定非営利活動法人（以下，NPO 法人）になるためには，基本財産も必要なく，構成メンバー（法律上は社員と呼ぶ）も10人集めればよい。このような意味で，NPO 法は市民活動団体が法人格を容易に取得することを可能にしたという点で非常に画期的な法律だといえるだろう。

第2に，NPO 法のもう一つの重要な特徴は，NPO 法人に対して情報公開が義務づけられたということである。このことは，NPO 法人が行政からの強い管理監督を受ける存在ではなく，むしろ公開された情報をもとに市民社会によってコントロールされる存在として位置づけられていることを意味している。

そして，第3に，所轄庁が，中央省庁ではなく，NPO が活動する現場に近い都道府県となったことも地方分権的な意味合いを持っていたといえるだろう。

以上のような NPO 法は，2012年に改正され，税制上の優遇措置を受けられる認定 NPO 法人の対象が拡大した。また，NPO 法の成立は，公益法人制度にも影響を与え，2008年には新しい公益法人制度が施行され，とりわけ簡単に設立可能な一般社団法人は急激に増加している。

加えて，2022年には，非営利で，かつ，出資も可能な労働者協同組合法が施行された。このように，NPO法の成立後，日本では，社会貢献を自発的に行う市民活動団体が自由に法人を作ることが可能な法人制度が拡大してきているといえるだろう。

☐ NPO固有の社会的機能

　それでは，以上のようなNPOは実際にどのような社会的機能を果たしているのだろうか。このように考えた時，しばしば言及されるのが，「市場の失敗」と「政府の失敗」である。「市場の失敗」には，価格による貧困者の排除，生産者と消費者の間の情報ギャップ（情報の非対称性）や取引コストの高さ（良い業者を探索し，そのサービスを評価し，モニタリングするコスト）ゆえに，消費者の側が不利な状況に置かれてしまう問題が含まれている。一方，「政府の失敗」には少子高齢社会のもとでの政府の財政危機のみならず，多数決原理による政治過程ゆえにマイノリティのニーズに対応できないこと，行政官僚制組織のタテ割りや硬直性といったことが指摘されてきた。こうした市場や政府によっては満たされないニーズを充足するためにNPOは重要な意味をもつといえる。

　しかし，NPOの社会的な役割は，市場や政府の失敗を補完することだけにあるのではない。NPOは，単なるサービス供給を超えた社会的機能を果たしていることに注意すべきである。この点に関して，従来，NPOは，大きく分けて以下のような固有の社会的機能を有するものと捉えられてきた。第1の機能は，市民参加を促進することにより，信頼を伴った水平的で自発的な連帯関係，いわばボランタリーなコミュニティを形成することである。この場合の市民参加とは，多様な市民がボランティアや寄附者として，自発的に社会貢献に参加することを意味すると同時に，市民を福祉行政や営利企業の受身的な利用者から脱却させ利用者参加を促進すること，すなわち市民を社会サービスの「共同生産者」として巻き込むことを意味している。以上のようなコミュニティ形成は，何らかの問題に直面する当事者にとっては，エンパワメントの重要な基盤となるだろう。

　第2の機能は，市民生活上のニーズに根差したイノベーションである。NPOは市民生活の現場に密着した地点から，潜在的な社会問題を課題として発見かつ構築し，当事者のニーズに沿った視点から，柔軟で即応的な社会サービスを供給することが期待されてきた。その結果，クレーマー等によれば，NPOは実験的でイノベーティブな新しいモデル事業を形成することができ，社会サービスにおけるパイオニ

アとしての役割を果たし得ると考えられてきたのである[12]。

　そして，第3の機能は，アドボカシーである。NPOは実際のサービス供給以外にも，サービス評価を含むさまざまな情報提供や利用者の権利擁護を行い，直接的な問題解決が困難な場合には，公論に働きかけたり，政府（行政）機関に対してオルタナティブとしての政策提言を行ったりする。このようなNPOによるアドボカシー機能は，社会問題の現場から，既存の制度的枠組みでは表出されにくいニーズを公益として構築し，公共政策レベルのアジェンダに乗せ，かつ実効性のある代替案を提示していくことと結びついている。以上のような3つの機能は，企業や行政にとっては困難なNPOに固有の社会的機能として捉えることができるだろう。

❸ NPOの組織特性

◻ ボランタリー・アソシエーション

　さて，上記のようなNPOを組織論的に考えると，どのような特徴を見出すことができるだろうか。市民が自発的に結成した市民活動団体であるNPOは，初発の段階においては，まずもってボランタリー・アソシエーションとして捉えることができる。ボランタリー・アソシエーションとは，アメリカ都市社会学におけるコミュニティ研究の中で注目されるようになった概念であり，地域コミュニティを基盤に，市民の選択的意思によって形成された非職業的かつ非営利の人的結合体のことを意味していた。日本では，佐藤慶幸が，そうしたアメリカ都市社会学の系譜を踏まえて，独自のボランタリー・アソシエーション論を展開している。佐藤によれば，ボランタリー・アソシエーションは，①自律的，②非権力志向，③非職業的，④非交換的，⑤非日常的，⑥一時的といった性格を持つボランタリー・アクションの集合的企てとして行為論的に把握される[13]。こうしたボランタリー・アソシエーションは，多くの場合，明確な指揮命令系統などはなく，一定の価値理念的な目標はあっても，事業計画や戦略的計画に裏づけられた詳細な目標や厳密な規則などもない。その意味で，公式性が非常に弱いので，インフォーマル組織と呼ぶことができる。また，組織としての縛りが弱いことから，むしろネットワークとして説明される場合もある[14]。

□ ボランティアとは何か──自発性と無償性

　一方，上記のようなボランタリー・アソシエーションの主たる担い手は，ボランティアである。ボランティアは，その語源からしても「自発的な志」によって動く人のことを意味するが，この時の自発性とは，全く内発的に，誰からも影響を受けずに行為することではない。むしろ，ボランティアの行為は，多くの場合，何らかの他者の存在，そして他者の抱える問題や苦痛といったことに，何らかの形で触発されて生起するものである。したがって，ここでの自発性とは，「自分の責任で状況を認識し，価値判断を行い，行為すること」(15)と考えるべきだろう。つまり，ボランティアの自発性の重要な基盤には，本来，自己決定と自己責任が存在するのであり，このことは，ボランティアが，一般的な雇用労働者と比較すると，所与の明確に規定された役割に縛られていないことを意味している。

　また，自発性と並び，ボランティアの特徴としてよく言及されるのが無償性である。しかし，日本では，一方で「有償ボランティア」という言葉が用いられることがあり，どこまでがボランティアとして認められるべき有償なのかが，しばしば議論となる。確かに，交通費や弁当代など，ボランティア活動に関わる経費を提供することは，ボランティア活動の敷居を低くするためにも有効な意味を持っているといえるかもしれない。けれども，一定の時間対価を得ている場合は，労働としての性格が強くなるので，ボランティアと見なすべきではないだろう。なぜなら，労働の場合，通常，自発性とは反対の強制の要素が入らざるを得ないからである。例えば，同じNPOの構成員であっても，有給スタッフは，決められた労働時間や仕事上のスケジュールを守らなければならないし，仕事の中身や優先順位について自分勝手に決めることはできない。ボランティアと比べれば組織人としての要素が強くなるのである。その意味で，無償性は，自発性を担保する一つの重要な条件と見なすことができるのである。

　以上のようなボランティアにおける自発性や無償性といった性質は，ボランティアが，効率性や成果主義，あるいは固定的な役割に縛られることなく，相手の状況に応じて個別的に柔軟な対応（いわば人間らしい対応）をする際の前提条件となっており，ひいては，ボランティアが，他者との間で人格的信頼関係を構築し，親密圏を生み出す潜在的可能性と結びついている。そして，同時に，ボランティアが作り出す親密圏は，齋藤純一が述べているように，社会問題の当事者にとって，自尊感情を回復し，安心して発話できる空間を用意することで，見えにくかった潜在的な社会問題やニーズを顕在化し，新たな公共性

（対抗的公共性）を形成する起点となる可能性を秘めているといえるだろう[16]。こうしたことから，ボランティアは，NPOが前述のような社会的機能を果たす上で，欠かすことのできない要素だということができるだろう。

❑ NPOにおける事業化と公式組織化

しかし，NPOが何らかの事業を展開するようになると，上記のようなボランタリー・アソシエーションであったNPOは，徐々に公式組織化の道筋を辿るのが普通である。

第1に，事業を成功裡に展開していくためには，利用者から肯定的に評価される，質の高い成果を生み出し（成果主義），少ない資源を効果的に用いるために効率的で合理的な組織運営が必要となる。そして安定的なサービス供給を行い，従業員の生活を保障するためにも継続性（組織の維持・存続）が求められるようになるだろう。これらは，組織構造上，公式化を要請する。なぜなら，成果主義や効率性を可能にするためには，役割分担や指揮命令系統（ヒエラルキー）を文書によって明確化し，業務上の標準的な諸手続き・諸規則を整備していく必要があるからである。また，責任を持って質の高い成果を提示するためには，当然，一定の知識や技術が要求されることになり，専門性が強調されることになるだろう。加えて，受益者に対しても明確に顧客としての把握がなされるようになり，顧客を特定化した上で（マーケットのセグメント化），戦略的計画が重視されるようになる。

❑ アソシエーションと官僚制の相克

けれども，以上のような事業経営の論理によって，公式組織化やプロフェッショナリズムが進行すると，当然のことながら，それまでのボランタリー・アソシエーションとしてのあり方とは対立が生じる。具体的には，官僚制化やプロフェッショナリズムは，ボランティアによる活発な市民参加を抑制するだろう。そもそも，組織人である有給スタッフと組織内調整の枠からはみ出しがちなボランティアは，対立することが多い。また，事業の標準化や効率性の重視は，ニーズに密着した柔軟で個別主義的な対応とはぶつかるだろう。加えて，事業を迅速に展開するためには，意思決定のスピードが求められ，そのことは往々にして経営者による独裁をもたらし，参加型の経営や民主的な調整を否定することにつながる。そして，顧客主義が強まれば，利用者とサービス提供者が相互に交換可能な相互扶助的なあり方も失われるだろう。

このように，NPOが公式組織化を制限なく進めていけばいくほど，一般の企業組織とほとんど同じ組織形態に近づいていく。そして，本来，NPOに求められてきたコミュニティ形成やアドボカシーといった社会的機能は，後景に退き，サービス提供のみを行う組織になるだろう。こうした事態を，田尾雅夫は，「アソシエーションとビュロクラシー（官僚制）の相克」状況と呼び，NPOという組織が抱えざるを得ない本質的なジレンマとしている。[17]

　したがって，NPOのマネジメントを考える際には，上記のようなボランタリー・アソシエーションとしての要素と公式組織としての要素を，いかにしてバランスを取って運営していくことができるかということが大きな課題となるのである。そして，こうした問題に対処するためには，紙幅の都合上，詳しく述べることはできないが，①NPOの組織目標である社会的使命の共有，並びに，それを可能にするリーダーシップ，②ボランティアと有給スタッフ間の適切なチームワークを促進するボランティア・マネジメント，③官僚制化が過度に進行しないように組織の規模を一定の範囲に抑制すること等が考えられる。

NPOセクターの発展にとって必要な基盤条件は何か

☐ 組織の外部環境に資源を依存せざるを得ないNPO

　NPOの組織特性を考える際，もう一つ重要な論点となるのは，NPOが組織の外部環境に多くの資源を依存せざるを得ないという点である。なぜなら，一般の企業であれば，顧客から価格という形で，提供する財やサービスの生産コストを徴収できるが，NPOにおいては，受益者が提供されるサービスのコストを十分に（場合によっては，全く）支払うことができない場合が多く，そのため，NPOは，第三者から資金調達することが必要になるからである。

　実際，NPOは，受益者からの事業収入以外に，極めて多様な形で資金調達を行っている。例えば，会員からの会費，一般市民や企業からの寄附，民間助成財団からの助成金といった贈与性の強い資金もあれば，補助金や事業委託といった公的資金もある。また，近年では，労働金庫やNPOバンクによるNPOへの融資も少しずつ広がりを見せているといえるだろう。さらに，資金以外でも，NPOは多様な資源を外部環境から調達している。例えば，NPOが企業と連携する際などには，ボランティア，パソコンやオフィス用品等のモノ，それに経営

に関するノウハウといったものが提供される場合が多いのである。

　このように，NPOは，行政（中央省庁や地方自治体）や企業との協働，あるいは，他のNPOや地域集団とのネットワークを基盤として存立しているということができる。したがって，NPOの発展条件を考える際には，個々のNPOのマネジメントのあり方を考えるだけでは不十分であり，NPOを支える制度的基盤，並びに社会的基盤に関して考えていく必要があるのである。そして，とりわけ，NPOセクターの発展条件を考える際に，重要な論点となるのが，NPOと行政との関係だといえるだろう。

☐ NPOと行政の協働

　近年，NPOと行政の協働，あるいは，パートナーシップといった言葉が，地方自治体の施策上も頻繁に見受けられるようになってきた。ここでの「協働」という言葉の意味は，基本的に，①異質なアクターが，②共通の目標のために，③対等かつ相互に自立した形で協力すること，また，そのような関係性を構築するために④相互の理解や信頼関係を醸成することを含意している。そして，NPOは行政と協働しながら，「新たな公共」を担う主体として重視される傾向にある。

　しかし，こうした理念的な協働論が語られる一方で，行政サイドがNPOと協働を望む一番の理由は，実際のところ，財政削減のプレッシャーやNPM（新公共経営）の導入を背景として，NPOが公共サービスの安価なアウトソーシング先になることへの期待である場合が多い。したがって，「新たな公共」という言葉が公共サービスの供給という次元でのみ使われているように，協働という言葉についても，政策執行場面へのNPOの参加は想定されているものの，政策形成の場面へのNPOの参加は，ほとんど想定されていないのが実情である。

　このことをよく表しているのは，行政からNPOへの事業委託ではないだろうか。行政がNPOに対して委託契約を行う際の仕組みとしては，基本的に，競争入札か随意契約が用いられる。この際，競争入札は，通常，最も安価な事業者を選択するものであり，NPOの提供するサービスの質を適切に評価できるものではない。また，随意契約は，少額の事業にしか適用されないという限界がある。そして，これらの事業委託では，行政が提示する硬直的な仕様書や非常に低い委託費用（間接費用が含まれていない場合が多い）のために，NPOが独自な事業を展開し，発展していくといったことはあまり期待できず，むしろ，NPOの行政下請化傾向を助長しかねないという場合がままある。

　また，自治体行政組織そのものも，NPOとの協働を促進していく

上で，多くの問題を抱えている。いわゆる「タテ割り行政」ゆえに，NPO促進・支援施策は，担当部局を越えて広がっていかないのが実情である。しかも，仮に，現場職員のNPOに対する理解が進んだとしても，人事ローテーションの影響で，すぐに新しい職員と交代してしまうといったこともよくある。このように考えていくと，行政組織における組織構造，契約制度，予算制度，市民参加の仕組み等を変革していかない限り，NPOと行政の協働はなかなか成果を上げることが困難なように思われる。

☐ NPOを支える中間支援組織

　以上のような行政とNPOの間の関係性を是正するために，どのようなことが必要なのだろうか。例えば，かつての英国では，ブレア政権において，保守党政権下での硬直的な委託契約のあり方を是正するために，1998年にナショナル・コンパクトが作られ，その後も，自治体レベルでローカル・コンパクトが多数作られた。コンパクトとは，政府とNPOセクターの間の協定書を意味しており，法的拘束力はないものの，政府が，NPOの独立性や政府を批判する自由を認め，NPOに対する適切な資金提供を行うことを約束したものとなっている。そして，コンパクトには，年次ミーティングで，政府とNPOの協働がどの程度進んだのかを見直す仕組みが組み込まれており，NPOが政府と交渉を行う際の重要な基盤となっている。しかし，英国のコンパクトにおいて重要なことは，コンパクトそれ自体より，コンパクトを契機として，NPOのセクターとしてのまとまりが形成されてきたこと，また，そうしたNPOセクターを形成する役割を担う中間支援組織の存在だといえるかもしれない。

　英国において，中間支援組織（インフラストラクチャー組織）は，多様な機能を果たしている。コンパス・パートナーシップの報告書によれば，それらは，①現場のNPOの問題解決能力を高めるための支援・開発機能，②NPOと企業，政府，一般市民を結びつけ，多様な資源を現場のNPOへと媒介する機能，③現場のNPOの意見を集約し，NPOセクターの課題を明らかにした上で，NPOセクターを代表する機能，④NPOセクターに関わる調査研究や政策立案等のセクター振興機能等である。[18]

　これらの機能の中でも，ローカル・ガバナンスや，そこでの行政とNPOの協働といった視点から考えた時，個々バラバラのNPOを地域でつなぎ合わせ，NPOセクターとしてのまとまりを生み出し，NPOセクターの声を集約して，地方自治体の政策形成の局面に働きかける

機能は，とりわけ重要である。なぜなら，このように中間支援組織が
NPO セクターの声を集約し，それを代表することで，その主張は一
定の公共性を帯びたものとなり，政府と対等な交渉相手として政策形
成の場面に働きかけることが可能になるからである。

　NPO と政府の協働を進めるためには，このような機能を有する中
間支援組織の存在が極めて重要だと思われる。残念ながら，日本にお
ける NPO の中間支援組織は，公設の NPO 支援施設の管理運営を担い，
個々の NPO への情報提供やマネジメントに関する研修や相談，また
は NPO 法人化の支援といったことを行っているものは多いが，以上
のような機能を果たしているケースは少ないのが現状である。しかし，
日本の NPO セクターを発展させていくためには，現場の NPO に多様
な資源を媒介することが可能な中間支援組織，また，行政との協働の
局面で，NPO セクターの声を集約し代表することのできる中間支援
組織を，多数，作り出していくことが非常に重要なことだといえるだ
ろう。

○注

(1)　内閣府 HP 調べ（http://www.npo-homepage.go.jp/）。2024年 8 月31日現在
　　の NPO 法人の認証数は 4 万9,677。
(2)　園田恭一（1984）「社会集団」佐藤守弘・三溝信・副田義也ほか編『現代
　　社会学事典』有信堂，382頁。
(3)　高田保馬（1971）『社会学概論 改訂版』岩波書店。
(4)　同前書。
(5)　バーナード，C. I.／山本安次郎・田杉競・飯野春樹訳（1968）『新訳 経営
　　者の役割』ダイヤモンド社。
(6)　ウェーバー，M.／濱島朗訳（1967）『権力と支配——政治社会学入門』有
　　斐閣。
(7)　加護野忠男・伊丹敬之（1989）『ゼミナール経営学入門』日本経済新聞社。
(8)　なお，2006年 5 月に公益法人制度改革関連 3 法が成立し，従来の公益法人
　　制度は大きく変化した。詳しくは，山岡義典・雨宮孝子（2008）『NPO 実践
　　講座 新版』ぎょうせい，を参照。
(9)　米国において，NPO とは，州法によって法人格が認められ，内国歳入法
　　501条 C 3，4 項によって税制上の優遇措置を受ける組織のことをいう。
(10)　NPO によるコミュニティ形成といった場合，そこでの共同性は，通常，
　　何らかの問題（ニーズ）を抱えた当事者の存在を起点として生じる。そして，
　　当事者が抱える問題を解決するために，当事者の居場所や相互扶助的関係
　　性が生じ，さらには，彼らを支援する多様なアクターを巻き込みながらコミ
　　ュニティが拡大していくのである。また，NPO によるコミュニティ形成は，
　　伝統的な共同体規制といったものが基盤にあるわけではない。したがって，
　　NPO によるコミュニティ形成では，いかにして人々から自発的な行為や贈
　　与を引き出すかが重要であり，その意味で，共感や信頼を醸成することが極
　　めて大切な課題となる
(11)　ペストフ，V.／藤田暁男・川口清史・石塚秀雄ほか訳（2000）『福祉社会

と市民民主主義——協同組合と社会的企業の役割』（日本経済評論社）のペストフの論稿を参照。

⑿　Kramer, R. M. (1981) *Voluntary Agencies in the Welfare State*, University of California Press.

⒀　佐藤慶幸（1994）『アソシエーションの社会学——行為論の展開 新装版』早稲田大学出版部。

⒁　リップナック, J.・J. スタンプス／正村公宏監修・社会開発統計研究所訳（1984）『ネットワーキング——ヨコ型情報社会への潮流』プレジデント社。

⒂　入江幸男（1999）「ボランティアの思想——市民的公共性の担い手としてのボランティア」内海成治・入江幸男・水野義之編『ボランティア学を学ぶ人のために』世界思想社，7頁。

⒃　斎藤純一（2003）「親密圏と安全性の政治」斎藤純一編『親密圏のポリティクス』，ナカニシヤ出版，211-237頁。

⒄　田尾雅夫（1999）『ボランタリー組織の経営管理』有斐閣。

⒅　Compass Partnership (2004) *Working Towards an Infrastructure Strategy for the Voluntary and Community Sector*, p. 9.

◯参考文献 ─────

クーリー, C. H.／大橋幸・菊池美代志訳（1970）『社会組織論』（現代社会学体系第 4 巻）青木書店。

佐藤慶幸（1994）『アソシエーションの社会学——行為論の展開 新装版』早稲田大学出版部。

藤井敦史（1999）「日本における NPO マネジメント論の流れとその課題」中村陽一・日本 NPO センター編『日本の NPO 2000』日本評論社，212-219頁。

藤井敦史（2002）「福祉 NPO 固有の社会的機能とそれを可能にするためのマネジメント」奥林康司・稲葉元吉・貫隆夫編『NPO と経営学（現代経営学のフロンティア I）中央経済社，59-90頁。

ペストフ, V.／藤田暁男・川口清史・石塚秀雄ほか訳（2000）『福祉社会と市民民主主義——協同組合と社会的企業の役割』日本経済評論社。

■第11章■
環境と災害

問題の生じる仕組みを理解する

　本章のタイトルは，環境と災害である。この2つのことがらは，人間にとっての，自然からの恵みと災いといい換えることができる。私たちが環境と関わるのは，そこから暮らしに必要な水や食料などの恵みを得ているからである。一方，環境と関わることは，自然からの災いを避ける工夫が必要だということでもある。その避けたい災いの中心に，震災や水害などの災害の被害がある。

　考えてみると，水や食料のような自然の恵みと，災害という自然の災いとの関係をどうするのかは，おそらく，人類が，長い歴史のなかでいつも悩み続けてきた問題である。だから，今の私たちが同じ問題に悩むのは当然かもしれない。また，これまで人類の社会が存続してきたのは，その時々の恵みと災いとの関係を，自分たちの力でなんとか対処してきたからだ。この対処の歴史からは，私たちの社会も，自分たちの暮らし方にあった問題の解き方をみつけられるはずだという希望をもつことができる。これは，とても心強いことだ。

　けれども，私たちが今，環境と災害との関係についてじっくり考えてみようという気持ちになっているのは，目の前にある切実な課題に理由がある。切実な課題とは，恵みを得ている環境への自分たちの関わり方も，また，災いを避けるために必要な災害への対処の仕方も，ともにあまりうまくいっていないことである。

　恵みをあたえてくれる環境には，20世紀以降，悪化が注目されている。公害や水質悪化などの問題に加えて，気候変動のような新たな問題も登場している。さらに，災害では，噴火や地震，津波，洪水など，深刻な災害にもしばしば見舞われている。阪神・淡路大震災や東日本大震災のように多数の犠牲者を出した，大災害も経験しているし，大小の規模の災害による被害からの生活再建の途上にある地域も少なくない。

　そのなかで，環境と災害との関係を考えてみようといわれても，多くの人たちはとまどう。自分一人ではどうしようもないのではないかという無力感におちいるかもしれない。たしかに，環境と災害との関係を考えるむずかしさには，地域の一人ひとりの人たちを巻き込むシステムの問題があったり，政府や特定企業などの大きな組織の責任があったりする。

しかし，どのような社会の側の理由で環境が悪化していくのか。さらに，どのような社会の条件の下で災害の被害がひどくなってしまうのかを理解することが，環境と災害に向きあう自分自身の生活のスタイル（ライフスタイル）を決めていくヒントになるのではないだろうか。このような問題意識から，日本の環境社会学は，人々の生活から環境悪化の問題や災害の被害の問題を説明したり分析したりすることに，大きな関心を向けてきた。

この関心にそって考えると，今，私たちが学校教育で学んだり，マスメディアでふれたり，地域で呼びかけられたりしている環境と災害の問題が，どのような影響を，誰に及ぼしていくのかを把握することが重要になる。以下の節では，まず環境の恵みを損なう問題として気候変動を取り上げ，さらに災害からの生活再建とコミュニティの問題にふれることにしたい。

 ## 気候変動の問題とは

若者たちの訴え

気候変動の問題では，気候学者たちの研究成果を重視すべきだという声が多い。環境の変化を調べているのは気候学者たちだからだが，環境を損なう問題の出発点は，その変化を誰がどのように自分たちの社会の問題としようとしたのかにある。その際，重要なのは，2018年から2019年にかけて爆発的に高揚した，若者たちの活動とその訴えである。

若者たちの一人，グレタ・トゥーンベリさんが2019年にアメリカ合衆国のニューヨークで開かれた「**国連気候行動サミット**」で行った「あなたたちは（科学の示す）事実から目を背け続け，必要な政治的決断や解決策はまだ全く見えていないというのに，どうしてここ（国連気候行動サミット）にやってきて『私たちは十分にやっている』と言えるのでしょうか」という演説は，世界の人々にインパクトを与えた。(1)
若者たちの訴えは，なぜ大きな反響を呼んだのだろうか。

環境破壊としての気候変動問題

気候学者たちの警告に耳を傾けてみよう。人類がこのまま石油，石炭などの化石燃料を燃やし続けると，燃焼により排出される温室効果ガス（ほとんどが二酸化炭素）によって，大気の平均気温が上昇し，気

➡ 国連気候行動サミット（UN Climate Action Summit）
COPとは別に，温室効果ガス排出量削減の実効性を高めるために，国連事務総長が招集する。各国政府や金融組織，企業，NGO，市民社会のリーダー，地方自治体，国際機関のリーダーが参加。2009年に初開催。2019年は，特にビジネスリーダーに気候変動問題への取組の強化を呼びかけた。

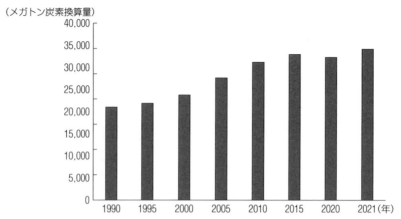

図11-1 燃料燃焼による温室効果ガス（CO_2）排出量の推移（1990-2021年）
注：2020年の減少は新型コロナウイルス感染症（COVID-19）拡大による一時的なものとされている。
出所：IEA：Greenhouse Gas Emissons from Energy Data Explorer より筆者作成。

候システムを短期間で変えてしまうリスクがある。リスクが現実になると，人類の生活は，今世紀の末には大きく変わってしまう可能性が高い。この変化は，気候変動への対応能力の格差による貧困の拡大や気象災害の増加など，大抵は人類にとって好ましくない方向へと向かう。この未来を変えるには，ガス排出量を，2050年には実質ゼロとする必要がある。気候学者たちの警告をまとめると，そのような内容になるだろう。

こうした気候学者たちの警告が始まったのが1980年代の初頭である。にもかかわらず，40年たった今も，温暖化の主な要因である温室効果ガスの世界的な排出量は増え続けている（図11-1）。日本社会の排出量は，増加こそしていないが，顕著に減少もしていない。この問題は「とても解決に向かっているとは言いがたいのが現状」なのである[2]。こうした，世界的な温室効果ガス削減のスピードの遅さは，若者たちが指摘するとおりである。

温室効果ガス削減の試みは，どうして長い間，あまり進まなかったのだろう。さらに，若者たちのように削減を訴える人々がなぜ登場したのだろうか。その理由を，気候変動問題とライフスタイルとのつながりからみてみよう。

□ 対策の沿革

気候学者が気候変動の問題を指摘しはじめたのは，1980年代の初頭である。当時，この問題は，フロンガスによるオゾンホールの問題などと一緒に，地球環境問題（Global Environmental Issues）と呼ばれた。気候変動への各国政府の対応は，紆余曲折がありながらも順調にもみ

えた。1988年には，世界気象機関（WMO）および国連環境計画（UNEP）により「気候変動に関する政府間パネル」（IPCC➡）がつくられ，温暖化の進行状況やデータ収集と情報提供をすることになった。その後，1992年の地球サミット（環境と開発に関する国際連合会議）によって，問題の転機を迎えた。この会議では，「持続可能な発展」を基本理念とする「リオ宣言」が採択された。さらに各国政府は，大気中の温室効果ガスの濃度の安定化を目指す「気候変動に関する国際連合枠組条約」を採択し，地球温暖化対策に取り組んでいくことに合意し，毎年，政府代表者が話し合う**国連気候変動枠組条約締約国会議**（COP➡）が開催されるようになった。

　ところが，1995年にCOPが始まると風向きがおかしくなった。会議は堂々めぐりという状況になった。[(3)]それでも1997年に京都で開かれたCOP3で，EU，アメリカ合衆国，日本を含む各国政府は，それぞれ削減目標を決め，2020年までを計画期間とした温室効果ガス削減に合意した（「京都議定書➡」）。ただ，この合意は，全ての国を網羅しておらず，この点を不服とした日本を含むいくつかの国の政府は，第2期間に離脱または不参加を決めた。

　2015年，フランスのパリで京都議定書以降の削減計画を話し合う会議（COP21）において「パリ協定➡」が結ばれた。途上国を含む全ての国の政府は，平均気温の大幅な上昇を止めるのに必要な対策の実行について合意した。合意内容は，産業革命前と比較して将来の平均気温の上昇を2度以内に抑えること，さらに1.5度未満になるように努力することや，21世紀後半までに温室効果ガスの排出量と吸収量をバランスさせること（実質排出量のゼロ化）などである。また，開発途上国への技術援助なども盛り込まれた。[(4)]ただし最近のIPCCの報告書では，今の対策だけでは不十分という評価になっている。

　どうして削減は進まなかったのだろう。この点について，環境社会学者の長谷川公一は，問題のみえづらさを3点にわたり指摘している。①地球温暖化問題には，公害問題のような，問題が集中的に顕れる「現地」がない，②普通の市民にとって，100年後の将来は，想像力を超えた未来だという点，さらに③温室効果ガスのほとんどを占める二酸化炭素は，目に見えない点である。[(5)]たしかに，誰のどのような問題なのかがみえにくい点は，従来の公害・環境問題とは違う。

　また，別の環境社会学者は，問題のみえにくさを次のように表現する。「空気が汚染された，地上気温が上昇した，という事実と，それを善悪，正邪と捉えることとのあいだには相当な距離があるはず」だという。[(6)]短い引用だが，環境が悪化しているとか，よくしたいという判

➡気候変動に関する政府間パネル（IPCC）

2021年8月現在，195の国と地域が参加している。IPCCの目的は，各国政府の気候変動に関する政策に科学的基礎を与えることである。世界中の科学者の協力により定期的に報告書を作成し，気候変動に関する最新の科学的知見を提供する。日本からも多数の科学者が報告書作成に貢献している。

➡国連気候変動枠組条約締約国会議（COP：The Conference of the Parties）

条約の最高意思決定機関。条約の締約国はCOPで，条約およびCOPが採択するその他の法的文書の実施状況を検討し，条約の効果的な実施を促進する上で必要な決定を下すことになっている。

➡京都議定書

京都議定書（Kyoto Protocol to the United Nations Framework Convention on Climate Change）1997年，COP3（京都で開催）で採択され，2005年に発効した国際合意。先進国は1990年のレベルを基準に，期限（約束期間）を定め，温室効果ガスの総排出量を削減することに合意した。しかし，日本政府は，議定書の現行の枠組みでは「公平性も実効性も低い」として，批准国としては残るものの，2013年以降の第2約束期間への不参加を決めた。

➡ パリ協定（Paris Agreement）

気候変動問題に関する国際的な枠組み。2015年にフランスのパリで開催された COP21で採択され、2016年11月4日に発効。協定では、本文にある「2度目標」が掲げられた。全ての国が参加し、自主的に削減目標を設定し、その進捗を報告することが求められる。日本政府は、「全ての国による取組」が実現したと評価している。

断は、生活というフィルターをくぐらせることで人々に具体的にみえてくるのだ、という主張点は伝わるだろう。それは、若者たちが、生活の上で将来の環境と関わる必要のある自分たちは問題の当事者だと訴えた点でもある。この主張が、世界の人々に反響を呼んだのである。

□ 環境とライフスタイル

　環境を損なう問題では、誰にとってのどのような問題なのかが重視される。ただ、現代の環境問題は複雑で、この点がよくわからない問題もある。そのこともあって、政府や行政の行う環境政策では、課題の解決に関心を持つメンバーを中心に活動を推進することも多い。たしかにやる気のある人たちで行う活動は、目的が明瞭で気持ちがよい。地域の環境問題の解決を目指して、やる気のある住民や NPO さらに企業や専門家の人たちが結集するというのは、よくあることだし、それは、もちろん評価すべきことである。

　ただ、実際の活動の現場では、そこで暮らす人々が環境の当事者だという考え方が必要になる。環境社会学者の鳥越皓之は、この点をふまえて、そこで暮らす人々の当事者性を、昔話の「桃太郎」を使って説明する。「桃太郎」では、桃太郎、おじいさん、おばあさんの3人の主な人物が登場する。このうち、生きる目的が明確なのは桃太郎だが、おじいさん、おばあさんも、柴刈りや洗濯のために生まれてきたのではないし、夢や理想もあるはずだ。そこで、自分は、おじいさん、おばあさんの方から環境問題にアプローチしたいという[7]。

　その際のアプローチが、環境とライフスタイルとの関連性の探究である。ライフスタイルとは、環境と関わり生活を遂行する個人の選択のパターンのことである[8]。ただし、環境問題は、個人ではなくて、社会のレベルで生じる。社会学の言葉でいい換えると、環境に関わる人々の行動が社会としてシステム化されていることになる。環境への人々の行動を一定の方向に秩序づける社会システムと、自分たちの日々の環境への関わり方に疑問や不安を感じながら衣食住や仕事について選択をしている個々人とのあいだの相互作用から、環境問題の解決方向を考えるのが、環境とライフスタイルの探究という、環境社会学のアプローチである。今度は視点を日本の地域社会に移して、気候変動の問題をみてみよう。

□ 日常生活のなかの気候変動問題

　2019年、世界の若者たちの訴えが注目を集めていた頃、地域社会では、若者の抗議活動とは異なる形での気候変動の問題への取り組みが

始まった。問題に積極的に取り組もうとする自治体，特に市町村の出現である。この動向には，政府の意向も関わっているが，重要なのは，宣言の議決や計画策定のなかで，住民が，自分たちの生活する環境への率直な疑問を語り始めたことである。

たとえば，気候非常事態宣言を議決した壱岐市では，漁業協同組合の組合長が不安を口にしている。「海水温が上がってスルメイカの産卵がなくなり，海藻が減って魚も来なくなった。過去の自然のサイクルとは明らかに違う」（『朝日新聞デジタル』2021.5.21）という。また，長野県白馬村では，宣言の議決とともに住民による脱炭素化計画提言書を作成している。白馬村の古民家宿の経営者は，「1998年の長野五輪前はクリスマスにはスキーが盛り上がっていたのに，今じゃ正月までに十分な雪が積もっていたらラッキー。スキー大会の中止も相次いでいる」（『中日新聞社ウェブサイト』2023.12.4）と語っている。こうしたマスメディアに登場する人々は，先の「桃太郎」のたとえでいうと，桃太郎に近い人たちかもしれないが，環境を秩序づけている社会システムの変更には，宣言や計画というかたちで自治体の住民全ての関与が必要となる。

気候変動の将来は，不確定な部分も多い。しかし，私たちの生活に確実に影響を及ぼすものもある。それが，「脱炭素」と呼ばれる政策の強化である。政府は，2030年度には温室効果ガスについて2013年度比で46％削減を目指し，さらに50％削減に挑戦するとしている。目標達成には，燃料や電気，住宅，自動車など，生活全体の変化が必要だが，その過程で，企業や家庭がどのような負担を負うのかは不明確である。特に，中小企業が多く高齢化と人口減少に直面する地方では，やり方次第では暮らしに打撃を与える可能性もある。

このような状況に対応するため，山間部の地方自治体では既に準備を始めている例もある。たとえば，高知県山間部の梼原町では，脱炭素化推進計画『脱炭素は土佐の山間より――ゆすはら脱炭素の道』を策定している⁽⁹⁾。この計画は，温室効果ガス削減にとどまらず，風力，水力，太陽光，木質バイオマスなどの再生可能エネルギーを利用して電力や熱を生産し，エネルギー自給率を高める方針を掲げている。そのために，地域エネルギー公社の設立や，自営線（自前の電線）の設置，木質ペレット工場の増設が計画されている。この計画は，林業再生や若者の地元雇用促進などの課題への対応も含んでいる。もちろん先進的な事例だが，地域課題への対応は，他の自治体の脱炭素の取り組みにもみられる。

このように，気候変動の問題を具体的に考えると，解決の方向は，

一部の研究者が述べるように，社会システムの「方向転換」になる。[10]こうした転換が人々の間の格差拡大や，特定の人々に痛みの押しつけをともなう，苦痛に満ちた過程なのか，それとも，世界の一部の研究者たちやNPOが主張するように，グリーンでなおかつ生活の充実をもたらす経済・社会システムへの転換になるのかは，まだ見通せない。

　システムの方向転換に舵を切るには，実際に生活する人々の多様なライフスタイルの選択にどこまで配慮できるのか，また，選択を支える人間関係を，方向転換にどこまで用いることができるのかといった点が重要になる。これは，気候変動のなかで頻度の増加が予想されている，災害の問題にもいえることである。

災害——生き延びることと生活再建

◻ 生き延びること

　大規模な災害が起きると，普段の環境は一変する。20世紀の終わり頃から，日本列島の人々は，さまざまな大規模な災害に度々見舞われた。なかでも，2011年に起こった東日本大震災は，関東大震災に次ぐ多数の犠牲者が出た大災害となった。また，その渦中で原発事故による原子力災害が生じ，10年以上たっても人々が暮らせない区域が残った。大規模災害の現状を考えると，災害の課題は生存レベルの問題であって，住民個々人のライフスタイルの選択といった生活レベルの関心は，もろくも吹き飛んでしまうようにも思える。実際，この生存の問題があるために，災害には，当事者となる住民だけではなくて，政府のような強力な組織の関与が必要になってくるのである。

　ところが，度重なる災害を経験した日本社会では，政府の動向に加えて災害とコミュニティとの関係に関心が高まっている。たとえば，自助・共助・公助という役割分担のシステム化の提唱は，災害における住民とコミュニティとの役割の見直しと関わっている。以下では，災害における政府の役割をみたうえで，コミュニティの役割を，個々人のライフスタイルの選択と関わらせながら，考えてみることにしたい。

　災害における政府の役割は，まずは人々の生存を保障することにある。なかでも，「災害弱者」の人々の命をいかに守るのかという，「災害時要援護者」への支援が注目されている。[11]災害では，高齢の犠牲者の数が多いことがわかってきたからである。災害時要援護者には，避

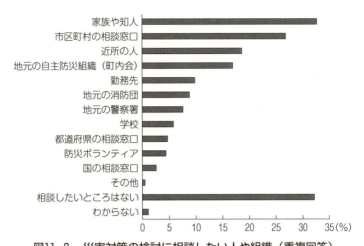

図11-2 災害対策の検討に相談したい人や組織（重複回答）
出所：内閣府大臣官房政府広報室「防災に関する世論調査」（2015年）より筆者作成。

難等に支障が出やすい高齢者，障害者，外国人，乳幼児，妊婦等が含まれている。2013年に市町村による名簿の作成が義務づけられ，2021年から「個別避難計画」と呼ばれる災害時要援護者のための避難計画策定が進められている。

こうした，「災害弱者」への公助の強化は，住民とコミュニティとの役割の見直しと関わっている。では，その見直しとは，どのような社会の状況のなかで生じているのだろうか。これを，社会学の災害研究からみておこう。

◻ 暮らしを続けること

度重なる大災害のなかで，コミュニティへの関心が高まった。それらの研究の多くは，当初は，発災直後の人命救助の役割に関心を向けた。だが，東日本大震災以降，こうした研究動向は大きく変わってきている。

発災直後の人々の救助にあたったのが，コミュニティの住民だったという指摘はとても多い。ただ，この住民による人命救助について，住民自身がコミュニティの組織的活動にどこまで期待しているかは疑問である。発災直後の混乱した状況では，組織だった活動をする余裕がないからである。この点を示唆する世論調査の結果がある。

この結果をみると，災害対策について相談する相手は，1位が「家族や知人」であって，地元の「自主防災組織（町内会）」は第4位となっている（図11-2）。また，同調査によると，災害についての相談内容は，1位が「避難の方法，時期，場所について」，2位が「家族や親族との連絡手段について」，3位が「食料・飲料水について」，4位が

「非常持ち出し品について」であって，発災後の緊急時の行動に関するものが上位にきている。したがって，住民は，地元の自主防災組織（町内会）には，緊急時の対応をあまり期待していないことがわかる。では，災害におけるコミュニティの役割はどこにあるのだろうか。

　この点について，民俗学者の山泰之が重要な指摘をしている。山は，発災直後の人命救助が注目されたために，災害時に敏速に対応できる「災害に強いコミュニティ」づくりが政策目標になっているが，これは現実的ではないという。実際にあるのは「災害にも強いコミュニティ」であって，災害にだけ強いコミュニティなどはないというのである[12]。言い方を変えると，災害の際にコミュニティが重要な役割を発揮できるのは，生き延びるという領域のみではなくて，生活全般と関わる人間関係を活かした，そこで生活し続けることを保障していく領域になる。

　この「災害にも強いコミュニティ」の役割は，生活再建の過程では特に目立つ。建物群が消滅するほどの大規模災害では，住居の再建が住民にとっての生活再建の課題になる。また，場合によっては，災害にあいにくい場所への集落移転計画が持ち上がるかもしれない。その場合のコミュニティの活動には，「お節介」さが必要だという指摘を，環境社会学・災害社会学者の金菱清がしている。

　「お節介なコミュニティ」とは，何だろうか。普段，私たちの地域生活では，自治会活動をするときには，住民同士の仲のよさとか，個々の世帯の構成などは，口には出さないことが多い。こうした人間関係でできている地域社会の人々が集団移転し，住む住宅を決めなければならなくなったら，くじ引きで住宅の割り当てを決めるはずである。無難で公平なやり方にみえるからだ。

　ところが，東日本大震災によって集落移転を決めた宮城県東松島市のある地域は，1,800人という大規模な移転だったにもかかわらず，暮らしやすい街にするためにくじ引をせず，話し合いを徹底することで住宅の割り当てを決めた，という。協議会の役員は，たいへんだったと思うが，災害の復興について自分たちのライフスタイルの選択をするには，役割分担を打ち破って個人の生活に介入することができる「お節介なコミュニティ」が必要だと金菱はいうのである[13]。このような住民の生活と密着した細かなことがらが表面化してきたのは，この数十年の間に生じた私たちの災害観の変化と関わっている。

□ 災害の克服から減災へ

　災害観の変化には2つの側面がある。側面というのは，両者は密接

に関連しているからである。一つの側面は，将来的に災害をなくす災害の克服ではなくて，被害を減らす減災という考え方が強くなってきたことである。言い直すと，災害は生じるが，その被害を深刻なものにしない，という考え方である。もう一つの側面は，災害を地震や洪水などの自然現象から始まる短期間の事象と考えるのではなくて，発災以前の日常生活から始まり，生活の再建によって一区切りがつく，長い過程と考えることである。

この2つの側面は，密接に関連している。たとえば，災害の克服という考え方で災害に臨むとすれば，災害に強いまちをハード的につくることになるが，それが可能なら，災害を長期にわたるプロセスとみなす考え方はあまり重要ではない。では，災害を，長期的な過程とみなして被害を減らす方法とは，どのようなものになるのだろうか。

環境社会学では，災害を長期的なプロセスとみなす考え方と減災を組み合わせたアプローチの考え方を災害レジリエンスと呼んでいる[14]。レジリエンス（resilience）の元の意味は，伸ばしたバネが元に戻るエネルギーを持っている状態を指している。しかし，災害研究の文脈では，回復可能性と訳され，一般的には災害の打撃から迅速に復興する力を指す言葉とされている。

だが，この言葉を日本の環境社会学研究に本格的に導入した原口弥生は，迅速な復興という意味で使ってしまうと，実際の災害の現場では，混乱をもたらすことがあるという。アメリカ合衆国のニューオリンズを中心に大水害を引き起こしたハリケーン・カトリーナの災害からの復興の過程では，復興の迅速さを求めるあまり，復興の合意が遅れたコミュニティについては，これを復興政策から切り捨てそうになった，という。そこで，原口は，被災前のハザード（＝潜在的な災害の危険性のある場所やもの）を大災害に結び付けない適応能力も含めて捉える必要があるとして，レジリエンスを「災害に対する地域社会の総合的な適応・対応能力」と定義し直している[15]。

災害へのレジリエンスの能力は，発災前の地域社会における災害への脆弱性の削減が関わる。その削減にコミュニティのシステムがはたす役割は大きい。その場合，期待されているのは，長期的な過程で生活の充実を人々に保証する生活保全の領域である。この点は，災害ボランティアの役割とは何かという問いとも関わっている。

☐ 災害ボランティアの役割

1995年に起きた阪神・淡路大震災では，多数の災害ボランティアが駆けつけ活動したことが注目された。そのため，1995年は「ボランテ

ィア元年」とも呼ばれている。これ以降の災害にも，ボランティアとして活動する人々が駆けつけるようになり，災害ボランティアという言葉は，その後の日本社会に定着した。

　災害ボランティアは，被災した住民からは，とても頼りになる存在である。マスメディアでも災害時のボランティアの働きに感謝する住民の姿がよく紹介される。災害ボランティアは，災害からの生活再建において，なくてはならない存在となっている。大きな災害が起きると，被災地をかかえる行政の側から，発災後のいつの時点からボランティアに来てもらうのかについての情報を発信するケースも増えてきた。

　ただ，災害ボランティアの活動の意義を，はっきり述べた研究は少ない。阪神・淡路大震災のボランティアは，目的をもち，組織的な活動をしに来たというよりも，「やむにやまれぬ気持ち」で駆けつけたと答える人が多かったこともある。川の環境を守るといった目的が明確な他の環境ボランティアに比べると，地元で頼まれたことをしているようにもみえるからだろう。

　しかし，災害ボランティアには，現地のコミュニティに関わりながら，住民の生活と環境との関係を再構築する使命がある。この使命を考えると，受け入れ体制には課題もないわけではない。それは，社会福祉協議会が受け入れ窓口になることが多いために，営利活動と関連する農地は，生活に必要な環境であってもその再建に災害ボランティアが関わりにくいことである。地元の受け入れ体制にも改良の余地があるといえる。

 環境・災害と向きあうライフスタイル

　本章では，環境社会学の視点から，環境・災害とライフスタイルとの関連性を考えてきた。そのなかでわかってきたことは，気候変動のような環境問題の解決においても，また，災害のレジリエンスを高めるためにも，ライフスタイル，つまり生活のなかの人々の選択の積み重ねに根拠をおく必要がある，という点である。このライフスタイルを基本においた人間の判断が，その地域のコミュニティや自治体の社会システムの変革と結びついたとき，環境問題の緩和や災害の被害からの生活再建への好循環が生まれることになるといえる。環境社会学は，社会システムの向かう方向に焦点をあてて，人々の身近な環境へ

第11章　環境と災害

の関わり方を分析し，気候変動や災害のような大きな問題に有効な知識と提言を提供することを目指す学問分野だといえる。

❍注 ————

(1)　Thunberg, G. (2019) 'Read Greta Thunberg's full speech at the United Nations Climate Action Summit'. NBC News, 23 September. Available at: https://www.nbcnews.com（Accessed: 26 November 2024）. なお本文引用の翻訳は牧野が行った。

(2)　吹野卓（2023）「社会が抱える問題としての地球温暖化」『社会文化論集』19，21頁。

(3)　鬼頭昭雄（2015）『異常気象と地球温暖化――未来に何が待っているか』岩波書店。

(4)　長谷川公一・品田知美編（2016）『気候変動政策の社会学――日本は変われるのか』昭和堂。

(5)　長谷川公一（2003）『環境運動と新しい公共圏――環境社会学のパースペクティブ』有斐閣，48-49頁。

(6)　古川彰（1999）「環境の社会史研究の視点と方法――生活環境主義という方法」舩橋晴俊・古川彰編『環境社会学入門――環境問題研究の理論と技法』文化書房博文社，128-129頁。

(7)　鳥越皓之（1996）「生きること暮らすこと」鳥越皓之編『環境とライフスタイル』有斐閣，1-2頁。

(8)　同前書，7頁。

(9)　梼原町（2023）「脱炭素は土佐の山間より――ゆすはら脱炭素の道」（梼原町ホームページ（http://www.town.yusuhara.kochi.jp/media/004/202402/zerocarbon_keikakuteian.pdf，2024年11月28日アクセス））。

(10)　ブラウン，レスター・R.・ラーセン，ジャネット・ローニー，J.マシューほか／枝廣淳子訳（2015）『大転換――新しいエネルギー経済のかたち』岩波書店，1頁。

(11)　災害時要援護者の避難対策に関する検討会（2006）「災害時要援護者の避難支援ガイドライン」内閣府災害情報のページ（https://www.bousai.go.jp/taisaku/youengo/060328/pdf/hinanguide.pdf，2024年2月21日アクセス）。

(12)　山泰幸（2015）「災害に備える村の事前復興の取り組み――徳島県西部中山間地の事例から」『村落社会研究』51，154頁。

(13)　金菱清（2019）「未曾有の災害に人はどう対応していくのか？」足立重和・金菱清編『環境社会学の考え方――暮らしをみつめる12の視点』ミネルヴァ書房，203-209頁。

(14)　原口弥生（2023）「災害レジリエンス」環境社会学会編『環境社会学事典』丸善出版，342-343頁。

(15)　原口弥生（2010）「レジリエンス概念の射程――災害研究における環境社会学的アプローチ」『環境社会学研究』16，21頁。

❍参考文献 ————

金菱清（2019）「未曾有の災害に人はどう対応していくのか？」足立重和・金菱清編『環境社会学の考え方――暮らしをみつめる12の視点』ミネルヴァ書房，197-215頁。

鬼頭昭雄（2015）『異常気象と地球温暖化――未来に何が待っているか』岩波書

店。

災害時要援護者の避難対策に関する検討会（2006）「災害時要援護者の避難支援ガイドライン」内閣府災害情報のページ（https://www.bousai.go.jp/taisaku/youengo/060328/pdf/hinanguide.pdf，2024年2月21日アクセス）。

鳥越皓之（1996）「生きること暮らすこと」鳥越皓之編『環境とライフスタイル』有斐閣，1-7頁。

長谷川公一（2003）『環境運動と新しい公共圏——環境社会学のパースペクティブ』有斐閣。

長谷川公一・品田知美編（2016）『気候変動政策の社会学——日本は変われるのか』昭和堂。

吹野卓（2023）「社会が抱える問題としての地球温暖化」『社会文化論集』19，21-34頁。

原口弥生（2010）「レジリエンス概念の射程——災害研究における環境社会学的アプローチ」『環境社会学研究』16，19-32頁。

原口弥生（2023）「災害レジリエンス」環境社会学会編『環境社会学事典』丸善出版。

ブラウン，レスター・R・ラーセン，ジャネット・ローニー，J.マシューほか／枝廣淳子訳（2015）『大転換——新しいエネルギー経済のかたち』岩波書店。

古川彰（1999）「環境の社会史研究の視点と方法——生活環境主義という方法」舩橋晴俊・古川彰編『環境社会学入門——環境問題研究の理論と技法』文化書房博文社，125-152頁。

山泰幸（2015）「災害に備える村の事前復興の取り組み——徳島県西部中山間地の事例から」『村落社会研究』51，149-182頁。

梼原町（2023）「脱炭素は土佐の山間より——ゆすはら脱炭素の道」（梼原町ホームページ〔http://www.town.yusuhara.kochi.jp/media/004/202402/zerocarbon_keikakuteian.pdf，2024年11月28日アクセス〕）。

■ 第12章 ■
社会変動と社会福祉

❶ 社会変動とその担い手

❏ 社会福祉の起原

　社会はなぜ変わるのか，社会福祉はなぜ生まれたのか，どのように展開してきたのか，これからどこへ向かうのか。こうしたことを考えるとき，社会変動（social change）と社会福祉とを考える社会学独自の視点が必要となる。

　社会変動は，社会の構造変動のことである。社会の構造とは，個々人の意思や意図を超えた社会の制度や仕組みのことで，社会が社会であることの土台である。前近代社会にあっては家族や親族の構造（レヴィ゠ストロース）が社会構造であった。やがて近代社会になると産業化（サン・シモンやオーギュスト・コント）が，さらに資本主義社会になると生産構造（マルクス）が社会の構造をなすと同時に，社会構造を変動させる重要な要因になった。社会変動は変化だけでなく歪みや問題も引き起こす。こうした社会問題を解決していくための社会制度の一つが社会福祉だといえよう。

　社会福祉の起原を説明するもっともシンプルな理論の一つが「福祉の戦争起源論」である。[1]　人間社会にはさまざまな紛争や争い，戦いや競争が起こっているが，その最大なものが戦争である。社会と社会，国家と国家の間の徹底的な破壊行為である戦争は，巨大な破壊と災禍，その結果としての人間生活の不幸と困難を生み出し，個人の力ではとうてい解決できない。だから社会福祉が必要になり，生まれたというのが「福祉の戦争起源論」だ。

　戦争は極端なかたちではあるが，一つの社会変動の姿だ。だとすれば，戦争のような負の社会変動に対する人間社会からの復旧や復興の対応が社会福祉だと考えられる。社会福祉は，社会のもつ「レジリエンス」（復旧力，回復力，再起力）の一つだといえよう。

❏ 福祉の戦争起源論

　「福祉の戦争起源論」を唱えている社会学者の一人がギデンズ（Giddens, A.）である。[2]　20世紀の社会福祉や福祉国家の成立を「戦争のあとの社会福祉」という理論的な観点から説明している。20世紀は2度にわたる「世界戦争」を経験した時代だった。この世界大戦は，それ以前のように兵士や軍隊だけが戦う局地戦ではなく，国民全体を経

済的・社会的に総動員する戦時体制つまり「戦争国家」（Warfare State）となって戦争が遂行された。戦勝国にも敗戦国にも途方もなく大きな打撃と破壊，悲惨と困難，傷病や貧困，地域社会や家族といった共同体の破壊をあとにのこした。この大戦後の復興の中から「戦争国家」に代わる「福祉国家」（Welfare State）が生まれてきたというのだ。とりわけ英国ではこの転換が明瞭だった。戦争を遂行した保守党のチャーチル政権は，戦後の総選挙で破れ，労働党のアトリー政権に代わった。労働党のもとで「ゆりかごから墓場まで」をキャッチフレーズに「福祉国家」政策がとられた。

　日本の場合も，内発的で漸進的な社会改革によって福祉国家が形成されたわけではない。明治維新からはじまる近代化のあと，富国強兵政策と社会政策はセットになって行われた。大正時代から昭和初期まで，方面委員や恤救規則に代表される制度はあったが，それらは産業化や近代化政策の推進による社会不安や動乱に対する治安維持とセットになっていた。したがって「社会福祉」ではなく社会政策や社会事業と呼ばれていた。社会事業にしても国家や政府行政による普遍的な公的責任のもとに行われるものではなく対象は選別的であり，その多くは民間の慈善事業からはじまっていた。公的で普遍的な制度としての「社会福祉」や社会保障は，敗戦後のGHQによる占領期に導入されたものがはじまりであるといえるだろう。

❏ 日本の社会福祉

　日本に「社会福祉」を導入したGHQは次のように日本社会を分析していた。日本になぜ全体主義やファシズムが生まれたのか——それは日本の政府が，貧困や社会問題を解決する能力を欠いていたことが原因の一つである。したがって戦後には，国家責任として，社会保障・社会福祉の政策や，それに従事する福祉専門職などを養成することが必要である。社会福祉や社会保障の制度を整備していくことがふたたび日本が戦争国家になることを防止するものであると。こうしたGHQの日本社会分析のもとに，戦争協力者の公職追放・財閥解体・農地解放などを行い，あわせて戦災孤児や戦争未亡人，貧困問題などに取り組む社会福祉・社会保障の国家責任をうたう「社会保障法」を日本政府に求めた。出来上がった日本の社会福祉法制度は，必ずしもGHQが意図したとおりではなかったが，日本でも「福祉の戦争起源論」は当てはまるようだ。

❑ ショック・ドクトリン

「福祉の戦争起源論」のように，大きな社会変動によって社会福祉が生まれるという見方は，広い意味ではクライン（Klein, N.）の言う「ショック・ドクトリン」[3]ともつながっている。「ショック・ドクトリン」はふつう「惨事便乗型資本主義」と訳される。つまり自然災害などの大惨事につけこんで実施されるスラム・クリアランスや都市改造などのような新自由主義（ネオリベラリズム）的な市場原理主導型の政策実施のこととされ，20世紀後半のグローバル資本主義のモデル型とされる。しかし戦争や自然災害を含む大惨事をきっかけに，それまでできなかった社会改革や都市改造を行うのは，日本の関東大震災後の東京の都市計画や，1964年の東京オリンピック時の大規模な東京改造など，世界でしばしば行われていることである。20世紀後半のアメリカでは，それがネオリベラリズムとグローバル資本主義に利用されて，社会福祉とは真逆の方向に活用されたということが違う。クラインは現代のグローバル資本主義が浸透する理由としてショック・ドクトリンを考えているが，これは「福祉の戦争起源論」にも当てはまる理論ではないか。「福祉国家」の成立という社会改革のきっかけとしてもやはり「戦争」があったと考えれば，「福祉の戦争起源論」や「福祉国家」の世界的な普及もショック・ドクトリンのもう一つの側面であると考えることができる。

❑ 福祉国家の危機

ところで「福祉の戦争起源論」や「福祉国家」論に弱点があるとすれば，それは社会福祉にあっては国家がメインアクターであり，それは経済や政治体制に左右されるという見方に結びつくことであろう。社会福祉を国家の制度中心に考えていくと問題がある。たとえば第二次世界大戦後の世界的な「福祉国家」ブームはやがて「福祉国家の危機」へとつながる。1973年と1979年のオイルショックを引き金に世界的に高度成長が終焉すると，それまでの福祉政策の拡充の原資となっていた税収が落ち込み，1981年に経済協力開発機構（OECD）が『福祉国家の危機』と題する報告書を公開するなど，その行き詰まりが論じられるようになった。国家とその制度だけから社会福祉を考えていくと限界がある。次は戦争からいったん離れて，社会システム論の観点から社会福祉の展開のメカニズムを考えてみよう。

❑ 社会システム論

社会変動を戦争や災害からでなく，より一般的・普遍的にシステム

論的な観点から考えようとするのが「社会システム論」である。米国の社会学者パーソンズ（Persons, T.）は，社会を一つの大きな「システム」と考えた。システムとは，さまざまな構成要素が複雑に相互関連しあったネットワークの全体のことをいう。そのようなネットワークが別のネットワークと複雑に関係しあっている。ネットワークのネットワークが一つのシステムをなし，そのシステムが，他の多くのシステムと複雑に関係しあいながら，より大きなシステムを構成している。つまり社会はたくさんのネットワークのネットワークだと考えられる。それこそ社会がシステムを成しているということだ。現代社会でいえば，インターネットによって世界中の人々や社会が相互に関係しあって結びついているのがその一例である。そうなると，小さな変化でも瞬時に波及して世界全体へ大きな影響や変動を与える。世界全体に脅威を与えてきた新型コロナウイルス感染症によるパンデミック現象は，社会や世界が密接に関係し結びつきあっているからだ。ウクライナでの戦争も，全世界に影響を及ぼしている。世界全体がひとつの社会システムをなして動いているからである。

➡ 社会システム論
第3章側注参照。

❏ システムと機能要件

　社会システム論によれば，社会の構造の構成要素は人間の社会的行為だ。「行為」は「行動」と違っていて「主観的に思念された意味をもった行動」のことである。つまり意思や意図をもって他者に差し向けられた行動のことを「行為」と呼ぶ[4]。社会が行為の相互関連によって作られているシステムだということは，一つひとつの行為が，相互に関連しあって社会というネットワークを形成しているということである。この見方によれば，さまざまな社会的な行為が全体的な秩序の維持に貢献していると考えることができる。一つひとつの行為が，全体を維持する何らかの機能を果たしていること，これを機能主義的な見方という。そして機能が果たすべき役割を「機能要件」という。

　つまりシステムは，一つひとつの機能が役割を果たしていれば維持される。逆に言えば機能要件が充足されないとシステムは維持存続できなくなる。この状態を「機能要件の不充足」という。そこから問題が発生して，問題はネットワークを通じて社会全体に社会問題が波及して機能不全におちいる。たとえてみれば，水面に生じた小さな波紋が，次第に池全体に波及していくように。これが「社会変動」の引き金になる。社会が複雑に結びついているがゆえに，たとえ小さな部分でも，その構成要素がうまく機能しなくなると，次第に機能不全が社会全体に波及するのである。

☐ 社会変動はなぜ起こる

　なぜ社会変動は起こるのだろうか。外部環境への社会システムの適応がうまくいかなくなると社会全体が変動する。それが構造＝機能分析による説明だ。社会システムは，さまざまな構成要素が複雑に関係しあってネットワーク的な関係性のバランスをとっている。ちょうど人体がさまざまな細胞がそれぞれの役割を果たすことによってバランスよく生命が維持されているように。ところが人体で病気が発生すると，細胞が破壊されたり，役割や機能が果たせなくなったりする。それが体全体に波及すると深刻な病気や疾病をもたらす。つまり人体の健康とは，人体の構成要素が相互に適切な役割をはたし，全体のバランスがとれている状態である。同じように社会システム論では，この構成要素のことを「機能要件」と呼び，そこに問題が発生して機能しなくなることを「機能要件の不充足」と呼ぶ。社会システムと人体とは，システムを成しているという点で似ているのだ。そして機能に問題が生じて機能要件の不充足状態が起こると病気になる。

　このように社会変動を引き起こす要因が累積していくと，多少の修正や改良では問題を解決できなくなる。そうして引き起こされる大きな社会変動を「社会構造変動」という。

☐ 社会変動の2タイプ

　ところで「社会変動」には，大きく分けて2種類ある。第1は外部環境の変化に社会構造が適応するために起こる社会変動である。たとえば自然資源の枯渇や地球温暖化に対してどう対応するかによって社会は大きく変動する。1970年代のオイルショックでは，日本の重厚長大の産業構造が大きく変わり，省エネ技術の発達を促し，産業構造だけでなく，その後の消費社会の構造も変えていった。

　第2は人間の集合的な意思や意識的な行動が引き起こす社会変動である。人間の意識的な行動によって社会が変わる社会変動である。宗教，革命や戦争などもこのタイプに含まれる。人間の意思と行動（主意主義的な行為）は社会を大きく変動させてきた。とりわけ近代社会になってこうした社会変動は頻繁に起こるようになった。革命や戦争のような大規模なものでなくても社会を変える社会運動は数多い。米国では1950年代から70年代にかけて，黒人への人種差別反対の運動がやがて公民権運動となって人種差別撤廃の流れをつくった。その後の学生運動やベトナム反戦運動などの中から，女性運動（フェミニズム運動）が現れて性別役割分業と差別の問題が大きな社会問題となった。さらに続いて年齢差別（エイジズム）についても意識が高まり，雇用

や労働における性差別や年齢差別も法的に禁止されるようになった。

☐ 「福祉国家」の要因分析——エスピン-アンデルセンの方法

　さてここまでは社会変動（要因）が社会福祉（結果）を生み出す，という社会システム論的な観点から両者の関係を説明してきた。発想を転換して逆からみるとどうなるだろうか。結果から要因を探ろうとする試み——社会福祉（福祉国家）の現状の姿から，その形成要因を考えようという発想である。一見正反対にみえるこの発想も，社会システム論からみれば矛盾しているわけではない。この方法をとれば，より現実のデータに基づいて，より詳しく要因や分類ができるはずだ。しかももっとも大きな要因が何かもわかってくるはずだ。このような斬新な発想で現代の「福祉国家」論をリードしてきたのがデンマークの福祉国家研究者エスピン-アンデルセン（Esping-Andersen, G.）である。では，このエスピン-アンデルセンの方法で，どのように「福祉国家」の全体像がわかるのか。『福祉資本主義の三つの世界』（1990）を紹介しながら説明しよう。

　彼は「社会福祉」という抽象的で理論的な概念からではなく，現実に世界に存在する「福祉国家」を分析対象とする。「福祉国家」といっても一つではない。しかし国の数だけ「福祉国家」モデルがあるわけでもない。そこで政治経済学の手法を用いて「レジーム」という考え方を応用する。レジームとは直訳すれば「政治体制」だが，政治や統治だけでなく，社会を構成する多様な要素を含んでいる。レジームもまた社会システムの一つなのである。こうして「福祉国家レジーム」が彼の「福祉国家」分析の中心概念となる。その結果，「自由主義的福祉国家」「保守主義的福祉国家あるいはコーポラティズム的福祉国家」「社会民主主義的福祉国家」の３つが，現代の（彼の言葉でいえば福祉資本主義における）３つの福祉国家レジームであると分析される。

　これまでの「福祉国家」の比較研究が，現実に存在する国ごとに，その社会福祉の歴史や，制度やサービス内容や財源や適用範囲など，さまざまな角度からデータを収集して，それを分類し，モデル化しようとしてきたのに対して，まったく違う発想でアプローチしている。社会福祉の法律や制度の実態から定義しようとすると，現実は動くので定義が追いつかなくなる。比較政治学的な手法で，世界の「福祉国家」を研究するエスピン＝アンデルセンにとって，現実にある福祉諸制度から定義する方法では限界があると考えたに違いない。彼がとった手法は，国ごとの制度の違いを捨象できるような工夫，つまり「社会福祉」という事前の定義や前提なしの，つまり「仮説」ぬきの分類

を行うことであった。これを統計学では「教師なしの分類」という。つまり概念を使って分類するのではなく，データ自体に語らせる方法を活用したのだ。何が「社会福祉」なのか，何が「福祉国家」なのか——その定義なしに，大量の「ビッグデータ」を投入してコンピュータにシミュレーションさせて変数相互の関連度やクラスタを抽出し，それらの分類軸を見つけだしていく方法である。かつてこのような方法は不可能だった。データも限られていたし，そもそもコンピュータの能力がこのような手法を受け付けなかった。しかし時代とともに新たな探索の方法が可能になった。いわば AI（人工知能）を活用した手法，「仮説」なしに膨大なデータの中から，どんな分類が可能かをコンピュータに探索させる手法なのだ。[6]

　エスピン＝アンデルセンは「福祉」というオモテの定義からではなくウラ側からアプローチする。つまり「福祉の程度」からではなく「脱商品化」という概念や尺度を用いて「福祉」にアプローチした。「脱商品化」とは何か。人が労働力「商品」とならずとも生きていける度合いとされる。働けなくなっても，医療や介護を必要とする存在になっても，さまざまな障害のある者も，家族や親類縁者がいなくても，失業しても，貧困になっても，病になっても生きていけるようなセーフティネットの度合い——それを計る指標が「脱商品化」という概念なのだ。[7]これは卓越したアプローチで，まさに「福祉」をオモテから定義するのではなく，ウラの実質から測定できるように工夫された方法だった。

　この方法の利点は第1に「福祉とは何か」という抽象的・理念的で具体的に定義することが困難な概念を必要としないことだ。「福祉とは何か，社会福祉とは何か」を演繹法ではなく帰納法的にアプローチしたのだ。第2に「福祉の心」のような心理的な動機や理由を必要としないことだ。つまり福祉国家や，行政や福祉施設などが「福祉の心」をもたなくても，またボランティアや支援者や慈善家などのように福祉の理念や価値を信じている必要もない。福祉サービスが提供される原因や理由など，供給側（サプライサイド）の事情や理由や意識や原因などを分析の上から捨象することができる。福祉サービスを受ける側（ユーザーサイド）に立って，どのような条件で，どの程度のサービスや資源が提供されているのか，福祉国家のセーフティネットの程度が測定できる。提供側からでなく需要側から定義する。これがこの方法の画期的な利点だ。

　それまで社会福祉や「福祉国家」はどう定義されていただろうか。社会福祉の歴史的な形成過程や制度実態から説明されることがほとん

どだった。こうした歴史や法制度から「社会福祉」の定義を抽出しようとする方法には問題があった。現実が変わったら定義も変わるからだ。国によって社会によって時代によって「社会福祉」の定義が変わってしまう。たとえば英国の社会福祉概念と日本の社会福祉概念は、ずいぶんと違う。ましてや米国とはまったくといってよいほど違っている。アメリカ国内でも Social Security と Social Welfare は違う定義やニュアンスをもつ。つまり現実の影響をうけて一貫しない。その弱点をよく考えたのがエスピン゠アンデルセンである。彼の方法は、いわば統計学における多変量解析、その中でも因子分析やクラスタ分析の方法に似ている。今の時代らしくいえば、AI を活用した「ビッグデータ」からの「社会福祉」定義の生成である。制度や法律があるだけでは「福祉国家」とはいえない。どの程度、それが実施されていて、どのような効果をあげているか、その細かく多様な実データを集めて「クラスタ（集まり、塊）」を抽出する。この手法は、インターネットの世界のマーケティングではごく一般的になっているが、エスピン゠アンデルセンは先駆的に「福祉国家」分析に応用したといえよう。

□「福祉国家」の３つの世界

先にも述べたように、その分析の結果、「自由主義的福祉国家」「保守主義的福祉国家あるいはコーポラティズム的福祉国家」「社会民主主義的福祉国家」の３つが、現代の（彼の言葉でいえば福祉資本主義における）福祉国家レジームであると分析される。この分析のインパクトは強かった。それとともに問題や課題も指摘されている。

第１に、エスピン゠アンデルセンは現代の福祉国家を「３つ」に集約しているところが重要だ。福祉国家には３つのタイプしかない、と断定しているわけではないが、主要なものは３つである、という分析は、その後、さまざまな反響や反応を呼び起こした。とりわけ日本の社会福祉学や福祉国家研究者には。日本は、この３タイプのどれにあたるのか。保守主義的でもあるし、自由主義的なところもある、社会民主主義的なところもある。とすると、現実の日本の「福祉国家」体制はどのタイプにあたるのだろうか。日本の研究者の論争を巻き起こした。第２に、ジェンダーの要因を考慮していないという強い批判があった。エスピン゠アンデルセンもこの批判には対応を迫られ、いくつか修正を発表することになる。第３に、方法論に関わることだが、測定できる要因、データ化できる要因は、コンピュータで有効に分析・分類可能だが、データ化できない要因を分析の外におくことになる。一番大きいのは宗教的な要因だ。そもそも「福祉」という概念が

キリスト教的な由来や含意をもっていると考えられる。すると自由主義，保守主義，社会民主主義という３分類は，じつはキリスト教でいうプロテスタント（とくにカルヴァン派），カトリック，そしてルター派のキリスト教国とオーバーラップして見えてくる。エスピン＝アンデルセンは，宗教から福祉国家の形成やタイプを説明することをさけるために新たな分析方法を開発したはずだ。だから宗教から「福祉国家」を分析したり分類したりすることのないようにコンピュータに「ビッグデータ」を与えて，仮説なし，前提なしに「福祉国家」を分類させた。その結果，宗教的な要因とオーバーラップするような結果が出たのである。これを社会福祉学や福祉社会学はどう考えるのか，大きな課題である。

☐ 社会変動・社会福祉そしてソーシャルワーカー

　社会福祉は社会変動への対応の中から生まれてきた。逆にいえば大きな社会変動が頻発する近代社会において，社会福祉は不可欠の役割を果たすようになった。ではこの社会福祉を担う専門職（ソーシャルワーカー）は社会変動とどう向き合うべきか。

　20世紀の社会福祉は「国民国家」という枠組みの中で社会保障の一環として位置づけられてきた。その国民国家も福祉国家もグローバル資本主義の荒波の中で危機に瀕している。もはや国家主導の福祉国家政策だけでは新自由主義（ネオリベラリズム）的な潮流に抗しがたい。福祉国家や社会保障の再編成が進められている。こうした中でソーシャルワーカーの役割とは何か。さらに問えばソーシャルワーカーにとって必要な社会学とは何か。

　じつは100年ほど前にアメリカの著名な社会学者マッキーヴァー（MacIver, R. M.）が，ソーシャルワーカーから問われた問題もこれだった。[8] マッキーヴァーは戦争と戦場での救護の比喩で答えている。戦場で傷ついた人たちの救護活動はすぐに必要だ。しかしいくら救護しても戦争という原因そのものを解決しないかぎり問題の発生はやまない。社会の変化や変動を原因とする社会問題への対応が社会福祉の役割だとすれば，個別の問題や困難への対応（ケースワーク）だけではなく，問題を生み出す社会の構造や変動への働きかけ（ソーシャルワークつまり社会の改良，改革そして時には革命）も必要だ。

　ソーシャルワークの原義を考えると，それは社会福祉という制度のもとで働く専門職という狭い意味ではない。よりよい社会を作るために社会に働きかけることも意味するはずだ。社会問題（差別や貧困など）に苦しむ個人へのケアだけでなく，そうした問題を生み出す社会

構造の改善へと働きかけることも含む仕事なのだ。だから社会福祉学と社会学がともに必要だ——これが古くて新しいマッキーヴァーの答えである。

② リスク社会化

☐ ベックのリスク社会論

　原子力発電所の事故，医薬品の副作用，CO_2の排出に伴う地球温暖化，海洋プラスチック汚染など，科学技術の発展によってさまざまな新しいリスクが生み出されている。他方で，人間ドックによる健康診断，監視カメラによる防犯対策，健康に関する機能性表示食品などさまざまなリスクに抗うための消費も広がっている。リスクと危険 (danger) との違いは，危険が自分自身のコントロールの及ばない損害であるのに対して，リスクは人が何かを行った場合に，その行為に伴う未来の損害の可能性を指す[10]。リスクは個人や集団が行う何らかの選択に関係する概念なのである。

　ベック (Beck, U.) は新たなリスクが生み出され，人々がリスクに対して敏感になるような社会をリスク社会と呼んだ[11]。リスク社会においてはリスクを予見し，リスクに耐え，生活の中でどのようにリスクと関わり，政治的にどのようにリスクを扱うかが最重要課題となる。そして，何がリスクなのかは認知的かつ社会的に構築される。たとえば，海洋マイクロプラスチック汚染は近年まで問題視されていなかったが，科学者が問題を認識し，それが広く知られることで人々が不安を共有するようになった。そこで初めてこの問題がリスクとして認知されるのである。

　ベックはリスク社会を第2の近代に位置づけた[12]。第1の近代には，伝統的な集団からの解放による個人化，産業社会への転換，福祉国家化などの特徴があった。福祉国家は事故や失業，生活破綻や疾病などのリスクに対応するものとして社会保障システムを整備した[13]。国民皆保険制度や国民年金などの諸制度がその代表例である。

　それに対して，第2の近代とは，国民国家や組合などといった中間集団からも個人が解放され，さまざまな社会的リスクに対して個人が直接に向き合わなければならない時代状況を指す[14]。福祉国家は経済成長の終焉やグローバリゼーションの進展とともに，新自由主義的な競争国家へと転換していった[15]。社会保障システムの整備に関する社会政

策は経済政策の下位に位置づけられ，生活上のリスクは個人で対処することが求められている。

そうした中で生命保険や損害保険，健康食品の販売，監視カメラの製造や設置といったリスク産業が発展していく。リスク産業は人々の集合的な不安に対応したサービスを提供する。たとえば，健康食品は「病気になること」や「老いること」への不安に対応するものである。リスクに抗うこと，リスクに対処することが消費の対象となっていくのである。

□ ルーマンのリスク社会論

➡ ルーマン
(Luhmann, N.:
1927-1998)

ドイツの社会学者。社会を絶え間ないコミュニケーションが連鎖することで成り立つ自己産出的なシステムと捉え，あらゆる社会現象を明らかにすることを目的とする社会理論の構築に向けて探究を続けた。

ルーマンは未来の損害に対する不確実性を前提にリスクと危険を区別した。リスクは未来の損害が自らの決定に帰属する場合であるのに対し，危険は損害が外部からもたらされる場合を指す。リスクと危険の違いは客観的に実体的に存在するものではない。両者の違いは，当事者とその当事者を観察している人たちの意味づけに依存する。たとえば，新型コロナウイルス感染症の場合，それが人間の力が及ばない損害だと多くの人が考えているのであれば，感染症罹患は危険とみなされる。しかし，ワクチン接種や人々の行動制限など，政府や個人が感染症対策を行っている場合，感染症罹患が自らの決定に帰属すること，すなわちリスクであるとみなされてしまう可能性が出てくるのである。

未来の損害可能性は不確実であるから，リスクには不知がつきものだ。そこで私たちはリスクと付き合うために信頼を必要とする。信頼には人格的信頼とシステム信頼がある。感染症予防のために誰を信頼するかについて考えてみよう。人格的信頼とは特定の人物に対するものである。「Ａさんは誠実だ」という情報を利用して，「Ａさんの感染症予防のアドバイスは正しい」と考えるのが人格的信頼である。他方，システム信頼とは科学や政治や法といった各種の機能システムが作動していることへの信頼である。「Ａさんは医学の専門家で，政府の専門家会議にも呼ばれている人だ」という情報を利用して，「Ａさんの感染症予防のアドバイスは正しい」と考えるのはシステム信頼である。後者の場合，Ａさん自身を信頼しているのではなく，Ａさんが身を置いている科学システムや政治システムに対して信頼を寄せていることになる。感染症予防のように専門的な知識を必要とする場合，これはＡさんの過去の実績という情報を過剰に利用して未来の損害可能性に備えるというリスクを冒しているのだ。

❏ セカンド・オーダーの観察

　ルーマンは社会学的にリスクを分析する際にはセカンド・オーダーの観点を保持することが必要だとした。ファースト・オーダーの観察とは，ある現象に対して，観察者がどのように現状認識するのか，どのように価値判断をするのかを指す。「安全の専門家，さらには，安全のために十分な仕事をしていないと安全の専門家を非難するすべての人々も，ファースト・オーダーの観察者[21]」である。あなたが「政府は感染症に対して××の対策をすべき」とか「専門家は○○という指針を提示すべき」という考えをもったとき，あなたはその現象の観察者である。政府や専門家の取り組み自体に反応して意見を述べることはファースト・オーダーの観察といえる。

　他方，セカンド・オーダーの観察とは，ファースト・オーダーの観察を観察することである。「政府が△△に基づき××という対策を行った」とか「専門家が『政府は○○の対策をすべきだ』と述べた」といったさまざまな言説，つまり政府や専門家が感染症という現象をどのように観察しているのか，を観察するのがセカンド・オーダーの観察である。この立場をとることで，感染症対策にかかわる複数の専門家がそれぞれどのように未来の損害可能性をみなし，何を根拠に自分の意見を展開しているのかを分析できるようになる。リスクは「何をリスクとみなすか」という認識に基づくものなので，リスクを分析するにはセカンド・オーダーの観察をすることが有効なのである。

3　監視社会化

❏ 監視社会化と監視的想像

　朝，自分の家から商店街を通って駅にたどり着く。スマートフォンをかざして改札を通り抜け，電車内では友人の SNS をチェックし，気になった言葉を Web 検索する。目的の駅に着いたら，コンビニに立ち寄って昼食のパンを電子マネーで購入し，大学の教室へと駆け込む。これは大学生のよくある日常生活の一部である。この大学生の行動は逐一記録されている。商店街や駅の改札，コンビニには監視カメラが設置されている。スマートフォンは位置情報を記録し，Web ブラウザは検索履歴を記録し，電子マネーはいつどこで何を買ったかという購買の履歴を記録している。私たちは安全や利便性と引き換えに，常に監視されているのである。

ライアン（Lyon, D.）は，私たちが日常生活の秩序の中に監視を組み入れていると指摘した。[22] 不特定多数の人々が行き交う公共空間に，防犯を目的に監視カメラを設置することを多くの人々は賛成している。重大事件が発生したとき，監視カメラがないことで犯人が特定できなかったり，犯人を逮捕できなかったりすると，「監視カメラさえあれば……」などと批判的な声が挙がることもある。このように私たちが監視を必要なものとみなすのは，日々のニュースやテレビドラマなどマスメディアにおいて何度も監視カメラの映像をみているからだ。監視があることで自身の安全と利便性が確保されている。人々が社会秩序を維持するには監視が必要だと想像することを，ライアンは監視的想像と呼んだ。

　また，ライアンは監視を「影響，管理，保護または指導の目的で，個人の詳細事項に対して向けられた，焦点を絞った体系的でルーティーン化した注意」[23] と定義した。監視はそこにいる人の行動を管理する見張りの機能だけでなく，そこにいる人を保護しようとする見守りの機能も果たす。[24] 監視カメラは映像を記録するだけではない。人々は監視カメラがあるところでは犯罪は起きないだろうと期待するのだ。監視に対する人々の想像が膨らみ続ける限り，監視カメラはあらゆるところに設置され，私たちを常に監視し続けることになるのだ。

☐ 規律訓練型の権力と管理社会

　監視カメラは防犯効果を期待されている。ただし，監視カメラには犯罪を犯そうとしている人をコントロールする機能はない。ある場所の状況を映像として記録するだけである。それなのになぜ私たちは監視カメラに防犯効果があると想像できるのか。それは私たちが，監視カメラからの視線を内面化しているからである。監視カメラの映像を通じて誰かがその場所を見ているはずだ。だから，その場所では犯罪を犯す人はいないだろうと想像するのである。このように視線の内面化を用いて人々の行動を管理することを**フーコー**は規律訓練型の権力と呼んだ。

　フーコーはこれをパノプティコンという一望監視型の牢獄を用いて規律訓練型の権力を説明する。[25] パノプティコンとは円環状の建物とそのぽっかりと空いた中心に高い塔を設置した施設を指す。中心の塔には看守がいて，円環状の建物に設けられた独房にいる囚人を監視する。独房の窓に降り注ぐ光の具合によって，看守からは囚人の姿が見える一方で，囚人からは看守の姿は見えない。囚人は常に看守の視線を意識しなければならず，秩序に沿った行動をする。囚人たちは看守の視

➡ フーコー
（Foucault, M.:
1926-1984）
....
フランスの哲学者。膨大な文献を読み込み，知識や歴史，権力，自己の問題から，人間の主体がいかにして形成されるのかを考察した。セクシュアリティや医療，道徳など幅広い領域で研究を行ったことで知られる。

第12章　社会変動と社会福祉

線を内面化しているのである。囚人から看守の姿は見えないのだから，誰が看守をしてもいいし，看守の数も少なくて済む。たとえ看守がいなかったとしても，囚人が看守の視線を内面化してさえいれば，秩序は保たれるのである。

　このことを教室の例で考えてみよう。試験中に先生が教室の後ろに立って，生徒の答案作成を監視する。生徒は常に自分が見られているような気がして，不正を働こうとは思えなくなる。フーコーは近代において，規律訓練型の権力が学校だけでなく，工場や軍隊などでも実践されているとした。監視は視線の内面化という手段を使って，人々の身体を規律に基づいてコントロールするために用いられるのである。

□ 液状化した監視

　ここまで述べてきたように，私たちの個人情報や身体はさまざまなかたちで監視されている。このように監視装置が社会に広く行き渡っていることをバウマン（Bauman, Z.）とライアンは液状化した監視（リキッド・サーベイランス）と呼ぶ[26]。Google Chrome などの Web ブラウザはページの閲覧履歴や検索履歴を，Instagram や X（旧 Twitter）などの SNS はメッセージの送受信の内容やフォロー／フォロワー関係といったつながりを，Amazon などのインターネット通販サイトや Suica, paypay などの電子決済サービスはあらゆる消費行動を記録する。これらの記録は私たちの行動，つまり何かの情報を調べたり，情報を発信したり，モノを購入したりする行動を間違いなくやり遂げるために必要なものだが，異なる目的でも利用されている。多くの人々の個人情報が記録されることで，私たちの習慣や行動様式，趣味や嗜好などを集積したデータベースがつくられる。この膨大なデータのことをビッグデータと呼ぶ。ビッグデータは製品開発や広告のために用いられる。

　膨大な個人情報を監視することで記録し，その情報が私企業の利益を増やすために用いられることをズボフ（Zuboff, S.）は監視資本主義と呼んだ[27]。あなたの検索履歴，購買行動，移動記録は常に監視され記録される。あなたの個人情報が単体で存在しているだけでは経済的な価値はほとんどない。しかし，数億人の検索履歴，購買行動，移動記録が集積されると価値を帯びる。それは人々が何に関心をもっているのか，人々がいつどこにいるのかを知ることで，次にどの製品が売れるかという予測が立てられるからである。あなたの情報はインターネット通販サイトであなた向けのおすすめの商品を紹介するために用いられたり，あなたと同じような世代，嗜好，消費行動をする不特定多

数の他者に向けて商品の広告をするために用いられていたりするのである。監視社会においては，私たちの身体が監視カメラを通じて，私たちの個人情報がインターネットや電子決済を通じて，データとしてどこかに記録されつづけていく。私たちは安全と利便性とを引き換えに，自ら進んで，あるいは合意のうえで，監視のシステムに無料で個人情報を提供している[28]。それは私たちのプライバシーの領域が侵されていくことを意味している。

○注

(1) 制度として文献や資料等でその歴史がたどれるものを「起源」，制度からではないがさまざまな試みや挑戦が起こることを「起原」として区別しておこう。安立清史（2023）『福祉の起原』弦書房，参照。

(2) Giddens, A. (1985) *A Contemporary Critique of Historical Materialism, Volume 2: The Nation-state and Violence*, Polity Press.（＝1999，松尾精文・小幡正敏訳『国民国家と暴力』而立書房。），Giddens, A. (1994) *Beyond Left and Right: the Future of Radical Politics*, Polity Press.（＝2002，松尾精文・立松隆介訳『左派右派を超えて──ラディカルな政治の未来像』而立書房。）など。

(3) Klein, N. (2007) *The Shock Doctrine: The Rise of Disaster Capitalism*, Metropolitan Books/Henry Holt and Company.（＝2011，幾島幸子・村上由見子訳『ショック・ドクトリン──惨事便乗型資本主義の正体を暴く』岩波書店。）クラインは，超大型ハリケーン・カトリーナがルイジアナ州を直撃し，ニューオリンズの貧しい人たちが住む地域が大きな被害を受けたことをきっかけに，大規模な地域再開発が行われたことからこのモデルを概念化した。

(4) なぜ行動と行為を区別するかというと，反射運動や呼吸運動など，意思や意図によらずに起こる行動もたくさんあるからである。

(5) たとえば日本の老人福祉が，高齢者福祉へ名称が変わっていく。また高齢者「福祉」が，介護「保険」へと変わっていく。名称だけでなく，制度の内容も理念も変わっていくのだ。

(6) エスピン＝アンデルセンがこの分類を開発したときには，まだAIという概念もなかったしコンピュータの能力も限られていた。しかし，方法的にはまさにこのような発想で行われたに違いない。

(7) 原著にあたるとじつに多様な実データが指標化されて用いられている。

(8) MacIver, R. M. (1931) *The Contribution of Sociology to Social Work*, Columbia University Press.（＝1988，小田兼三訳『ソーシャル・ワークと社会学──社会学のソーシャル・ワークへの貢献』誠信書房。）

(9) 間々田孝夫編（2015）『消費社会の新潮流──ソーシャルな視点リスクへの対応』立教大学出版会。

(10) 今田高俊（2007）「リスク社会への視点」今田高俊編『社会生活からみたリスク』岩波書店，1-11頁。

(11) Beck, U. (1986) *Risikogesellschaft: Auf dem Weg in eine andere Moderne*, Surkamp Verlag.（＝1998，東廉・伊藤美登里訳『危険社会──新しい近代への道』法政大学出版局。）

(12) ibid.

(13) 三上剛史（2010）『社会の思考──リスクと監視と個人化』学文社。

第12章　社会変動と社会福祉

(14)　同前書。

(15)　Jessop, B. (2002) *The Future of the Capitalist State*, Polity Press.（＝2005, 中谷義和監訳, 篠田武司・櫻井純理・山下高行ほか訳『資本主義国家の未来』御茶の水書房。）

(16)　Luhmann, N. (1991) *Soziologie des Risikos*, Walter de Gruyter.（＝2014, 小松丈晃訳『リスクの社会学』新泉社。）

(17)　ibid.

(18)　三上剛史（2007）「リスク社会と知の監視——不知と監視」田中耕一・荻野昌弘編『社会調査と権力——〈社会的なもの〉の危機と社会学』世界思想社，21-43頁。

(19)　Luhmann, N. (1973) *Vertrauen: ein Mechanismus der Reduktion sozialer Komplexität*, Stuttgart: Auflage.（＝1990, 大庭健・正村俊之訳『信頼——社会的な複雑性の縮減メカニズム』勁草書房。）

(20)　Luhmann (1991) op.cit., 小松丈晃（2007）「リスク社会と信頼」今田高俊編『社会生活からみたリスク』岩波書店，109-126頁。

(21)　Luhmann (1991) op.cit., p. 37.

(22)　Lyon, D. (2001) *Surveillance Society: Monitoring everyday life*, Open University Press.（＝2002, 河村一郎訳『監視社会』青土社。）

(23)　Lyon, D. (2007) *Surveillance Studies: An Overview*, Polity.（＝2011, 田島泰彦・小笠原みどり訳『監視スタディーズ——「見ること」「見られること」の社会理論』岩波書店。）

(24)　Lyon, D. (2018) *The Culture of Surveillance: Watching as a Way of Life*, Polity Press.（＝2019, 田畑暁生訳『監視文化の誕生——社会に監視される時代から，ひとびとが進んで監視する時代へ』青土社。）

(25)　Foucault, M. (1976) *Histoire de la sexualité 1 La volonté de savoir*, Gallimard.（＝1986, 渡辺守章訳『知への意志』〔性の歴史 1〕新潮社。）

(26)　Bauman, Z. & D. Lyon (2013) *Liquid Surveillance*, Polity Press.（＝2013, 伊藤茂訳『私たちが，すすんで監視し，監視される，この世界について——リキッド・サーベイランスをめぐる7章』青土社。）

(27)　Zuboff, S. (2019) *The Age of Surveillance Capitalism: The Fight for a Human Future at the New Frontier of Power*, Public Affairs.（＝2021, 野中香方子訳『監視資本主義——人類の未来を賭けた闘い』東洋経済新報社。）

(28)　山口節郎（2007）「情報化とリスク」今田高俊編『社会生活からみたリスク』岩波書店，81-108頁。

◯参考文献 ────

安立清史（2023）『福祉の起原』弦書房。

安立清史（2024）『福祉社会学の思考』弦書房。

イエスタ・エスピン＝アンデルセン／岡沢憲芙・宮本太郎監訳（2001）『福祉資本主義の三つの世界——比較福祉国家の理論と動態』ミネルヴァ書房。

R. M. マッキーヴァー／小田兼三訳（1988）『ソーシャル・ワークと社会学——社会学のソーシャル・ワークへの貢献』誠信書房。

・第2節

伊藤美登里（2017）『ウルリッヒ・ベックの社会理論——リスク社会を生きるということ』勁草書房。

小松丈晃（2003）『リスク論のルーマン』勁草書房。

鈴木宗徳編（2015）『個人化するリスクと社会——ベック理論と現代日本』勁草書房。

Beck, U. (1986) *Risikogesellschaft auf dem Weg in eine andere Moderne* Suhrkamp.（＝1998, 東廉・伊藤美登里訳『危険社会——新しい近代への道』法政大学出版局。)

Luhmann, N. (1991) *Soziologie des Risikos*, Walter de Gruyter.（＝2014, 小松丈晃訳『リスクの社会学』新泉社。)

・第3節

朝田佳尚（2019）『監視カメラと閉鎖する共同体——敵対性と排除の社会学』慶應義塾大学出版会。

野尻洋平（2017）『監視社会とライアンの社会学——プライバシーと自由の擁護を越えて』晃洋書房。

三上剛史（2010）『社会の思考——リスクと監視と個人化』学文社。

Foucault, M. (1975) *Surveiller et Punir : Naissance de la Prison*, Gallimard.（＝1977, 田村俶『監獄の誕生——監視と処罰』新潮社。)

Zuboff, S. (2019) *The Age of Surveillance Capitalism: The Fight for a Human Future at the New Frontier of Power*, Profile.（＝2021, 野中香方子訳『監視資本主義——人類の未来を賭けた闘い』東洋経済新報社。)

■終 章■
ソーシャルワーカーと社会学

① ソーシャルワーカーとは

☐ ソーシャルワーカーの仕事

　専門職の仕事に資格が要求されることは多く，同じ専門職でも上級資格や指導資格というように資格内での細分化が図られている。資格取得を希望する人々への受け皿は広がりをみせており，多くの専門学校が資格取得のチャネルとなっているだけでなく，大学・大学院レベルにおいても専門職養成コースの設置が増加している。最近の動向として産業構造の変化と共にデータサイエンスに関わる専門職を養成する学部学科の新設も目につく。確かに資格がなければ，担当できない仕事は多い。社会福祉分野で就職を考える場合にも社会福祉士・精神保健福祉士，介護福祉士等の資格取得が基本となっている。

　さて，資格取得に必要とされる知識や技術において直接的な関係があるとは思えない社会学がなぜ必要なのか。わかりやすい事例として医学生を例に取り上げると，医師資格に必要な基本的な知識・技術のほかに，患者の不安や疑問に対して的確な説明の仕方や患者の家族やその人間関係のつながりを考慮した上での関わり方が求められている。それは，説明と同意に関するインフォームドコンセントやセカンドオピニオンに関する対応などをふくめて，患者の生活全般に関わる観察力が求められる。加えて医療サービスは，医療技術の進歩にともない，チーム医療としてパラメディカルスタッフや専門医同士の連携を図る場面も多い。高齢化にともなう在宅医療や家族介護の問題を含めて，患者の生活の質を重視する末期がんの患者への対応や在宅でのターミナルケアやホスピスケアにおける死生観の問題に関わることになる。

　また，認知症や障害のある人の地域での生活を支える成年後見制度の利用促進が課題とされている。相談支援の専門職としての社会福祉士が留意しなくてはならないことは，相談者の人生観や家族関係，加えて社会に対する関わり方は一人ひとり個別的であって単純ではない。また，社会福祉専門職が扱う資源が多様なことや社会福祉制度も変化しており，かつその内容についても個別性が大きい。そこで，社会福祉専門職を目指す人々にとって，学習内容を整理する手助けとなるよう，具体的に「専門職」，「資格」および「ソーシャルワーカー」等の主要な用語を中心に取り上げ，社会学を学ぶことでこれらの関係をどのように理解するとよいのかを示すことにしたい。

終　章　ソーシャルワーカーと社会学

❏ 社会福祉専門職の資格

　国家資格である士業とよばれる○○士は，医師や看護師あるいは弁護士に代表されるように大半が業務独占資格とされており，その資格がなければ業務に従事できない。一方，社会福祉士の場合，社会福祉制度に関する利用手続きを中心とする相談業務が基本とされているため，業務独占資格になじまないという理由で名称独占資格とされている。

　日本社会福祉士会は，社会福祉士資格を有する会員によって構成される職能団体であるが，2014年4月に公益社団法人格を取得しており，「権利擁護センターぱあとなあ」を運営して，成年後見制度の利用に関する相談や後見人候補者の紹介および受任を行っている。また，認定社会福祉士認証・認定機構（任意団体）として，認定社会福祉士および上級認定社会福祉士の資格認定研修等を実施している。

　ところで，入退院の相談に関わる病院職員の中には，社会福祉士資格を有する医療ソーシャルワーカーとして勤務していることがある。医療ソーシャルワーカーが診療報酬などの点数にカウントされるならば，単に名称独占とはならず有資格者として業務の専門性が認められることになる。実際，2008年に「退院調整加算」が診療報酬にみとめられ，2018年には，「入退院支援加算」として経営に関わる役割を担うようになった。社会福祉士による病院側の意向と患者の意向あるいは患者家族の意向を踏まえた調整業務が強化されたのである。

❏ 社会福祉専門職のアイデンティティ

　資格については，国家資格か民間資格かという分類もあれば，名称独占か業務独占かという区分がある。それは，職能団体，倫理綱領，職業文化などのキーワードと関連しており，社会学はこれらの概念を考える際の手がかりを与える。自分たちが何者であるのか，社会福祉専門職の条件とは何かという問いに明確な回答を用意することはアイデンティティ獲得の羅針盤となる。福祉の仕事をしている人が社会福祉専門職ということなら，その内容は漠然としたものとなり，曖昧なものになる。したがって，専門性，職業，職種，資格，団体，組織等の基本用語がわかっていないと社会福祉専門職の正確な説明はできない。社会学は，これらの用語と専門職の条件を問うことによって社会福祉専門職＝ソーシャルワーカーのアイデンティティを支えるのである。

② 資格と専門職

　一般的に，資格は他者の評価を通じて社会に受け入れられていく。その付与の仕方は，①ペーパー試験などの客観的知識の到達度によるもの，②経験と知識および実技を総合して評価されるもの，例えば，剣道や柔道などの段位承認試験によるものや，一級建築士などの実技を含んだ試験制度によるものである。

　さて，専門職はその資格保有によって職務上の権限を保障される存在である。わかりやすくいえば，雇用されていても専門職の権限は雇用関係をこえる性格を有する。例えば，医師の資格で職務に就いている場合，その治療や処方の判断に対して，雇用側の干渉を受けることは想定されていない。つまり職務内容に関する判断の独立性が保障されているのが専門職の条件といえる。それは専門職の多くが業務独占であることや，その仕事が顧客と専門職との間の契約によって履行されることにあらわれている。

　重要なことは，プロの自覚と高い倫理性が求められている点である。わかりやすい例としてあげるなら，ドイツのマイスター制度にみられる中世以来のギルド組織における同業者組合の強い職業倫理規範の存在である。専門職団体は，その専門性を自覚し研鑽を深めて誇りある職業人として共同体的な文化規範を共有している。専門職としてのアイデンティティは，その職業集団が築きあげた規範が社会において広く認められていくことによって強固なものとなる。

③ ソーシャルワーカーの定義と専門性

□ 定義とソーシャルワーカー像

　ここで，ソーシャルワーカーの定義とそこから浮かび上がるソーシャルワーカー像を探ることにしよう。ソーシャルワーク専門職のグローバル定義とよばれるものがあり，2014年に IFSW（国際ソーシャルワーカー連盟）および IASSW のメルボルン総会で採択されている[1]。これを受けてわが国では，2016年3月に社会福祉専門職団体協議会（社専協）国際委員会が議論の集約を行い，その定義として，「ソーシャル

ワークは，社会変革と社会開発，社会的結束，および人々のエンパワメントと解放を促進する，実践に基づいた専門職であり学問である。社会正義，人権，集団的責任，および多様性尊重の諸原理は，ソーシャルワークの中核をなす。ソーシャルワークの理論，社会科学，人文学，および地域・民族固有の知を基盤として，ソーシャルワークは，生活課題に取り組みウェルビーイングを高めるよう，人々やさまざまな構造に働きかける」としている。

　定義のポイントは，①多様性の尊重，②西洋近代主義への批判そして③マクロな社会変革の強調にある。地域・民族固有の知あるいは先住民の人権を尊重し，各地域・国の文化や社会状況に沿った定義の「展開」を認めるというものである。人々がお互いに対して，そして環境に対して責任をもつという点で，集団というレベルで生じる責任とケアし合う人々の社会的・精神的結びつきや社会としてのまとまりを促進することを想定している。

　ソーシャルワーク実践の中心は，人権と社会正義および民主主義に基づく人々の尊厳を尊重する哲学のもとに，**利用者主体の原則**を基礎とする価値に依拠して，社会に存在する障壁（バリアー）やサービス利用者の不利益を解消するために取り組むことである。その上で，日常の個人的問題および社会的問題に対応することになる。

　ところで，利用者主体における基本的人権の尊重とは，誰でも生まれながらに保有する①自由権（思想・良心の自由，信教の自由，学問の自由，表現の自由，職業選択の自由など），②平等権（差別的な扱いを受けない権利），③社会権（生存権，教育を受ける権利，勤労の権利および労働基本権），④参政権（選挙権および被選挙権），⑤請求権（国家からの自由を求める請求権，国家賠償請求，裁判を受ける権利）などが該当する。

　医療的な問題を含めて介護を必要とする家族員が自分の家族によるケアを受ける場合，介護する側と介護される側の異なる権利主体の存在について議論されてこなかったことに気づかされる。二律背反のこの権利に関する問題は，元々は介護する側が優しく関われば問題は発生しないとか，介護される側にも遠慮が働くから相互に思いやりが生まれるというロジックによって曖昧にされてきた。お互いの自己抑制が思いやりに対する感謝を生み出し，関係の好循環を生み出すというものである。介護の長期化にともない，身近な環境においても，またお互いの体調の変化が発生することから，いたわり合いや思いやりの気分だけでは介護の持続は困難である。やはりベースは，家族は愛情による安心をもたらすコミュニケーションを心がける役割を，そして生存に関わる介護労働そのものは介護専門職へという分離がクリアに

➡利用者主体の原則

サービス利用者こそサービス提供の問題点を理解し改善への道を示すことができるということおよび利用者の自己決定を尊重する原則を示すものであり，国連の障害者権利条約で知られる「私たち抜きに私たちのことを決めないで！（Nothing about us, without us!）」というメッセージにつながっている。

される必要がある。この関係調整を託されているのがソーシャルワーカーとなる。具体的なソーシャルワーク実践において、その介入行為は、可視化された支援のパッケージによって示されることになる。

ソーシャルワークの守備範囲

さて、ソーシャルワークは、相談援助に関わる①クライエントシステムに対応する活動、②クライエントシステムをめぐる資源システムに対応する活動、そして③ソーシャルワーカーが所属している組織のサービス内容・管理運営に関する活動とその守備範囲は広い。加えて、福祉サービスの第三者評価、福祉サービスに対する不服申し立てに対する対応やエンパワメントの取り組みもソーシャルワーカーの活動対象となる。

したがって業務の面では多様な相談援助活動に加えて社会福祉制度の見直しや変更という問題に向き合うことになる。つまり、ソーシャルワーカーは必要に応じて社会的、政治的問題に対応する姿勢が求められていることを示しており、社会変動に対応するソーシャルワーカーの役割が浮き彫りとなっている。昨今の社会情勢をみると、少子高齢化の急速な進展、情報通信技術の急激な進歩、生活のあらゆる面でのグローバル化、市民意識の個性化と多様化など、社会変動を把握する社会学の理解を必要としている。さらに、私たちが「公共」に求めるサービスも変化しており、地方自治体と市民が共に手を携えて自らの政策を決定しその政策に責任を持つ、すなわち市民自治の具現化を基本とする、社会学とソーシャルワークの融合の重要性をみることができる。

ソーシャルワーク実践と社会学

課題解決を求められるソーシャルワーク実践

さて、具体的な課題解決が求められるソーシャルワーク実践にとって、社会学はどのように役に立つのか。多発する児童虐待や介護問題をめぐる高齢者虐待、あるいは社会的孤立や子どもたちのいじめや不登校が社会的な関心を集めている。社会学的アプローチの特徴は、例えば、虐待問題を扱う場合、虐待した個人の特性に焦点を当てるだけでなく、なぜ虐待が起こったのかという背景への問いを立てることによって問題状況に関する社会学的解釈を提示し、社会的対処のあり方

終　章　ソーシャルワーカーと社会学

を提示することにある。

　一方，ソーシャルワーカーは，現在すでに発生してしまっている問題について適切な回答と解決の仕方を考えなくてはならない。すぐ解決できない場合は，そのことについて相手に理解できるように説明しなくてはならない。ソーシャルワークは，精神医学や心理学あるいは家政学，看護学，介護学そして法律・政治学・社会保障法あるいは地方財政学や社会学というように，常に学際的なアプローチに目を向けることが求められている。

☐ ソーシャルワークを支える社会学

　ところで，社会福祉の問題領域についてみると，かつては社会福祉の領域で解決されることが期待されていたものでも，現在では他の分野あるいは他のサービス機関によって解決された方が適切なものも多くなっている。例えば，介護機器・福祉機器は工学系の研究機関においてライフサポート分野として研究および開発が進められており，自立生活を可能にする補助具，車椅子や介護用ベット，移動のための車の開発等が成果となって表れている。

　また，IT革命は，障害者福祉や高齢者福祉の分野においても読む・書く・聞く・話すといったコミュニケーションのスキルアップを可能にし，移動の自由をサポートする開発も進んでいる。それらの成果は障害者・高齢者をはじめ多くの人々の就業機会の可能性を広げている。このように技術革新が介護ロボットやADL機能のサポートおよび雇用問題に対して可能性を拡大している現在，福祉関連で残されていく課題はパーソナルな支援を必要とする分野であろう。それはおそらく，社会学が扱う社会的孤立やピアカウンセリングやセルフヘルプグループのような当事者組織のあり方，コミュニティの社会的ネットワーク活動，ボランティア活動あるいは非営利活動の推進によって解決を図る必要のある問題などに収斂されていくだろう。そうなると社会学のソーシャルワーク実践に対する貢献は，社会政策場面での役割と同様，ますます大きくなっていく。

　ところで，介護に関わる権利問題は，上野千鶴子『ケアの社会学——当事者主権の福祉社会へ』(2011)で実践を射程にいれた解決モデルが提示されており，同時に権利の問題に際してスタンダードな押さえ方となったケアの人権アプローチが提示されている。4つの権利とは，ケアする権利，ケアされる権利，ケアすることを強制されない権利，（不適切な）ケアされることを強制されない権利を提示した上で，よいケアとは，ケアされる者とケアする者双方の満足を含まなければ

➡ピアカウンセリング

同じような問題を抱えている者同士は社会文化的な価値を共有しているという視点にたち，共通の体験をもつ者同士がカウンセリングに関わることをさす。障害者福祉の分野をはじめ，多文化主義の視点からも取り上げられることが多くなっている。

ならないというものである。天田城介はこの上野の整理を前提にして「ケアをめぐる選択によって不利益を被らない権利」について制度設計の考え方を提示している。天田は，「いかなるケアをめぐる選択をしたとしても，いかなる不利益もこうむることがない権利」の視点からこそ「ケアをめぐる権利」をいかに考えることができるかを問うべきなのだ」と述べ，「自発的にケアすることを選択した場合であっても，職業生活を犠牲にすることや収入を失うことで逸失利益を生じること，生活空間の縮小や拘束が生じること，第三者への経済的依存にともなう権力関係の格差に甘んじることなどの「不利益」を生じさせているという意味では，今日の家族介護はほとんどの場合，「ケアする権利」は何ら保障されていない」という。

　ここで重要なのは，ケアを必要とする人々のケアされる権利を保障しながら家族介護という場面設定において，適切な調整を図るソーシャルワーカーの存在であり，その役割の的確なモニタリングである。そもそも具体的なソーシャルワーク実践におけるセグメント化された支援のパッケージは具体的で現実的なものである。一方，基本的人権に関わる必要十分な把握は，権利をどこまで尊重し，ソーシャルワーカーとサービス利用者の間で納得できる合意（これ自体が限界のあるものであるが）をえることができるかによって異なる。

　ソーシャルワーク実践に関して社会学はどのように関わることが可能なのか。一般的にソーシャルワーカーは，サービスを必要とする人々への速やかな対応を求められ，現実問題になんらかのアドバイスを提示することが期待される。そこでは，科学的知見の蓄積と多分野の専門職の協働と連携を通してソーシャルワークのスキルが問われることになる。

　ソーシャルワーカーは日常生活において解決を必要とする問題に直接的に関わっているが，社会学は，なぜその問題が発生するのかという背景的な要因や過去の社会関係などに着目して考察する。つまり，社会学にとっては社会的実験が困難であるが，ソーシャルワーカーにとっては，日常の実践的な仕事が仮説検証の場となる。つまり，課題が限定されていることに加え，利用者の直面するニーズを受けとめ現実の社会関係の調整を通じて問題の解決を図ることになる。ただ，対象者への援助の評価は，当事者の受け止め方を含めて単純ではない。

　ソーシャルワーカーの実践は，利用者自身の課題に取り組む動機づけとなるだけでなく，外部状況や社会環境の変化につながるために社会学の現実理解に必要な社会的因果関係の解釈に示唆を与える。また，**全世代型社会保障**政策の具体的な展開をみると，自治体を中心とする

➡ 全世代型社会保障

少子高齢化と同時にライフスタイルが多様となる中で，誰もが安心できる社会保障制度に関わり，年金，労働，医療，予防および介護の４本の柱を立ててグランドデザインを目指すものである。『全世代型社会保障構築会議報告書──全世代で支え合い，人口減少・超高齢社会の課題を克服する』（2022年12月16日全世代型社会保障構築会議）。

終　章　ソーシャルワーカーと社会学

地域包括ケアシステムの形成が課題となっており，住民の支え合いの活動推進が重要課題となっている動向から社会学におけるコミュニティのあり方を問うことなしに社会政策は進められないといえる。

　近年，地域福祉に関する制度化が進展するなかで，各種福祉計画の策定における住民参加が前提となっていることから，政策と実践を統合する必要性をめぐってソーシャルワーカーが社会学の知を理解することがより重要となる。

❍注 ─────────────

(1)　ソーシャルワーク専門職については，2001年の国際ソーシャルワーク連盟の改定の後，2014年に同連盟によってグローバル定義が採択され，2020年6月に日本ソーシャルワーカー連盟代表者会議）において倫理綱領の改定がなされている。
(2)　天田城介（2021）「ケアをめぐる選択によって不利益をこうむらない権利」『都市問題』112(1)，5頁。
(3)　同前論文，6頁。

❍参考文献 ─────────

天田城介（2021）「ケアをめぐる選択によって不利益をこうむらない権利」『都市問題』112(1)，4-11頁。
上野千鶴子（2011）『ケアの社会学──当事者主権の福祉社会へ』太田出版。
杉岡直人（2020）『まちづくりの福祉社会学──これからの公民連携を考える』中央法規出版。
杉岡直人（2023）「ソーシャルワーク実践における権利と支援の関係（2）──ケアラー支援をめぐって」『北星学園大学社会福祉学部論集』61(1)，49-64頁。

さくいん

ページ数太字は用語解説で説明されているもの。

◆ あ 行 ◆

アイデンティティ　96, 137, 156
　──の喪失　**151**
アウトソーシング　177
アソシエーション　42
アソシエーションとビュロクラシー
　（官僚制）の相克　176
新しい社会運動　136
新しい貧困　62
アドボカシー　173
アノミー　135, **150**
アーバニズム　42
アファーマティブ・アクション　**74**
新たな公共　177
アルマ・アタ宣言　106
アンコンシャス・バイアス　82
アンダーソン，B.　96
家制度　18
いじめ問題　134
依存症　113
委託契約　177
一億総中流　60
一次予防　**107**
逸脱行動　137
一般化された他者　**154**, 155
イデオロギー　**54**, 60
　──の終焉　60
移動　99
意味のあるシンボル　**161**
意味のある他者　**154**
医療化　108
印象操作　156, **157**, 158
インターネット　89
インパルス的自我　**150**
インフラストラクチャー組織　→中
　間支援組織
ウーマン・リブ運動　73
ヴェーバー，M.　3, 109, **168**
うその自分　158
エイジズム　200
液状化した監視　209
エゴイズム　**150**
エスニシティ　86, 99
エスニック集団　99
エスピン-アンデルセン，G.　201
エリア型コミュニティ　39
オイルショック　198

◆ か 行 ◆

欧州連合　96
奥田道大　**38**
オグバーン，W.F.　18
尾高邦雄　5
オタワ憲章　106
温室効果ガス　183

階級　54
階級意識　55
階級社会　55
階級理論　54
外見　**156**, 157
外国人労働者　91, 146
介護認定の軽度認定に該当する人数
　127
介護福祉士　92
階層　59
階層帰属意識　59
鏡に映った自我　**152**, 153
核家族　14, 15, 17
　──化　14
学際的　**2**
　──なアプローチ　219
格差社会　52, 61
カースト制度　55
過疎化　31
家族機能喪失論　**13**
家族周期論　16
家族ストレス論　16
家族政策　20, 21
家族の危機　17
家族の機能低下　17
家族の脱制度化　16
家族の発達段階　**15**
家族変動　18, 21
家族問題　12
過疎地域　43
価値判断　**139**
過密化　31
環境社会学　183
関係人口　**44**
監視資本主義　209
監視的想像　208
感情操作　**157**, 158
感情の商品化　158
感情ルール　157
感情労働　92, **157**

官僚制　168
機会の不平等　53
機関委任事務　**46**
気候非常事態宣言　187
気候変動に関する政府間パネル
　185
基礎社会　167
キツセ，J.I.　139
ギデンズ，A.　8, 196
機能システム　206
機能主義　138, 139, 141, 199
　──アプローチ　139
機能要件　199
規範主義　138, 139, 141
　──アプローチ　138
基本的人権　57, 217
客我　**160**
逆機能　**139**
共産主義社会　55
業績主義　57
協働　177, 179
共同生産者　172
共同労働　34
京都議定書　**185**
業務独占資格　215
許可　171
規律訓練型の権力　208
近代化　18, 21
　──論　**60**
近代社会　18, 59
近代的自我　**150**
クーリー，C.H.　**152**, 153
組　**34**
クライン，N.　198
倉沢進　35
グローバル化　21, 86-88, 90-92, 96,
　97
グローバル社会政策　**146**
経済人　6
ゲーム段階　154, 155
ゲゼルシャフト　167
結果の不平等　53
ゲマインシャフト　167
限界集落　44
兼業化　36
健康　142, 143
健康格差　142
健康行動　105

健康寿命　102
健康生成論　**106**
健康日本21　107
健康の定義（WHO）　**103**
研修生　91
現代社会の家族変動　19
公益法人　169
広義の福祉　65
工業化　14, 15
　　──社会　16
公共政策　136
合計特殊出生率　**26**, 32
公式組織　168
構造─機能主義　**109**
構築主義　114, 138, 140, 141
　　──アプローチ　139
公的介護保険制度　46
公的扶助　63
行動障害　129
行動変容の段階モデル　105
高度経済成長　**30**
幸福感指標　66
幸福度調査　66
公民権運動　200
交流人口　**44**
高齢化社会　28
高齢化率　27
高齢社会　28
高齢者保健福祉推進10か年戦略　→
　　ゴールドプラン
国際疾病分類　→ICD
国際女性年　73
国際生活機能分類　→ICF
国際婦人年　→国際女性年
国内総生産　→GDP
国民皆年金制　19
国民国家　95, **141**, 146
国民性調査　60
国連気候行動サミット　**183**
国連気候変動枠組条約締約国会議
　　185
互酬性　**41**
個人化　**17**
子ども食堂　39, 47
子どもの貧困　137, 142, 143
ゴフマン，E.　**156**, 159
個別避難計画　189
コーホート研究　**104**
コミュニティ　21, 37, 42
　　──解体論　42
　　──解放論　42
ゴールドプラン　46

混住化　36
コント，A.　3
コンパクト　178
コンラッド，P.　108

◆　さ　行　◆

災害ボランティア　191
災害レジリエンス　191
サイモン，H.　6
佐藤慶幸　173
差別　53
産業化　54, 96
産業構造　53
3K 労働　91
参与観察　**110**
ジェンダー　17, 70
ジェンダー・ステレオタイプ　72
ジェンダー開発指数　76
ジェンダー規範　17, 64
ジェンダーギャップ指数　77
ジェンダー政策　21
ジェンダー不平等指数　76
資格取得　214
資格認定研修　215
シカゴ学派　42, **110**
自己責任論　63
自殺　134-137
自殺総合対策大綱　136
自殺率　134, 135
『自殺論』　4
自助（セルフヘルプ）グループ
　　113
市場　21
　　──の失敗　172
システム　**139**
　　──信頼　206
自然増加　26
自然村　45
自治会　26, 39
シチズンシップ　**63**
市町村合併　44
児童虐待　136
ジニ係数　**61**, 62, 142
自発性　174
自分自身との相互作用　**162**
資本家　→ブルジョアジー
市民活動　170
社会移動　56, 59
社会運動　**136**
社会化　14
社会階級　54, 56
社会階層　56, 59, 64

社会解体　137, 139
社会学的アプローチ　218
社会学的想像力　7, 9, **86**, 144
社会学的人間　6
社会関係　144
社会関係資本　→ソーシャル・キャ
　　ピタル
社会規範　16, 71
社会システム　139, 144
　　──論　15, **65**, 199
社会指標　65
社会集団　166
社会主義　93
社会政策　**134**, 138, 140-143, 145,
　　146
社会制度　15
社会増加　26
社会調査　6, 9
社会調査士　9
社会的行為　199
社会的資源　52, 56-58
社会的資本　59
社会的地位　56, 59
社会的ネットワーク　**104**
社会的排除　53, 142, 143, 145, 146
社会福祉士　9
社会福祉専門職　214
社会変動　**86**
社会民主主義的福祉国家　203
社会問題　134, 137, 138, 140-142,
　　144, 146
尺度　**65**
自由主義的福祉国家　203
従属人口　30
　　──指数　30
集団的アイデンティティ　96
主我　**160**
准高齢者　27
障害の社会モデル　112
少子化　12
　　──対策　21
少子高齢化　21
将来推計人口　**27**
職業威信スコア　57
女子差別撤廃条約　→女性差別撤廃
　　条約
女性差別撤廃条約　**74**
ショック・ドクトリン　198
人権　53
人口オーナス　31
人口学　**28**
人口減少　137

223

人口置換水準 **32**
人口転換 28
人口動態 26
人口変動 21
人口ボーナス 30
親族関係 13
親族世帯 13
身体技法 **112**
新中間階級 55
新中間大衆 60
ジンメル, G. 98
スティグマ **111**
ストラウス, A.L. 110
ストレンジャー **157**
すべり台社会 63
スマープ **113**
生活構造 **15**
生活時間 **12**
生活の質 **12**, 103
生産手段 54
政治過程 2
性自認 81
性的指向 81
性的指向及びジェンダーアイデンテ
　ィティの多様性に関する国民の
　理解の増進に関する法律 **81**
性的マイノリティ 81
制度から友愛へ **16**
制度的自我 **150**
政府 **2**, 21
　──の失敗 172
生物学的性差（セックス） 72
性別分業 **17**
性別分業規範 **17**
性別役割分業 80
セーフティネット 62, 64
世界金融危機 90
世界保健機関 →WHO
セカンド・オーダーの観察 207
世帯 **13**
世代 **20**
世代間移動 58
世代内移動 58
全世代型社会保障 **220**
戦争国家 197
専門社会調査士 9
専門職 216
　──養成 214
相対的貧困 **61**
創発的内省 **160**
属性主義 57
組織 168

組織不全 139
ソーシャル・キャピタル 41, **142**
ソーシャルサポート **52**
ソーシャルワーク 2, 12
　──実践 218

◆　た　行　◆

第一次集団 **153**, 167
第二次集団 167
第2の近代 205
ダイバーシティ 80
田尾雅夫 176
高田保馬 167
橘木利詔 61
脱工業化 16
　──社会 16
脱構築 141
脱商品化 202
脱制度化 16, 18
ターナー, R.H. **151**, 160
頼母子講 **34**
多変量解析 203
多面的自我 156
ダーレンドルフ, R. 6
団塊の世代 **29**
ダンカン, O.D. 57
男女間賃金格差 79
男女共同参画社会基本法 75
男女雇用機会均等法 74
「男性稼ぎ主」型生活保障 モデル
　80
地域 33
地域移動 **31**
地域共生社会 33
地域社会 33
地域集団 **34**
地域福祉活動 40
　──計画 46
地域福祉計画 46
地域包括ケアシステム 33, 221
中間支援組織 178, 179
中山間地域 36
中流神話 60
超高齢化 137
町内会 **26**, 39
直接支払制度 36
直系家族制 16, 18
帝国主義 93
デカルト, R. **150**, 153, 156
テーマ型コミュニティ 39
デュルケム, É. 3, 134, 150
伝記の断絶 **106**

テンニース, F. **167**
ドゥーリア原理 118
特定非営利活動促進法 38, 171
特定非営利活動法人 →NPO
都市化 14, 15
都市的生活様式 35
戸田貞三 5

◆　な　行　◆

内的コミュニケーション **161**
ナショナリズム **96**
ナショナル・コンパクト 178
日常生活 220
202030 76
認証 171
ネットカフェ難民 63
ネットワーク 12
年齢差別 →エイジズム
農業集落 **36**

◆　は　行　◆

倍加年数 28
パス解析 **57**
バージェス, E.W. 16
派生社会 167
パーソナリティ 14
パーソンズ, T. 4, 14, 15, 65, 109,
　199
パターナリズム **120**
パットナム, R. 41
パートナーシップ 177
バトラー, J. 72
バーナード, C.I. 168
パノプティコン 208
ハビトゥス **112**
林周二 5
パリ協定 94, **185**
班 **34**
晩婚化 12, 16
ピアカウンセリング **219**
非営利 169
非婚化 16
非正規雇用 62, 134
非嫡出子 18
ビッグデータ 203, 209
日雇い派遣 **64**
病気行動 105
平野啓一郎 **156**
ヒラリー, G. 41
貧困 54, 134, 137, 139, 140, 143, 144
　──率 61, 143
夫婦家族制 18

フェミニズム　71
フェミニズム運動　200
フェミニズムの立場の研究　118
福祉国家　21, **143**, 197
　　──化　17, 86
『福祉資本主義の三つの世界 』　201
福祉社会　21
福祉政策　92
福祉の戦争起源論　196
福武直　5
フーコー，M.　**208**
不平等　52, 53
ブラウ，P. M.　57
フリードソン，E.　111
ブルーマー，H. G.　**162**
ブルジョア階級　92
ブルジョアジー　54, 55
ブルデュー，P.　59
プレイ段階　154
『プロテスタンティズムの倫理と資
　　本主義の精神』　4
プロレタリアート　54, 55
文化資本　59
分人　**156**
平均寿命　102
平成の合併　45
ベック，U.　17
べてるの家　**113**
ベル，D.　60
ヘルスビリーフモデル　105
偏見　53
貿易摩擦　87
保守主義的福祉国家　203
ホックシールド，A. R.　**157**
ホームレス　134, 138, 142, 143, 145
ボランタリー・アソシエーション
　　173
ボランティア　174
ホワイトカラー　**55**
本当の自分　158

◆ ま 行 ◆

マッキーヴァー，R.　42, 204
マートン，R. K.　4, 137
マルクス，K.　**54**, 55, 60
ミード，G. H.　**154**-156, 156, 160
見えない格差　64
道普請　**34**
ミルズ，C. W.　7, 8
民主主義　**146**
無償性　174
名称独占資格　215
モニタリング　220
モノグラフ　**42**
森岡清美　15
問題的状況　**161**

◆ や 行 ◆

役割距離　**159**
役割形成　**159**, 160
役割取得　**154**
病いの語りの3類型　**106**
病いの経験　106
結　**34**
有償ボランティア　174

◆ ら 行 ◆

ライフコース　17
　　──論　16, **17**, 18, 20
ライフサイクル　15
ライフスタイル　60, 183
ライフステージ　15
ラウントリー，B. S.　15
ラベリング論　**111**, 113
離婚　134, 136
リスク　63, 140
リスク社会　205
　　──論　138, 140, 141
流動性　56, 59
流動的自我　156

利用者主体の原則　**217**
倫理性　216
ルーマン，N.　**206**
レジーム　201
レジリエンス　196
連字符社会学　**9**
労働市場　63
労働者階級　→プロレタリアート
ローカル・コンパクト　178

◆ わ 行 ◆

ワーキングプア　**62**, 64
ワーク・ライフ・バランス　21
ワークフェア　63
ワース，L.　42

◆ 欧 文 ◆

COP　→国連気候変動枠組条約締
　　約国会議
GDI　→ジェンダー開発指数
GDP　52
GGI　→ジェンダーギャップ指数
GHQ　197
GII　→ジェンダー不平等指数
Healthy People 計画　**107**
ICD　**112**
ICF　112
IPCC　→気候変動に関する政府間
　　パネル
IT 革命　219
M 字型就労　79
NPO　21, 166
NPO 法　→特定非営利活動促進法
QOL　→生活の質
SNS　**159**
SSM 調査　59
TST 法　**150**
WHO　103

監修者

岩崎　晋也（法政大学現代福祉学部教授）

白澤　政和（国際医療福祉大学大学院教授）

和気　純子（東京都立大学人文社会学部教授）

執筆者紹介 （所属：分担，執筆順，＊印は編著者）

＊武川　正吾（編著者紹介参照：序章）

＊田渕　六郎（編著者紹介参照：第1章）

＊高野　和良（編著者紹介参照：第2章）

中田　知生（中京大学文化科学研究所特任研究員：第3章）

井上　智史（九州大学大学院人間環境学研究院講師：第4章）

鍾　家新（明治大学政治経済学部教授：第5章）

金子　雅彦（防衛医科大学校医学教育部准教授：第6章）

井口　高志（東京大学大学院人文社会系研究科准教授：第7章）

上村　泰裕（名古屋大学大学院環境学研究科准教授：第8章）

船津　衛（元・東京大学大学院人文社会系研究科教授：第9章）

藤井　敦史（立教大学コミュニティ福祉学部教授：第10章）

牧野　厚史（熊本大学大学院人文社会科学研究部教授：第11章）

安立　清史（九州大学名誉教授：第12章1）

中野　佑一（国際基督教大学特任助教：第12章2・3）

杉岡　直人（北星学園大学名誉教授：終章）

編著者紹介

武川　正吾（たけがわ・しょうご）
1984年　東京大学大学院社会学研究科博士課程単位取得退学。
現　在　東京大学名誉教授。
主　著　『連帯と承認』東京大学出版会，2007年。
　　　　『公共性の福祉社会学』（編著）東京大学出版会，2013年。

高野　和良（たかの・かずよし）
1994年　九州大学大学院文学研究科地域福祉社会学専攻博士後期課程退学。
現　在　九州大学大学院人間環境学研究院共生社会学講座教授。
主　著　『新・現代農山村の社会分析』（共編）学文社，2022年。
　　　　『人口減少時代の生活支援論』（共編）ミネルヴァ書房，2024年。

田渕　六郎（たぶち・ろくろう）
1996年　東京大学大学院人文社会系研究科社会学専門分野博士課程単位取得退学。
現　在　上智大学総合人間科学部教授。
主　著　『現代中国家族の多面性』（共編）弘文堂，2013年。
　　　　『日本の家族 1999-2009』（共編）東京大学出版会，2016年。

新・MINERVA 社会福祉士養成テキストブック⑱

社会学と社会システム

2025年3月30日　初版第1刷発行　　　　　　　〈検印省略〉

定価はカバーに
表示しています

監 修 者	岩	崎	晋	也
	白	澤	政	和
	和	気	純	子
編 著 者	武	川	正	吾
	高	野	和	良
	田	渕	六	郎
発 行 者	杉	田	啓	三
印 刷 者	田	中	雅	博

発行所　株式会社　**ミネルヴァ書房**

607-8494　京都市山科区日ノ岡堤谷町1
電話代表　(075)581-5191
振替口座　01020-0-8076

©武川正吾・高野和良・田渕六郎ほか，2025　創栄図書印刷・新生製本

ISBN978-4-623-09836-1
Printed in Japan

岩崎晋也・白澤政和・和気純子 監修

新・MINERVA 社会福祉士養成テキストブック

全18巻
B 5 判・各巻220〜280頁
順次刊行予定

① 社会福祉の原理と政策
岩崎晋也・金子光一・木原活信 編著

② 権利擁護を支える法制度
秋元美世・西田和弘・平野隆之 編著

③ 社会保障
木下武徳・嵯峨嘉子・所道彦 編著

④ ソーシャルワークの基盤と専門職
空閑浩人・白澤政和・和気純子 編著

⑤ ソーシャルワークの理論と方法Ⅰ
空閑浩人・白澤政和・和気純子 編著

⑥ ソーシャルワークの理論と方法Ⅱ
空閑浩人・白澤政和・和気純子 編著

⑦ 社会福祉調査の基礎
潮谷有二・杉澤秀博・武田丈 編著

⑧ 福祉サービスの組織と経営
千葉正展・早瀬昇 編著

⑨ 地域福祉と包括的支援体制
川島ゆり子・小松理佐子・原田正樹・藤井博志 編著

⑩ 高齢者福祉
大和三重・岡田進一・斉藤雅茂 編著

⑪ 障害者福祉
岩崎香・小澤温・與那嶺司 編著

⑫ 児童・家庭福祉
林浩康・山本真実・湯澤直美 編著

⑬ 貧困に対する支援
岩永理恵・後藤広史・山田壮志郎 編著

⑭ 保健医療と福祉
小原眞知子・今野広紀・竹本与志人 編著

⑮ 刑事司法と福祉
蛯原正敏・清水義悳・羽間京子 編著

⑯ 医学概論
黒田研二・鶴岡浩樹 編著

⑰ 心理学と心理的支援
加藤伸司・松田修 編著

⑱ 社会学と社会システム
武川正吾・高野和良・田渕六郎 編著

━━━━━━ミネルヴァ書房━━━━━━
https://www.minervashobo.co.jp/